hänssler

THOMAS HALE

Nepal-Klinik

Faszinierende Abenteuer
am Fuße des Himalaja

Dr. Thomas Hale (*1937) arbeitet seit 1970 als Chirurg für die United Mission to Nepal im Hospital Amp Pipal in den Vorbergen des Himalaya. Er ist Autor des Bestsellers »Geheimnisvolles Nepal« (Nr. 73.303).

EDITION C-Präsente, P 81
Bestell-Nr. 55.681

Published by Zondervan Publishing House, Grand Rapids, Michigan
Originaltitel: On the Far Side of Liglig Mountain
Übersetzung und Anhang von Dr. Friedemann Lux

Titelbild: The Image Bank
Umschlaggestaltung: Heide Schnorr v. Carolsfeld
Printed in West-Germany

Inhalt

Einleitung

»Neue medizinische Arbeit in verbotenem Königreich im Himalaja. Christliche Ärzte und Schwestern dringend gesucht.«

So stand es auf dem Titelblatt einer kleinen Broschüre, die mir im Jahre 1954 in die Hände kam, als ich in meinem ersten Jahr an der Phillips Academy in Andover im US-Staat Massachusetts war. Die Broschüre beschrieb, wie im fernen Nepal, einem Königreich, das bis vor kurzem hermetisch vor der Außenwelt abgeschlossen gewesen war, gerade die Türen für christliche Missionsarbeit aufgingen. Ich war damals knapp 17 Jahre alt, und erst vor drei Tagen war ich Gott begegnet und hatte ihm gesagt, daß ich ihm mein Leben zur Verfügung stellen wollte. Und als ich jetzt diese Broschüre las, da wußte ich tief drinnen: Gott will dich als Missionsarzt in Nepal haben. Und ich sagte Ja. So einfach war das damals. Ich hatte kaum eine Ahnung davon, auf was ich mich da eingelassen hatte.

Meine Freunde und Lehrer lächelten, als ich ihnen von meiner Entscheidung erzählte. Meine Eltern fragten sich, wie viele Monate es wohl dauern würde, bis ich aus dieser romantischen Phase wieder herausgewachsen war. Aber meine Entscheidung war und blieb fest: Ich wollte Missionsarzt in Nepal werden.

Während meiner ganzen Oberschul- und Universitätsjahre bombardierte Gott mich mit Büchern und Artikeln über Nepal und über das Leben des Missionars im allgemeinen. Was keineswegs heißt, daß ich nicht auch andere Interessen hatte. Während meiner drei Jahre an der University of Arizona verbrachte ich mehr Zeit mit Bergsteigen als mit Studieren. Am Ende dieser drei Jahre begann ich mein Medizinstudium in Albany, einer Stadt im US-Bundesstaat New York, und gleich am ersten Tag dort lernte ich meine Zukünftige, Cynthia, kennen, und zwar standesgemäß beim Sezieren einer Leiche im Präpariersaal; wir waren beide im gleichen Kurs.

Auch Cynthia wollte Missionsarzt werden. Auch sie hatte auf der Oberschule ihr Leben Christus übergeben. Obwohl sie eine begabte Musikerin war, hatte sie ein volles Stipendium an der Julliard School of Music ausgeschlagen, um statt dessen ein medizinisches Vorstudium an der University of Rochester zu beginnen. Sie hätte eine glänzende Karriere als Konzertpianistin haben können, aber sie wollte Gottes Ruf in die Mission folgen.

Sie erwartete nichts anderes, als daß sie ledig auf das Missionsfeld gehen würde, denn wo sollte es in ihrer Heimatstadt Albany einen passenden Mann für sie geben? Und dann kam ich.

Darauf ging alles ziemlich schnell. Im ersten Studienjahr, im Anatomiekurs, lernten wir uns kennen, im zweiten – dem Pathologiejahr – heirateten wir.

Nach unserer Ausbildung zum Facharzt – Cynthia wurde Kinderärztin, ich Chirurg – verbrachten wir zwei Jahre in der Armee; das eine Jahr war ich in Vietnam stationiert. Und dann, 1970, gingen wir mit unseren beiden kleinen Jungen, zehn Überseekisten und neunundzwanzig großen Fässern voller Hausrat und medizinischer Instrumente und Vorräte nach Nepal. Als unser Flugzeug auf dem Flughafen von Kathmandu, der Hauptstadt Nepals, aufsetzte, waren sechzehn Jahre seit unserer Berufung vergangen. Unser Abenteuer konnte beginnen.

Nepal war damals (und ist noch heute) eines der ärmsten Länder der Welt. Über 85 Prozent dieses zwischen Indien und Tibet liegenden Himalaja-Königreiches mit acht der zehn höchsten Berggipfel der Welt sind landwirtschaftlich nicht nutzbar; der Rest reicht nicht aus, um die inzwischen 18 Millionen Einwohner zu ernähren.

Bis 1951 war Nepal ein verschlossenes Land, was teils an seiner geographischen Lage, teils auch an der Politik seiner Machthaber lag, die jegliche ausländischen Einflüsse, die ihre Herrschaft gefährden konnten, ausschalten wollten. 1951 brachte eine unblutige Revolution wieder die alte Königsdynastie auf den Thron, und in der Folge öffnete das Land seine Türen und lud die Industrieländer ein, ihm bei seiner Entwicklung zu helfen. Bald begannen Entwicklungsprojekte ausländischer Regierungen, aber auch nichtstaatlicher Organisationen, darunter einer Anzahl christlicher Missionen; die größte von ihnen war die United Mission to Nepal, zu der auch wir gehören.

Die United Mission to Nepal hat heute etwa 400 Missionare in Nepal, die als Ärzte, Krankenschwestern, Lehrer, landwirtschaftliche Berater und Entwicklungshelfer arbeiten. Unter anderem hat sie vier Krankenhäuser, darunter das Krankenhaus in Amp Pipal, unserem Einsatzort, gut 100 Kilometer (Luftlinie) nordwestlich von Kathmandu, knapp unterhalb eines kleineren Gipfels im Bergland vor dem Himalaja, dem etwa 1400 Meter hohen Liglig, gelegen. Als wir 1970 ankamen, war das Krankenhaus gerade erst eröffnet worden. Es war damals für etwa eine halbe Million Menschen und ein Gebiet von der Größe des Saarlandes das einzige Krankenhaus, ja überhaupt die einzige moderne medizinische Einrichtung. Um es zu erreichen, mußten wir von einem kleinen »Buschflugplatz« aus etwa 25 Kilometer zu Fuß gehen – hinauf auf den Liglig und dann auf der anderen Seite ein kleines Stück hinunter nach Amp Pipal.

Daß es das Missionshospital Amp Pipal gibt, ist der Tatkraft und Vision einer Pioniermissionarin aus Kanada zu verdanken: Dr. Helen Huston, die lange vor unserer Ankunft in Amp Pipal dort eine medizinische Arbeit begonnen hatte. Wir haben lange Jahre eng mit Dr. Helen zusammenarbeiten dürfen, und sie ist die beeindruckendste Christin, die wir je kennengelernt haben.

Nach seiner jahrhundertelangen Isolation von der Außenwelt wurde Nepal geradezu ins 20. Jahrhundert hineinkatapultiert. So mancher Bergbauer hat zum ersten Mal in seinem Leben ein Rad gesehen, als er das Fahrwerk eines Flugzeugs sah. Und selbst nach über dreißig Jahren ausländischer Entwicklungshilfe steht in den ländlichen Gebieten die Zeit oft immer noch still. Seit den frühen fünfziger Jahren sind enorme soziale Umwälzungen im Gange, versuchen immer mehr junge Nepalen, eine gute Ausbildung zu bekommen, um Anschluß an das Zeitalter der Technik zu erhalten und der Plackerei des Ackerbaus für den Eigenbedarf zu entgehen. Aber es gibt immer noch viel Widerstände gegen Fortschritt und Veränderungen, und einer der stärksten Widerstände kommt von der Religion.

Nepal ist eine hinduistische Theokratie. Über 80 Prozent der Bevölkerung sind Hindus, die übrigen überwiegend Buddhisten. Die frommen Hindus glauben, daß ihr König eine Inkarnation des Gottes Vishnu ist. Es ist gesetzlich verboten, vom Hinduismus zu einer anderen Religion überzutreten, und wer gegen dieses Verbot verstößt, kann mit einem Jahr Gefängnis bestraft werden. Ein Pastor kann für die Taufe eines Neubekehrten sechs Jahre Gefängnis erhalten. Und die Christen, die nicht ins Gefängnis kommen, müssen immer noch damit rechnen, daß sie von ihren Verwandten, Freunden und Nachbarn als Ausgestoßene betrachtet werden. Die nepalischen Christen lassen es sich etwas kosten, Christus nachzufolgen. Aber die Kirche in Nepal wächst rasch. Vor vierzig Jahren gab es kaum einen einzigen Christen im Land; heute sind es viele tausend.

Es ist nur zu verständlich, daß die nepalische Regierung christliche Missionare mit gemischten Gefühlen betrachtet. Sie schätzt unsere medizinische und technische Hilfe, aber sie hätte sie gern ohne unsere

Religion. Sie läßt uns in ihrem Land arbeiten, solange wir uns dazu verpflichten, »keine Proselyten zu machen«, also – wie wir es interpretieren – Abstand nehmen von öffentlichen und aggressiven Formen des Missionierens. Aber es steht uns frei, unsere »eigene Religion zu praktizieren«, wozu natürlich das taktvolle Bezeugen unseres Glaubens und die Teilnahme am Leben der nepalischen Kirche gehört. In Nepal kommt es nicht vor, daß ausländische Missionare Gemeinden gründen oder Neubekehrte taufen. Die nepalische Kirche ist eine wahrhaft eigenständige Kirche.

Es ist uns ein großes Vorrecht, mit den Nepalen zusammenarbeiten zu können, die ein neues Nepal aufbauen und das Elend ihrer Landsleute lindern und heilen wollen. Diese Menschen sind gut ausgebildet und hochmotiviert und haben die Führungsqualitäten, die nötig sind, um ihre Nation in die Zukunft zu führen. Aber die Zukunft wird schwierig sein. Die Bevölkerung Nepals verdoppelt sich alle dreißig Jahre, und es gibt nicht mehr genug Land. Allein in den letzten fünfzehn Jahren hat Nepal ein Drittel seiner Wälder verloren. Diese und viele andere Probleme stellen eine massive Bedrohung für die Entwicklungsprogramme dar. Auch wenn in den letzten drei Jahrzehnten große Fortschritte gemacht worden sind: Die Hürden, vor denen Nepal steht, sind hoch. Nepal braucht Hilfe – heute mehr denn je.

Aber wir haben nicht nur mit den Führern des neuen Nepal zusammenarbeiten dürfen, wir haben auch viel Gemeinschaft und Segen mit den nepalischen Christen erlebt, die meist viel mehr für ihren Herrn geopfert haben als wir. Es war uns eine Freude, mitzuerleben, wie sie das Licht des Evangeliums in ihr Land tragen.

Dieses Buch will einen Einblick in das Alltagsleben unserer Arbeit in dem kleinen Missionskrankenhaus am Hang des Liglig geben. Manches von dieser Arbeit habe ich schon in meinem ersten Buch, *Geheimnisvolles Nepal* (deutsch: Hänssler-Verlag, 1988), schildern können. In diesem neuen Buch soll nicht nur der Arzt und Chirurg zu Wort kommen, sondern auch die Familie Hale und unsere nepalischen Schwestern und Brüder in Christus. Diesen nepalischen Christen ist dieses Buch gewidmet.

Familienleben alternativ

Die Post ist da

Als meine Frau Cynthia, unsere beiden Jungen und ich im Sommer 1970 nach Nepal ausreisten, um als Missionsärzte in Amp Pipal in den Vorbergen des Himalaja zu arbeiten, hielten wir uns zunächst einige Monate lang in der Hauptstadt Kathmandu auf, um die nepalische Sprache zu büffeln und uns schon einmal etwas in all das Fremde und Neue dieses uns so unbekannten Landes einzuleben, damit der Kulturschock draußen in den Bergen nicht gar zu groß würde. Sie waren eine gute Schule, diese Monate in Kathmandu, und einige der besten Lektionen erlebte ich im Foreign Post Office, zu deutsch: Auslandspostamt, der Stadt.

Das Foreign Post Office, abgekürzt allgemein als FPO bekannt, untersteht direkt der Königlich-nepalischen Regierung und wurde geschaffen, um den Import von Waren durch Pakete aus dem Ausland zu kontrollieren. Es ist in einem modernen, großen Gebäude in der Hauptstraße von Kathmandu untergebracht, und auf der Fassade prangt rot und fett sein Name: »Foreign Post Office«. Der Ausländer, der ihn zum erstenmal liest, bekommt unwillkürlich ein gewisses erhebendes Gefühl: eine ganze große Behörde nur für ihn! Wenn das nicht etwas anderes ist als der Briefträger zu Hause. Und es ist auch etwas anderes.

Mein erster Besuch im FPO fand im Oktober 1970 statt. Ein Freund von mir hatte mir erzählt, er habe dort ein Paket für die Familie Hale gesehen; er mußte es wohl wissen, denn er war lange im FPO gewesen und hatte selbst ein Paket gesucht, das ein anderer Freund dort erspäht hatte. Ich betrat schwitzend das verheißungsvolle Gebäude – es war ein warmer Tag – und begann meine Wanderung durch die langen Flure. Überall Büros und Sortierräume, in den meisten mehr oder weniger wirre Haufen von Paketen und Päckchen, Umschlägen und Schachteln, manche halb offen. Gab es denn hier niemanden, der einem weiterhelfen konnte? Endlich, am anderen Ende des Gebäudes, kam ich in einen großen Raum, in welchem auf Wandregalen und auf dem Fußboden Hunderte von Paketen gestapelt lagen. Um das Tohuwabohu herum standen Schreibtische, und an den Schreibtischen saßen junge Beamte, die sich lebhaft unterhielten, angestrengt Illustrierte lasen oder sich von einer dieser Tätigkeiten ausruhten. Ich murmelte mein Anliegen: »Entschuldigen Sie, ich suche hier ein Paket...« Die jungen Männer antworteten mit einer lässigen Handbewegung, die soviel sagen sollte wie: Bitte, der Herr, Sie dürfen gerne selbst nachschauen. Aha, offenbar Selbstbedienung...

Ich trat zu einem der Pakethaufen und begann zu suchen. Ich suchte fleißig. Nichts. Vielleicht im nächsten Haufen? Wieder nichts. Weiter, nicht aufgeben, es ist doch das Auslandspostamt, das wäre doch gelacht... Vierzig Minuten später, als ich gerade aufgeben wollte, endlich der Erfolg: ein winziges Päckchen von der Größe eines Seifenstücks, und auf dem Umschlag der Name »Hale«. Hab ich dich!! Doch nein, es gibt zwei Hales in Kathmandu, und das hier ist für den anderen. Eine Dreiviertelstunde für die Katz. Die Beamten hatten sich die ganze Zeit nicht von ihren Stühlen gerührt. Und so endete mein erster – und harmlosester – Besuch im FPO.

Nicht lange danach erzählte mir ein anderer Freund, er habe im FPO ein Paket für mich gesehen. Ich lächelte und sagte: »Danke, das ist sehr nett, aber das Paket kenne ich schon, das ist für einen anderen Hale.« Nein, nein, versicherte mein Freund, dieses Paket war für mich, ganz bestimmt. Meine Frau fand das auch, hielt es zumindest nicht für unmöglich, und so marschierte ich wieder zum FPO.

Diesmal war das Wetter noch wärmer und meine Zeit noch knapper – schon zwei Minuspunkte. Im FPO sah alles genauso aus wie beim erstenmal, die gleichen Beamten saßen an den gleichen Plätzen. Wieder ließ man mich ohne Umstände in den Paketsaal, und wieder durfte ich mein Paket selbst suchen.

Ich hatte nicht den blassesten Schimmer, was in dem Paket sein mochte oder von wem es war. Unsere Verwandten und Freunde hatten wir jedenfalls strikt angewiesen, uns keine Pakete zu schicken. Wir durften damals höchstens zwei Pakete pro Person und Jahr erhalten und wollten sichergehen, daß diese Pakete nicht für nette, aber unwichtige Geschenke verschwendet wurden. Die Beamten vom FPO kontrollierten genau, wie viele Pakete jeder Ausländer bekam; jedes Paket wurde in seinem Paß vermerkt und außerdem in das große amtliche Auslandspaketbuch eingetragen. Wenn ich mein Paket endlich gefunden hatte, würde ich mich entscheiden müssen: Sollte ich es annehmen und damit die Hälfte meiner Jahresration verbrauchen oder aber die Annahme verweigern und auf ein wichtigeres Paket warten? Hoffentlich war der grüne Zollschein auf dem Umschlag, der den Inhalt angab, gut ausgefüllt!

Nach fünfundfünfzig Minuten – eine Stunde hatte ich in meinem Zeitplan vorgesehen – fand ich das Paket. Es war von meiner Mutter. Die ganzen fünfundfünfzig Minuten lang hatte sich keiner der sechs Beamten in dem Paketsaal von seinem Platz gerührt. Nur zweimal war einer aufgestanden – als ich in einen der kleinen, ebenfalls mit vielversprechend aussehenden Paketen vollgestopften Nebenräume gehen wollte. Das durfte ich nicht, erklärte er mir, diese Pakete gehörten alle zu Empfängern, die entweder in Nepal verstorben oder unbekannt verzogen waren. Zu merkwürdig – in dem einen Nebenraum hatte ich ganz deutlich ein Paket für Dr. Bethel Fleming gesehen, eine Ärztin, die mit die *United Mission to Nepal* gegründet hatte. Dr. Fleming wohnte in Kathmandu und war alles andere als tot. Sie und ihr Mann, der der Sekretär des Rotarierklubs von Kathmandu war, waren in der besseren Gesellschaft wohlbekannt. Wenn sie in den Augen des FPO tot oder unbekannt verzogen war, was hatten *wir* dann zu erwarten? Oder war das nur ein einmaliges Versehen? Es war keines, wie ich später hörte, es gab noch mehr Kollegen von der Mission, die tot oder unbekannt verzogen waren.

Nun, ich nahm mein Paket – oder besser Päckchen – und begab mich in den Zollraum, in dem sieben Beamte ihren anstrengenden Dienst versahen. Vor einer Stunde, als ich das Gebäude betreten hatte, waren sie die Ruhe selbst gewesen, jetzt boten sie ein Bild höchster Aktivität. Offenbar hatte während meiner Suchaktion schon ein anderer Postkunde sein Paket gefunden. Es war ein sehr großes Paket, und als die Zollbeamten es öffneten, leuchteten ihnen fünfzehn oder zwanzig Geschenkpakete in schönem, buntem Weihnachtspapier entgegen – Weihnachtsgeschenke für die ganze Familie. Ich schaute sprachlos zu, wie die Beamten sich wie Raubvögel über die Päckchen hermachten. Zwei rissen sie auf, ein dritter inspizierte den Inhalt, der vierte und fünfte versuchten wacker, die Päckchen wieder zu packen, und die Nummer sechs verschnürte sie mit Kordelstücken von aufgerissenen anderen Paketen, die achtlos über den Raum verstreut lagen. (Wahrscheinlich waren diese herrenlosen Pakete von ihren Empfängern, die ja auch nur zwei Pakete pro Jahr bekommen durften, als wertlos zurückgewiesen worden.) Der siebte Zollprüfer schließlich füllte fleißig für jedes der Päckchen ein großes Blatt aus und entschwand damit in ein Nebenzimmer, wo fünf Kollegen sich über riesige Aktenordner mit langen Zollisten beugten und eifrig blätternd ausrechneten, wieviel Zollgebühr der unglückliche Paketempfänger für seine Weihnachtsgeschenke zu bezahlen hatte.

Es war ein mitleiderregendes Bild, aber gleichzeitig auch irgendwie beruhigend. *Thomas*, meldete sich meine leise innere Stimme, *reg dich ab und sei dankbar. Was ist die Stunde, die du verloren hast, gegen das, was dein Leidensgenosse hier mitmachen muß? Guck, wie klein dein Paket ist, du hast es doch so gut wie geschafft!*

Ich war noch am Überlegen, ob ich mein Paket überhaupt annehmen sollte oder nicht. Die Entscheidung war nicht leicht, denn das Paket war von meiner Mutter, und es stand nicht darauf, was darin war. Ich beschloß schließlich, es anzunehmen. Man verweigert nicht die Annahme, wenn man Post von der eigenen Mutter bekommt. Und von anderen Leuten erwarteten wir sowieso keine Pakete. Also denn.

Nach einer halben Sunde hatten die Beamten ihre Weihnachtsbescherung beendet, und ich war an der Reihe. Sie öffneten mein Päckchen und bekamen große Augen. Was hatte meine Mutter mir denn da geschickt? Ich trat etwas näher, und dann sah ich es auch: sechs kleine Weihnachtsengel für den Christbaum, liebevoll aus goldbemalten Tannenzapfen gebastelt, mit Flügeln und Goldhaaren und viel schöner als Christbaumkugeln oder Plastiknikoläuse. So etwas gab es in ganz Nepal nicht zu kaufen.

Und genau das war das Problem. Christbaumschmuck war in den Zollisten des Auslandspostamtes nicht aufgeführt. Vergoldete Tannenzapfen auch nicht.

Die Zollbeamten gaben sich alle Mühe, das Problem zu lösen. Sie diskutierten hin und her. Ich sagte ihnen, daß die niedlichen Figuren Christbaumschmuck waren. Selbstgemachter. Die Auskunft schien ihnen nicht zu helfen. Die Männer mit den Zollisten brüteten weiter. Tatkräftige Kollegen trugen die Weihnachtsengel in die Abteilung nebenan, vielleicht kannte sich dort jemand aus mit diesen ausländischen Erfindungen; bald waren die Figuren durch das ganze große Gebäude gewandert. Weiter unten auf dem Flur öffneten sich Türen, und andere Beamte kamen heraus, um nachzusehen, was all der Lärm sollte. Immer neue Gesichter tauchten in der Diskussionsrunde auf, einmal zählte ich nicht weniger als zwanzig. Hin und her wogte die erregte Debatte: Wieviel Zoll ist ein vergoldeter Tannenzapfen mit Kindergesicht und Flügeln wert?

Meine Sprachkenntnisse reichten noch nicht aus, um alle Einzelheiten mitzuverfolgen, aber nach einer halben Stunde hatte man sich offenbar auf einen Kompromiß geeinigt. Das Ende vom Lied war, daß ich eine Rupie (also knapp 20 Pfennig) Zoll für die Figuren zu bezahlen hatte. Eigentlich recht preiswert für so viel Aufwand.

Und daß es *so* viele Mitarbeiter im FPO gab, hatte ich auch nicht gedacht.

Als ich in meine Tasche griff, um die Rupie herauszuholen, drückte mir einer der Beamten einen Zettel in die Hand, auf dem zu lesen stand, daß ich dem FPO *drei* Rupien schuldete. Wie das? Ach so, die beiden anderen Rupien waren der Zoll für das *Porto* des Pakets. Doppelt soviel Zoll für das Porto wie für das Paket – was man alles lernen konnte im FPO! Ich holte noch einmal zwei Rupien aus meiner Tasche.

Aber da war noch ein Haken: Im Zollraum durfte man zwar die Zollrechnung in Empfang nehmen, aber nicht bezahlen; zum Bezahlen war die Auslandszollkasse da. Ich weiß nicht mehr, in welchem Raum die Auslandszollkasse lag, auch nicht mehr, durch wie viele Büros ich geschleust wurde und wie viele Beamte wie viele Formulare stempeln oder unterschreiben mußten, bis ich endlich meine drei Rupien bezahlt hatte und entlassen war. In mir reifte ein Entschluß: Nie mehr würde ich über die Schwelle des FPO treten, nie mehr, so lange ich lebte!

Aber ich war kaum draußen, als mir plötzlich einfiel, daß die Postbeamten ja mein Paket gar nicht in meinem Paß vermerkt hatten! Nun bin ich keiner von denen, die päpstlicher als der Papst sind, und der Gedanke, das FPO womöglich um einen Stempelaufdruck übervorteilt zu haben, verursachte mir keine Gewissensqualen. Aber dafür packte mich eine unzähmbare Neugier: Hatten die Beamten vor lauter Weihnachtsengeln vergessen, meinen Paß zu stempeln, oder... oder brauchte man den Stempel nicht mehr? Vielleicht gab es die Zwei-Pakete-pro-Jahr-Regel gar nicht mehr?

Ich drehte mich um und ging zurück ins FPO. Die Beamten klärten mich auf: Nein, das Zwei-Pakete-Gesetz gab es in der Tat nicht mehr, es war abgeschafft worden, gerade erst vor ein paar Tagen. Ab sofort konnte jeder Ausländer so viele Pakete erhalten, wie er wollte, er brauchte nur die Zollgebühren zu bezahlen. Wenn das keine Neuigkeit war! Das mußte ich sofort meinen Kollegen erzählen!

Ich brauche wohl nicht besonders zu erwähnen, daß Cynthia und ich auf der Stelle einen Stapel Briefe nach Hause schickten und unsere Freunde und Verwandten baten, uns doch bitte ein paar nützliche Sachen zu schicken – die dringenden sofort, den Rest in einer Woche.

Bald kamen die ersten Pakete an, und ein halbes Jahr schwelgten wir in Post. Dann führte die nepalische Regierung wieder die alte Regelung ein: zwei Pakete pro Jahr. Nun ja, es wäre auch zu schön gewesen, um lange wahr zu sein. Nur dumm, daß mindestens ein Dutzend Pakete gerade zu uns unterwegs waren. Unseren Kollegen ging es natürlich nicht besser, und bald erzählte man sich, daß die Paketstapel im Paketsaal des FPO schon ein Drittel der Deckenhöhe erreicht hatten und immer noch weiter wuchsen. Wo sollte das enden? »An der Decke«, sagten die Pessimisten. »Ist doch gut, dann müssen sie das Paketgesetz wieder lockern«, meinten die Optimisten.

Sie lockerten es nicht. Ein Paket nach dem anderen kam an und landete auf dem großen Stapel. Medizinische Geräte. Tollwutserum, sehr teuer und sehr leicht verderblich, das Verfallsdatum rückte unerbittlich näher. Was sollten wir bloß machen?

Ich fragte meine Frau. Sie meinte, es sei sicher nicht verkehrt, wenn ich einmal hinginge und mir die Stapel anschaute, sie reichten inzwischen halb bis zur Decke. Anschauen kostete doch nichts, oder? Ich winkte ab.

Aber dann bekam Cynthias Bruder Dicran, der uns gerade zusammen mit Cynthias Mutter besuchte, eine amtliche Mitteilung vom FPO, daß ein Paket für ihn angekommen sei. Da er auf ein wichtiges Medikament aus Amerika wartete, beschloß er, ins FPO zu gehen und sich das Paket anzusehen. Er ging also, und ich ging mit, denn schließlich war ich sein Gastgeber, und außerdem reizte es mich, ehrlich gesagt, wieder einmal den Paketsaal zu besuchen. *Wer weiß*, dachte ich, *vielleicht macht es diesmal sogar Spaß, es geht ja nicht um meine Post.*

Wir marschierten also ins FPO. Dicran gab seinen Zettel ab (diesmal gab es keine Selbstbedienung), und wir warteten. Ein paar Schritte neben uns war ein anderer Kunde in eine kleine Diskussion mit einem der Beamten verwickelt. Er hatte einen Umschlag mit sechs oder acht entwickelten Farbfotos bekommen und regte sich darüber auf, daß er dafür nicht nur seinen Paß stempeln lassen, sondern auch noch Zoll zahlen sollte. Sein Gesicht wurde immer röter. Wir wußten nicht, ob wir ihn bemitleiden oder lachen sollten. Schließlich kam ein Beamter, der Englisch konnte und offensichtlich der Vorgesetzte des anderen war, und begann, dem Besitzer der Bilder umständlich darzulegen, daß er doch gar keinen Grund habe, sich so aufzuregen. Es ginge ja schließlich nicht nur um die Bilder, o nein, bei Tonbändern zum Beispiel sei es doch auch nicht besser, selbst wenn er blind wäre und kein Buch lesen könnte, selbst dann gelte immer noch: zwei Pakete pro Jahr, so war das nun leider einmal. Was wohl soviel heißen sollte wie: »Seien Sie froh, daß Sie nicht blind sind.«

Die Antwort des erbosten Kunden bekamen wir nicht mehr mit, denn gerade in diesem Augenblick, also nach ganzen zwanzig Minuten, kam »unser« Beamter zurück und präsentierte uns Dicrans winziges Päckchen. Es war nicht die Medizin, es waren entwickelte Dias.

Dicran war's zufrieden, seine Bilder waren schließlich auch etwas wert. Wir begaben uns in den Zollraum, und die Beamten begannen, das Päckchen zu öffnen. Dicran protestierte: War das denn nötig? Daß es ein Kästchen mit Dias war, sah man doch auch so! Doch, es war nötig, Vorschrift war Vorschrift. Wieviel Zoll die Bilder kosteten? Gar keinen, entwickelte Filme waren gebührenfrei! Wir dachten an den Mann mit den Farbfotos und schauten uns hilflos an. Oder machte man bei Dicran eine Ausnahme, weil seine Bilder so schlecht waren? Aber das konnte es auch nicht sein, die Beamten fanden sie offenbar sehr unterhaltsam, kichernd und grinsend ließen sie sie durch das ganze Büro wandern.

Dann ging es ans Schreiben. Wir hatten unseren Teil schon erledigt und gewissenhaft ein halbes Dutzend Formulare ausgefüllt, um die Bilder vom Paketsaal in den Zollraum zu bekommen. Jetzt wurden die Dias sorgfältig auf das große Zollblatt eingetragen, und das Zollblatt wanderte nebenan in den Zollerhebungsraum, wo mehrere Beamte mehrere weitere Formulare ausfüllten, unterschrieben und stempelten. Jetzt war es amtlich, daß die Dias zollfrei waren.

Aber noch war es nicht amtlich, daß wir nichts zu bezahlen hatten. Dazu mußten wir uns zur Auslandszollkasse begeben und zwei weitere Formulare ausfüllen, die uns bescheinigten, daß die Zollkasse nicht berechtigt war, Zollgebühren für Dicrans Dias zu kassieren. Eine Quittung für den nicht gezahlten Zoll bekamen wir auch. Dann ging es natürlich noch in den Paßkontrollraum, wo andere Beamte Dicrans Paß inspizierten, alle erforderlichen Angaben auf ein Paßformular notierten und anschließend ein Kontrollformular ausfüllten, das amtlich bestätigte, daß sie das Paßformular vorschriftsmäßig ausgefüllt hatten. Einen Augenblick lang erwartete ich, daß jetzt noch ein Kontrollformular für das Kontrollformular ausgefüllt würde, aber das war offenbar nicht nötig.

Zum guten Schluß bekamen wir die Dias und natürlich die Zollquittung, womit die Zahl der Belege, die Dicran an diesem Nachmittag in seine Tasche stopfen konnte, auf neun gestiegen war. Bald würden die Kopien all der Belege und Formulare, in zwei- oder dreifacher Ausfertigung, die Aktenschränke des FPO zieren. Nicht schlecht für ein Kästchen Dias. Welch ein Segen war es doch, daß unser Gepäck –

neunundzwanzig Überseefässer – nicht mit der Post nach Nepal gekommen war ...

Wir hatten jetzt zwar Dicrans Dias, aber natürlich noch nicht seine Medizin. Und auch nicht die zwanzig Pakete für Cynthia und mich, die sich inzwischen im Paketsaal des FPO angesammelt hatten.

Aber da trat Cynthia in Aktion. Sie rief den Notstand aus, schlug gemeinsam mit ihrer Mutter auf den Tisch und sagte: »Jetzt laß mich mal machen! Wo ein Wille ist, ist auch ein Weg, das wollen wir doch mal sehen!«

Cynthia begann ihren Feldzug mit einer Kanonade von Anträgen. Wenn das FPO soviel Wert auf Formulare legte, sollte es auch welche bekommen. Und Cynthia setzte sich hin und begann mit dem Ausfüllen eines Antrags auf Ausnahmegenehmigung zum Import von mehr als zwei Auslandspaketen pro Jahr. Eigentlich eine logische Sache, und – ja, warum hatten wir das nicht schon längst getan? Antwort: Weil wir für jedes Paket ein separates Formular ausfüllen mußten. Außerdem mußte man den Inhalt und den Wert jedes Pakets sorgfältig angeben, was keine einfache Sache war, denn nicht selten wußten wir gar nicht, was in dem Paket war. Und eine Gebühr kosteten die Formulare natürlich auch. Nun, Cynthia füllte emsig sieben solcher Anträge aus und schickte sie zur Weiterleitung an unser Missionsbüro. Sechs Wochen später lagen sie immer noch dort. Der Grund: Wenn der Wert des Paketes nicht über 200 Rupien lag, waren die Anträge ungültig. Und Cynthia hatte, sparsam wie sie war, den Wert der Pakete möglichst niedrig angegeben, um Zoll zu sparen – mit dem Ergebnis, daß jedes Paket unter 200 Rupien lag.

Aber Cynthia ließ sich nicht kleinkriegen. Sicher würde eine Bescheinigung, daß in den Paketen Medizin für Nepal war, wahre Wunder wirken? Sie wirkte nicht. Worauf Cynthia zum Sturmangriff überging. Sie hatte gehört, daß es einigen Glücklichen gelungen war, ihre Pakete mit einer Erklärung, daß der Inhalt persönlich und keine Importware war, vom FPO loszueisen. Was anderen gelungen war, würde auch ihr gelingen, und so marschierte sie nach eingehender Vorbereitung und bewaffnet mit diversen Briefen, Erklärungen und Bescheinigungen, ihrem Paß und ihrer Mutter siegesgewiß ins FPO. Es war ein paar Minuten vor zwölf Uhr mittags.

Zehn Minuten später wußte Cynthia, daß ihre Briefe, Erklärungen und Bescheinigungen wertlos waren. Sie griff in die Tasche und zückte ihre Geheimwaffe: einen Brief unseres Missionschefsekretärs höchstpersönlich, der mit ebenso zwingender wie unergründlicher Logik feststellte, daß Cynthia berechtigt war, alle unsere zwanzig Pakete ausgehändigt zu bekommen, und der für jeden denkbaren Einwand des FPO das passende Gegenargument parat hatte. Es war ein wohldurchdachtes Mittelding zwischen einem Droh- und einem Bettelbrief.

Cynthia drücke den Brief einem der Beamten in die Hand, der prompt damit ins Innere des Gebäudes entschwand und fünfundvierzig Minuten lang nicht mehr gesehen ward. Als er zurückkam, erschienen Pakete auf der Zolltheke – eines, zwei, drei, ein halbes Dutzend. Dann durfte Cynthia (unter Aufsicht) sogar in den Paketsaal, um mitzuhelfen, die übrigen Pakete zu suchen. Nach eineinhalb Stunden hatte man sechzehn Pakete gefunden. Zwei der wichtigsten, mit Kühlschrank-Ersatzteilen und Laborgeräten, waren allerdings nirgends aufzutreiben.

Es war inzwischen 15.30 Uhr. Um Punkt vier würde das FPO schließen. Einer der Beamten riet Cynthia, besser mit dem Suchen aufzuhören und die Pakete jetzt durch den Zoll gehen zu lassen, sonst müsse sie am Ende mit leeren Händen nach Hause. Cynthia ging also an die Zolltheke, zeigte auf ihre sechzehn Pakete und verkündete: »Bitte verzollen Sie das, ich nehme sie alle.« Alle? wunderten sich die Beamten. Wußte die Dame nicht, daß ihr nur zwei zustanden? »Ich habe doch die Bescheinigung«, antwortete Cynthia. Bescheinigung? Welche Bescheinigung? »Den Brief von der Mission.« Konnte die Dame den bitte einmal vorlegen?

Cynthia: »Ich habe ihn diesem jungen Mann gegeben.« Der junge Mann: »Ich habe ihn meinem Kollegen da weitergegeben.« Der Kollege: »Ich habe ihn dieser Dame da (also Cynthias Mutter) zurückgegeben.« Cynthias Mutter wußte von nichts. Sie schaute überall nach, die Minuten vergingen, die Uhr zeigte zwanzig Minuten vor vier. Nein, kein Brief. Aber sie hatte ihn doch bekommen? Nein, ganz bestimmt nicht, meinte man etwa, sie habe ihn versteckt? Und überhaupt, sie konnte sich an nichts erinnern.

Es ist nicht auszuschließen, daß meine arme Schwiegermutter den Brief verschluckt hatte, ohne es zu merken – im FPO ist alles möglich. Jedenfalls war und blieb der Brief verschwunden, und mit ihm die Aussicht, alle sechzehn Pakete durch den Zoll zu bekommen.

Cynthia, nicht faul, versuchte, wenigstens sechs Pakete zu retten – zwei für sie und vier für unsere beiden Kinder (meinen Paß hatte sie vergessen). Der Zollbeamte wollte nicht glauben, daß sie schon eineinhalb Jahre lang keinen Paketeintrag mehr in ihren Paß bekommen hatte. Man holte das große Paßregister und schlug unter den Hunderten von Namen nach. Tatsächlich keine Cynthia Hale. Cynthia witterte Morgenluft. »Sind die Namen Ihrer Kinder in dem Paß eingetragen?« Cynthia kritzelte sie rasch hinein, auf das Adreßblatt, und sagte »Ja«. Die Beamten berieten sich ein paar Minuten. Nein, es tat ihnen leid, aber auf die Namen der Kinder konnten sie die Pakete nicht ausstellen.

Cynthia kämpfte wie eine Löwin. »Könnte ich bitte den Postamtvorsteher sprechen?« Nicht schlecht. Aber der Postamtvorsteher hatte schon Feierabend gemacht. Dafür war der Stellvertretende Postamtvorsteher noch da, ein netter, freundlicher, feinfühliger junger Mann. Cynthia verlegte sich instinktiv auf ihre seit dreißig Jahren bewährte »Armes Mädchen in Not«-Taktik. Lieber Herr Postmeister, haben Sie doch Mitleid mit einer armen Frau und Mutter...

Der junge Stellvertretende Postamtvorsteher wurde weich wie eine Spargelstange im Kochtopf. Die Dame hatte vollkommen recht, und selbstverständlich war er bereit, ihr auf jede nur erdenkliche Weise zu helfen. Es war nur so, daß er ohne Rücksprache mit dem Hauptzollamt in Singha Durbar (dem großen Regierungsgebäude am anderen Ende der Stadt) nichts tun konnte, aber das ließ sich regeln, es war ihm ein Vergnügen, dort anzurufen und die Dame mit dem Zolldirektor persönlich zu verbinden. Cynthia ließ sich den Telefonhörer geben. Na also...

Auch der Zolldirektor war schon nach Hause gegangen. Aber der Stellvertretende Zolldirektor war noch da. Um so besser, Stellvertretende Direktoren waren Cynthias Spezialität. Und sie holte Luft und hielt eine fünf Minuten lange Klagerede, in der sie auf das allerberedsamste und erschütterndste ausmalte, wie schnöde das FPO jetzt schon vier Stunden lang ihre mühsam ausgefüllten Formulare und ihre unfehlbare Sonderbescheinigung behandelt hatte, wie schlimm es war, daß der Stellvertretende Zolldirektor das nicht wußte, und welch schreiendes Unrecht es war, daß einer armen ausländischen Frau und Mutter mitten in einem zivilisierten Land solch Ungemach widerfuhr.

Als sie fertig war, kam eine lange Pause am anderen Ende der Leitung. Konnte der etwa kein Englisch??

Doch, er konnte. Seine ersten Worte waren: »Meine Dame, jetzt hören Sie mir mal gut zu!« Was er in den folgenden fünf Minuten sagte, weiß Cynthia nicht mehr genau. Sie weiß nur noch, daß er irgendwas über andere Antragsformulare sagte. Es war vier Uhr.

Cynthia ging zurück in den Zollraum, um ihre beiden Pakete mitzunehmen. Die Beamten wollten ihre Zollquittung sehen. Sie hatte keine. Man schickte einen Kollegen nach oben ins Zollquittungsbüro, aber der kam unverrichteter Dinge zurück, der Zollquittungssachbearbeiter war schon nach Hause gegangen. Cynthia sauste zurück zu ihrem alten Freund, dem Stellvertretenden Postamtvorsteher, der auch prompt losrannte, um jemanden aufzutreiben, der die Quittung ausstellen konnte.

Meine Schwiegermutter bewachte unterdessen die sechzehn Pakete. Die Beamten, die endlich nach Hause wollten, fingen an, sie zurück in den Paketsaal zu tragen. Alle sechzehn natürlich, auch die beiden, die Cynthia nach all ihren Mühen amtlich zustanden. Mutter war der Auflösung nahe. Es wäre besser gewesen, wenn sie sich auf Nepali hätte auflösen können. Dann kam Cynthia zurückgerannt, die Quittung in der Hand. Was danach geschah, weiß niemand mehr genau, aber die Zollbeamten mußten eine Viertelüberstunde machen, und die beiden Pakete tauchten wieder auf. Es muß ein furioses Finale gewesen sein, und ich bin froh, daß ich nicht dabei war.

Gerne würde ich dem Leser einen vollen Bericht über das Schicksal der Pakete geben, die Cynthia in den Mauern des FPO zurücklassen mußte, doch zu verdreht und verknotet sind die Fäden der Ereignisse, als daß man sie noch entwirren könnte; keiner der Akteure weiß mehr so recht, was wann wie und warum geschah. Sicher ist, daß nicht alle Pakete unverändert aus ihrer langen Gefangenschaft entlassen wurden. Medikamente verdarben, Tulpenzwiebeln keimten und sproßten. Bleibt noch hinzuzufügen, daß das FPO seit jenen finsteren Tagen durchgreifend reformiert worden ist. Es ist längst von einem Amt des Schreckens zu einer Musterbehörde geworden. So hat man es mir jedenfalls erzählt. Persönlich nachgeprüft habe ich es nicht, obwohl ich durchaus noch von Zeit zu Zeit am FPO vorbeikomme, meist auf der anderen Straßenseite.

Aber verlassen wir Kathmandu und das Auslandspostamt und begeben wir uns in die Berge, zum Missionshospital Amp Pipal, hundert Kilometer und damit eine gute Tagesreise westlich von Kathmandu. Noch während unserer Abenteuer mit dem FPO zogen wir dorthin um, und hier beginnt unsere eigentliche Geschichte.

Ein Tag im Leben meiner Frau

Wir waren nach Nepal gekommen, um als Ärzte zu arbeiten – ich als Chirurg, Cynthia als Kinderärztin. Aber in den ersten Jahren, als unsere beiden Jungen noch klein waren, hatte Cynthia alle Hände voll zu tun als Hausfrau und Mutter. Hausfrau und Mutter – wie langweilig das klingt! Aber wenn ich morgens die Haustür hinter mir schloß und frohgemut den steilen Pfad zum Krankenhaus hinuntermarschierte, begann nicht der Ernst des Lebens für mich, sondern er endete. Sie wollen wissen, liebe Leserin, wie der Alltag einer Missionarsfamilie aussieht? Sie möchten erfahren, wer die größten Helden, die unermüdlichsten Streiter sind? Dann kommen Sie zu uns nach Amp Pipal und erleben Sie einen Tag im Hause Hale mit. Nur einen, das genügt.

Nehmen wir einen Tag im August 1972. Es ist ein völlig normaler Tag in der Monsun-Regenzeit. Unser Ältester, Tommy, ist sechs Jahre alt, sein Bruder Christopher drei. Wir sind seit zwei Jahren im Lande.

Fünf Uhr morgens. Der Tag beginnt mit einer lautstarken Auseinandersetzung im Kinderzimmer.

Christopher: »Das ist mein Frosch, gib den her!«

Tommy (der den Frosch entschlossen mit seiner Faust umklammert): »Nein, der gehört mir! Du hast deine eigenen Frösche, geh und spiel damit!«

Christopher: »Ich weiß aber nicht, wo die sind!« (Stimmt, denn er hat sie gestern abend aus ihrer Schachtel genommen und vergessen, sie wieder hineinzusetzen.)

Ein Handgemenge beginnt. Doch da erscheint Mutter in der Tür, voller Lebenslust und Energie nach sechs Stunden Schlaf. Der Frosch wird gerettet, der Streit geschlichtet. Das eigentliche Tagesprogramm beginnt.

Der erste Programmpunkt heißt »Küchenherd anzünden«. Nein, nicht einschalten, sondern anzünden, der Herd wird mit Holz beheizt. Cynthia geht in die Küche. Es ist noch dunkel. Was ist das für ein Schatten auf der Herdkante? Ach so, eine Vogelspinne. Cynthia schließt ein Auge, zielt und schlägt sie tot. Dann schlüpft sie in ihren Poncho und geht nach draußen zum Holzschuppen. Es ist neblig und regnet, drei neue große Spinnennetze verheddern sich in Cynthias Haaren.

Das Holz ist feucht, seit zwei Monaten schon, der Monsun durchweicht alles. Der Vorrat geht bereits zur Neige, was sowohl am Herd liegt als auch an Cynthia: Um dem Herd etwas Wärme zu entlocken, muß man ungeheure Mengen Holz zum Schornstein hinausjagen, und Cynthia hat einfach nicht genug Holz eingekauft. Sie weigerte sich, soviel zu bezahlen wie die anderen Frauen vom Missionshospital, mit dem Erfolg, daß die Holzhändler nicht mehr zu uns kamen. Als sie ihren Fehler endlich bemerkte, war es zu spät: Die Regenzeit hatte angefangen, und in der Regenzeit kann man für Geld und gute Wort kein Brennholz kaufen. Und zwei Monate Monsun liegen noch vor uns!

Cynthia tastet in dem dunklen Schuppen herum, sucht sich einen Armvoll Holzscheite und -zweige aus, die nicht ganz so feucht sind wie der Rest, und schleppt sie ins Haus. Der Kampf mit den Streichhölzern kann beginnen. Die Streichhölzer sind made in Nepal (damals einer der Hauptindustriezweige des Landes), was für jede Menge Unterhaltung sorgt, vor allem in den Monsunmonaten, wenn die Reibefläche der Schachtel die Festigkeit eines reifen Camembertkäses hat. Diese Streichhölzer können alles: vor dem Anzünden abbrechen, nach dem Anzünden abbrechen, die Finger verbrennen, auf den Fußboden fallen, funkensprühend in die Milch tauchen.

An diesem Morgen hat Cynthia Glück: Schon das dritte Streichholz geht an. Aber dann läßt sie es fallen. Der sechste Versuch glückt besser, das Papier lodert auf, und Cynthia kann vorsichtig Stroh und Rindenstücke auflegen, dann dünne Zweige, dann etwas dickere. Das Holz beginnt zu qualmen, dann zu glühen, noch brennt es nicht richtig, und das Papier ist bald verbraucht. Da endlich – die ersten Zweige fangen Feuer. Aber was ist das für ein Geräusch im Badezimmer? Klingt wie Wasser auf dem Fußboden.

Es ist Wasser. Christopher hat zwei seiner Frösche wiedergefunden und badet sie. Der Fußboden im Bad ist schräg, gleich wird das Wasser ins Wohnzimmer laufen. Wenn nur das Feuer richtig angehen wollte!

Auf einmal ein dumpfer Schlag, gefolgt von markerschütternden Schreien. Christopher ist von seinem Schemel, auf dem er stand, gefallen, mit dem Kopf auf den Zementfußboden. Tommy kommt in die Küche gerannt: »Mama, Christophers Mund blutet!« Das Feuer will wieder ausgehen, schnell das Bambusblasrohr her, vielleicht kann man die Glut noch einmal anfachen. Wo ist das Rohr? Ach ja, es ist unter den Ofen gerollt. Cynthia packt es, hält das eine Ende vorsichtig in den Ofen, holt Luft und bläst. Eine gewaltige Rußwolke wirbelt durch die Küche, die letzten Funken des Feuers verschwinden im Schornstein.

Immerhin kann Cynthia jetzt Christopher verarzten. Als er mit dem Schreien aufhört, hört sie, wie draußen vor der Haustür jemand hustet. (In Nepal klopft man nicht an die Tür, man hustet.) Sicher hat er schon ein paar Minuten lang gehustet, Christopher hat ihn übertönt. Wer ist es? Ach, der *Nashpatti*-Mann. *Nashpatti* sind nepalische Birnen, und da gerade die *Nashpatti*-Saison ist, essen wir sie schon seit drei Wochen: *Nashpatti* pur, *Nashpatti* in Milch, *Nashpatti*brot, *Nashpatti*marmelade, *Nashpatti*kuchen. Aber anderes Obst gibt es zur Zeit nicht, und so kauft Cynthia zum fünfzehnten Mal *Nashpatti*. Es ist ohnehin sicherer so, denn wenn sie nichts kauft, spricht sich das herum, und die Obstverkäufer kommen nicht mehr zu uns. Und wir sind auf sie angewiesen. Märkte gibt es weit und breit nicht; ohne die hustenden Hausierer bleibt die Vorratskammer leer.

Kaum ist der *Nashpatti*-Mann wieder fort, kommt die Milchfrau mit unseren zwei *Manas* (gut ein Liter) Milch. Cynthia gibt den Kampf mit dem Holzherd verloren und stellt den Topf mit der Milch auf unseren kleinen Petroleumkocher, der immer dann einspringt, wenn der Holzherd seinen Dienst versagt. Sie benutzt den Kocher ungern, denn Petroleum ist knapp und teuer und muß, wie die meisten unserer Vorräte, von Trägern zu Fuß über 25 Kilometer von der nächsten größeren Ortschaft herbeigeschafft werden. Obwohl auch Brennholz nicht gerade billig ist; bald wird es ein Luxusartikel sein, denn Hektar um Hektar des herrlichen Bergwaldes fällt der Axt zum Opfer.

Tommy ist mittlerweile »halb verhungert«, wie er es ausdrückt, und beantragt Toast mit Eiersoße zum Frühstück. Cynthia muß ihn enttäuschen: Der letzte Karton Eier aus Kathmandu ist aus irgendeinem Grund nie angekommen, und am Ort kann man keine kaufen. Aber wie wäre es mit einer leckeren *Nashpatti*soße? Man einigt sich schließlich auf »Multimix«, ein hausgemachtes Müsli aus grobgemahlener Hirse, Mais und Sojabohnen, das laut Cynthia »sehr gesund« ist und leider auch so schmeckt.

Mit dem Frühstück geht der idyllische Teil des Morgens zu Ende. Unsere Didi (»Große Schwester«) kommt, die Cynthia als Köchin und Haushälterin zur Seite steht und für den Rest des Tages Anleitung und Aufsicht brauchen wird. Der Gärtner erscheint und wartet auf seine Instruktionen. Kurz darauf kommen die Männer, die uns unseren Petroleumkühlschrank ins Haus tragen wollen. Über ein Jahr lang hat er draußen vor sich hingerostet, weil wir keinen Platz im Haus hatten; heute soll das anders werden. Nach fünfzehn Minuten Schwerarbeit gelingt es den vier Männern, das gute Stück in unser Wohnzimmer zu bugsieren; zwei Löcher im Teppich und zahlreiche Fußabdrücke (draußen regnet es immer noch) sind stumme Zeugen ihrer Mühen. Ein Nepale kann enorme Lasten auf dem Rücken tragen, aber wenn er etwas mit der Hand anheben muß, kommt er in Schwierigkeiten.

Kaum ist der Kühlschrank drinnen, steht der nächste fliegende Händler draußen. Er bietet »frisches« Wasserbüffelfleisch an. Es sieht nicht sehr vertrauenerweckend aus, das Fleisch, und der Kühlschrank ist bereits vollgestopft mit Tomaten und Kürbissen aus unserem Garten, die wir gestern vor dem Regen und dem Verfaulen gerettet haben (Also *deshalb* war der Kühlschrank so schwer...) Aber andererseits haben wir seit drei Wochen kein Fleisch mehr gehabt. Cynthia kauft das Fleisch und wirft das Gemüse wieder aus dem Kühlschrank heraus. Die nächsten vier Tage wird es morgens, mittags und abends Tomaten mit Kürbis geben.

Es geht weiter im Programm. Cynthia räumt auf, liest den Kindern eine Geschichte vor, bezahlt ein paar Rechnungen, bringt die Petroleumlampe zur Reparatur. Dann sieht sie nach dem Gärtner, was immer ein Kapitel für sich ist, denn der Garten ist unser wichtigster Vitaminlieferant, und die Künste unseres Gärtners können recht wechselhaft sein. Letzte Woche hat er statt des Unkrauts die Möhren gejätet; was eigentlich sogar verständlich war, denn Möhren sind in Nepal weithin unbekannt. Cynthia, die Möhren über alles mag, hat dreimal geschluckt und den Gärtner in ein ungefährlicheres Beet geschickt.

Der Rest des Morgens verläuft ohne größere Vorkommnisse. Die Kinder spielen draußen im Regen und sammeln neue Schätze für ihren kleinen Zoo: Schnecken, Tausendfüßer, Asseln und neue Frösche. Ganz wohl ist Cynthia bei diesem Sammeleifer nicht. Erst vor zwei Tagen hat Christopher ihr ganz stolz einen zehn Zentimeter langen Hundertfüßer präsentiert, und sie mußte ihm energisch klarmachen, daß diese Tiere giftig sind und daß man sterben kann, wenn man von ihnen gebissen wird. Tausendfüßer – ja, Hundertfüßer – nein. Zu schade für Christopher, denn Hundertfüßer sind viel interessanter als Tausendfüßer.

Bald ist Mittagessenszeit, und – Hurra! – da kommen die Eier aus Kathmandu. Diese Woche sind sie pünktlich, prima, jetzt gibt es Rühreier. Cynthia ruft die Kinder, und sie traben fröhlich ins Wohnzimmer, über und über mit Schlamm und Dreck verschmiert. Rasch ins Bad mit ihnen – aber was ist das? Aus dem Wasserhahn will kein Tropfen kommen. Wir sind mitten im Monsun, ganz Nepal ist ein einziger Wasserfall, aber der Wasserhahn ist trocken. Sicher ist wieder einmal der Wassertank leer. Gut, daß Christopher sowieso nicht baden wollte.

Familie Hale setzt sich an den gedeckten Tisch – ich bin gerade zur Mittagspause heimgekommen – und lauscht erwartungsfroh auf die Geräusche aus der Küche, wo Didi den Holzherd erfolgreich angezündet hat und gerade die Pfanne erhitzt. Cynthia mag es, wenn Rührei in der letzten Minute zubereitet wird, je heißer und frischer desto besser.

Jetzt zerschlägt Didi das erste Ei. Wir hören das vertraute Kracksen – dann ein lauter Schrei, die Tür knallt, Didi flieht nach draußen. Cynthia springt auf und will in die Küche rennen, doch da wissen unsere Nasenlöcher es schon: Das Ei ist faul, total faul, noch fauler kann ein Ei nicht sein. Mit einiger Mühe holt Cynthia Didi zurück ins Haus, und die beiden gehen vorsichtig den ganzen Eierkorb durch, es könnte ja sein, daß noch mehr Eier faul sind. Richtig. So viele faule Eier auf einmal haben wir noch nie bekommen. (Später stellt sich heraus, daß dies nicht die Eier für diese Woche waren, sondern die für die letzte, auf die wir so lange gewartet hatten.) Aber immerhin: Die meisten Eier sind noch »brauchbar«, wie Cynthia es nennt. Didi benutzt sie für unser Rührei, und es schmeckt nicht nur »brauchbar«, sondern fast normal.

Kaum ist das Mittagessen zu Ende, stehen die Jungen auf, um wieder spielen zu gehen. Sicher vergißt Mama heute, ihnen ihre Medizin zu geben? Pech gehabt, Tommy muß seine Wurmmedizin schlucken, Christopher sein Mittel gegen Amöben; letzte Woche war es umgekehrt. Das Amöbenmittel schmeckt äußerst bitter, und es braucht einige Überredungskunst und eine Portion *Nashpatti*mus (zur Tarnung), bis Christopher es schluckt.

Der Nachmittag beginnt. Es hat endlich aufgehört zu regnen, und Didi kann die Wäsche von gestern im Garten zum Trocknen aufhängen. Der nächste Hausputz und das nächste Brotbacken sind fällig. Cynthia erwartet einen Patienten – das Kind eines Distriktbeamten, der gehört hat, daß es in Amp Pipal eine Kinderärztin gibt. Außerdem muß sie natürlich noch Christopher und Tommy baden und ihnen die Haare waschen – sobald der Wasserhahn wieder mitspielt. Zum Abendessen haben wir wieder nepalische Gäste eingeladen, zwei Familien, so daß Cynthia und Didi für drei Familien kochen müssen.

Ich gehe wieder zu meinen Patienten im Hospital.

Etwas später. Didi schiebt die Brote in den kräftig vorgeheizten Holzbackofen und beginnt mit den Vorbereitungen für den Rest des Abendessens. Der nächste fliegende Händler hustet an der Tür, und Cynthia ersteht einige Holzstangen bester Qualität zum Sonderpreis. Der Sonderpreis ist das Sechsfache des Normalpreises, aber das merkt sie erst später. Nach dem Holzverkäufer kommt – wer hätte es gedacht? – ein Mann, der die allerfrischesten *Nashpatti* anbietet, aber nach längeren Verhandlungen muß er unverrichteter Dinge abziehen, genug ist genug. Inzwischen hat ein frischer Wind einen Teil der Wäsche von der Leine gefegt, die Servietten für die Gäste liegen im Dreck. Aber jetzt geht erst einmal das Brot vor. Cynthia läuft in die Küche.

In der Küche ist Didi in einen harten Kampf mit unserem neuesten Haushaltsgerät verwickelt, einer gebrauchten Sahnezentrifuge, die Cynthia von einem unserer Kollegen bekommen hat. Es ist eine eigenwillige Maschine, die die Sahne auf den Fußboden und die Köchin an den Rand des Nervenzusammenbruchs befördert; sehr lange wird es bei Didi nicht mehr dauern.

Aber da kommt Tommy hereingerannt: »Mama, im Garten sind Ziegen und fressen unsere Stachelbeeren!« Hat schon wieder jemand das Gartentor offengelassen? Cynthia rennt hinaus, um die ungebetenen Gäste abzuwimmeln, und verwickelt sich in eine Diskussion mit der halbblinden alten Frau, die die Ziegen hütet. Stachelbeeren? Was für Stachelbeeren? Ihre Tiere fressen keine Stachelbeeren, und überhaupt hätte sie das ja sehen müssen. Nie davon gehört, daß hier ein Garten ist, seit wann eigentlich, ich lasse meine Ziegen seit vierzig Jahren hier grasen, immer diese Neuerungen...

Die Ziegen sind unterdessen weitergewandert und beginnen unseren Avocadobaum anzuknabbern, der noch nicht richtig eingezäunt ist. Cynthia meldet es der Alten, und die gibt ihr sogar recht: Jawohl, da steht ein Baum, oder ist es ein Haus, nein, richtig, ein Baum, und ihre Ziegen stehen davor. Aber was die Tiere mit dem Baum machen, wie soll sie das wissen, auffressen tun sie ihn sicher nicht; das müßte man ja sehen. Und sie spuckt ein paarmal aus und schlurft davon, während Cynthia die Ziegen mit Steinwürfen wegscheucht.

Schnell zurück in die Küche! Aber noch ist Cynthia unterwegs, da fängt es an zu tröpfeln. Um Himmels willen, gleich wird es wieder regnen, und die Wäsche ist noch auf der Leine! »Didi, Didi, komm raus, schnell!«

Didi kommt, und drei Minuten später ist die Wäsche in Sicherheit.

Dafür kommen dunkle Rauchwolken aus der Küche. Richtig, das Brot ist angebrannt. Zu spät. Natürlich, Didi hat wieder das Feuer geschürt, um den Reis zu kochen, und dabei ganz das Brot vergessen. Lernt sie es denn nie, wie man es richtig macht?? (Ich persönlich glaube ja, daß die Sahnezentrifuge schuld an Didis Vergeßlichkeit war.) In einer halben Stunde werden die Gäste da sein, die Kinder sind noch immer nicht gebadet, das Haus immer noch nicht geputzt, und der Nachtisch ist auch noch nicht fertig.

Zum Nachtisch soll es heute abend Pudding geben. Nicht Vanillepudding, wie fast jeden Tag vor Beginn der *Nashpatti*saison, sondern Schokoladenpudding. Schokoladenpudding ist in Amp Pipal ungefähr so vornehm wie Kaviar. Cynthia erklärt Didi, wieviel von dem kostbaren Kakaopulver sie in die Milch schütten soll, und rennt dann nach draußen, um die Kinder ins Haus zu holen. Hoffentlich sind sie nicht zu schmutzig, es gibt immer noch kein Wasser im Bad.

Aber kaum ist Cynthia aus der Tür, kommt der nächste Alarmschrei von Didi. Der Kühlschrank ist aus, und die Milch ist verdorben. Wahrscheinlich ist der Kühlschrank den ganzen Tag nicht gelaufen. Wenn nur nicht auch schon das Wasserbüffelfleisch verdorben ist! Cynthia schickt Didi zu den Nachbarn, um Milch zu borgen, und zündet den Brenner des Kühlschrankmotors, der mit Petroleum betrieben wird, wieder an. Es klappt beim vierten Versuch. Cynthia muß über die Vorteile eines einfachen Lebensstils nachdenken. Kein Schokoladenpudding – weniger Probleme.

Christopher kommt herein und fragt, wann es etwas zu essen gibt. Er hat »dem Gärtner geholfen« und ist mit Matsch und Büffeldung verschmiert. Eine Minute später ist auch Tommy da. Er hat eine Gottesanbeterin und einen prächtig gefärbten Käfer mitgebracht und verlangt Kost und Logis für sie. Nicht mitgerechnet hat er die Blutegel, insgesamt vier Stück, die er und Christopher an ihren Beinen mitgebracht haben. Cynthia bestreut sie mit Salz, und sie fallen auch prompt auf den Boden und spucken das Blut wieder aus. Zum Glück ist unser Juteteppich auch rot.

Und die Glückssträhne reißt nicht ab. Der Wasserhahn läuft auf einmal wieder, und die Gäste haben Verspätung. Cynthia badet die Kinder, Didi putzt das Haus und kocht das Essen fertig. Jetzt braucht Cynthia nur noch die Fliegenpatsche zu holen und die zwanzig Fliegen, die sich auf dem Eßtisch niedergelassen haben, fachkundig zu beseitigen. Eine tote Fliege ist eine gute Fliege, ist Cynthias Motto.

Tommy, der am Fenster steht und den Ausguck macht, verkündet, daß er die Gäste schon sehen kann. Sie kommen auf dem Bergpfad, in drei Minuten werden sie da sein. Aber wo ist Christopher? Er wird doch nicht schon wieder »dem Gärtner helfen«? Ach, da kommt er ja. »Ameisen, Mama, Ameisen!«

Cynthia atmet erleichert auf. Einen Augenblick lang dachte sie, es sei wieder etwas passiert. Aber zwei oder drei Ameisen – wenn es weiter nichts ist! Ameisen sind nicht halb so schlimm wie Fliegen, sie sind sozusagen hygienisch. Daß sich mal eine in den Zuckertopf verläuft, was soll's, das passiert jeden Tag.

Aber warum ist Christopher so aufgeregt? Vielleicht sollte man doch einmal rasch nachsehen, es dauert ja noch zwei Minuten, bis die Gäste da sind.

Da. Im Wohnzimmer, die Ritze in der Wand. Hunderte von Ameisen, nein, Tausende. Ganze Kolonnen kommen herausgekrabbelt. Jetzt kommen sie auch von links, aus einer anderen Ritze. Christopher klatscht begeistert in die Hände, er hat recht gehabt. »Guck, Mama, Ameisen!«

Mama guckt. Was nun? Daußen kommen die Gäste durch unser Gartentor.

Schnell den DDT-Kanister her, den wir letzte Woche aus Kathmandu bekommen haben! Mit zusammengebissenen Zähnen beginnt Cynthia, die feindliche Armee zu besprühen. Christopher schaut mit wachsendem Vergnügen zu. Ich bin just im richtigen Augenblick von der Klinik nach Hause gekommen und zeige den Gästen erst einmal unseren Garten.

Die Ameisen sind von der großen schwarzen Sorte und reagieren prompt auf das Gift. Sie beginnen wie wild in alle Richtungen zu rennen, neue Hundertschaften kommen aus der Wand heraus, sie brauchen Luft. Cynthia sprüht schneller, die Ameisen rennen noch schneller. Didi schlägt vor, es mit kochendem Wasser zu versuchen, und in der Tat: ein Hundertstel der Ameisen, unsere Möbel und unser Teppich sind empfindlich dagegen. Bald ist das Wasser alle, und die beiden Frauen greifen zu den Fliegenpatschen und beginnen einen gnadenlosen Sturmangriff der altmodischen Art. Wohl zehn Minuten lang toben sie stampfend und schlagend durch den Raum.

Ich bin durch eines der Fenster Zeuge der Feindseligkeiten und beginne geistesgegenwärtig eine zweite Führung durch unseren Garten, vielleicht finde ich ein paar Sträucher, die ich noch nicht gezeigt habe. Die Gäste nicken ebenso höflich wie bei der ersten Runde.

Die Lage im Haus scheint sich beruhigt zu haben; wir treten ein. Das Essen ist kalt, der Fußboden ist von einer schwarzen Masse aus toten und sterbenden Ameisen bedeckt, es stinkt nach DDT. Mit vollendetem Charm, gerade so, als sei nichts geschehen, begrüßt Cynthia die Gäste. Sie schlägt rasch noch ein Dutzend Fliegen tot, die während des Kampfes eingedrungen sind, dann kann das Essen beginnen.

Es ist eigentlich ein recht gelungenes Essen. Was dem Reis an Temperatur fehlt, hat Didi mit Gewürzen gutgemacht. Für einen nepalischen Gaumen ist es genau das richtige. Das Brot ist freilich so verbrannt, daß es wie mit Zement an der Backform festklebt. Aber warten wir nur ab, bald kommt der Schokoladenpudding, der wird uns für alles entschädigen.

Nachtisch, es ist soweit. Die Gäste führen den ersten Löffel zum Mund, und ihre Gesichter verziehen sich. Nach dem zweiten Löffel beginnen sie uns zu beteuern, wie gut es geschmeckt hat und wie satt sie sind. Nun ja, was der Bauer nicht kennt, das ißt er nicht, und wenn sie uns etwas mehr von dem Pudding übriglassen, haben wir nichts dagegen. Ich lasse mir und den Jungen eine extragroße Portion geben und tauche voller Vorfreude meinen Löffel hinein. Der erste Schokoladenpudding seit einem halben Jahr...

Christopher ist am schnellsten. Kaum hat er den Pudding im Mund, spuckt er ihn in hohem Bogen wieder aus. Cynthia hat noch nicht den Mund geöffnet, um ihn auszuschimpfen, da hat auch Tommy ausgespuckt: »Brrrr...« Die sieben Kinder unserer Gäste schauen sich kichernd an. Ich werfe meinen Söhnen meinen zornigsten Blick zu, das ist ja wirklich die Höhe... Dann führe ich selbst meinen Löffel in den Mund, und mein Zorn ist weggeblasen. Was ich schmecke, ist wie eine Mischung aus verdorbenem Himbeersaft und zuviel Kakaopulver. Das Zeug ist absolut ungenießbar.

Am nächsten Tag legt Didi ein volles Geständnis ab. Sie hat dem Schokoladenpudding das Billigpuddingpulver mit dem undefinierbaren Chemie-Obstgeschmack zugesetzt, das wir vor Monaten einmal gekauft hatten, als uns die Vanille ausgegangen war. Sie hat in den letzten Monaten nie etwas anderes für den Pudding genommen als dieses Pulver, auch nicht, nachdem wir sechs Gläser bester indischer Vanille erstanden hatten. Sie hat die Gläser nicht öffnen können, die Deckel gingen zu schwer. Kein Wunder, daß der Vanillepudding in der letzten Zeit nie nach Vanille geschmeckt hat! Für den Schokoladenpudding hat sie das Schokoladenpulver und die dreifache Menge von dem Chemiepulver genommen; es sollte doch etwas Besonderes sein. Was es auch war.

Auf die Tasse Tee nach dem Essen müssen wir verzichten. Es ist kein heißes Wasser mehr da; die Frauen haben alles für die Ameisen verbraucht. Neues Wasser kochen geht auch nicht, denn das Petroleum für den Petroleumkocher hat Cynthia für den Motor des Kühlschranks verbraucht, und den Holzherd wieder anzünden – nein, danke.

Halb zehn. Der Stromgenerator im Krankenhaus wird abgeschaltet, das Licht geht aus. Unsere Gäste verabschieden sich. Wir haben miteinander gesungen und gespielt, es war ein schöner Abend.

Das Haus sieht wie ein Schlachtfeld aus. Neun Kinder haben auf dem Fußboden gegessen, die Erwachsenen am Tisch. Überall liegen Essensreste herum, über die sich die überlebenden Ameisen und sonstige Insekten hungrig hermachen. Nach einer halben Stunde haben wir es geschafft, wenigstens die gröbste Unordnung zu beseitigen. Es ist jetzt halb elf, höchste Zeit zum Schlafengehen. Aber da fällt Cynthia ein, daß morgen der Posttag ist und sie ein paar sehr dringende Briefe noch nicht geschrieben hat. Es hilft nichts, sie muß sie jetzt schreiben, die nächste Post können wir erst in einer Woche abschikken. Und sie setzt sich beim Schein der Petroleumlampe hin und beginnt zu schreiben. Bald ist die Lampe dicht von Küchenschaben, Motten und großen Käfern umschwärmt, und Cynthia fällt heiß ein, daß sie ja die armen Frösche den ganzen Tag noch nicht gefüttert hat. Sie holt sie und setzt sie vorsichtig auf den Tisch neben die Lampe, und während sie schreibt, genießen die Frösche den Schmaus ihres Lebens. Dummes DDT! Frösche sind viel besser...

Ernst des Lebens

Immer wieder treffen wir Ehepaare, die uns sagen: »Eigentlich würden wir ja auch gerne Missionare werden – aber was wird dann mit unseren Kindern?« Die Aussicht, seine Kinder irgendwo in der Dritten Welt aufwachsen lassen zu müssen, wirkt auf viele Gemüter ziemlich abschreckend. Wo sollen die Kinder zur Schule gehen? Mit wem sollen sie spielen? Was ist, wenn sie krank werden? Oder von einer Giftschlange gebissen werden? Dutzende von Fragen und Ängsten tauchen auf. Bei uns war das nicht anders.

Als wir uns auf unsere Ausreise nach Nepal vorbereiteten, nahmen wir uns vor, daß unsere beiden Söhne es besser haben sollten als andere Missionarskinder. Für Cynthia hieß das vor allem, daß wir sie unter gar keinen Umständen vor dem neunten Lebensjahr ins Missionsinternat schicken würden. Den armen Würmern schon mit fünf Jahren ihre Nestwärme zu nehmen, wie das in Missionarskreisen eigentlich üblich war, schien ihr ein Relikt aus barbarischen Zeiten und einer modernen Mutter und dazu noch Kinderärztin gänzlich unwürdig. Nicht mit ihren Kindern!!

Cynthia hielt ihr Wort. Tommy kam nicht mit fünf Jahren ins Internat, sondern erst mit sechs.

Das Internat war in Kathmandu und bestand aus der eigentlichen Schule und einem Wohnheim für die auswärtigen Schüler, wo Tommy zusammen mit etwa einem Dutzend anderer Missionarskinder hauste. Mit dem Unterricht hatte Tommy nie Schwierigkeiten, er war ein begeisterter Schüler. Schwieriger war da schon das Wohnheim, wo er in acht Jahren nicht weniger als zehn verschiedene Hauseltern erlebte. Ein Jahr lang war das Heim sogar wegen Schülermangel geschlossen, und Tommy wurde als Pflegekind bei einer Familie untergebracht. Dieser ständige Wechsel war für den Jungen nicht einfach, aber zum Glück gehörten die vielen neuen Gesichter, auf die er sich einstellen mußte, freundlichen und gewissenhaften Menschen, und von jedem von ihnen konnte er etwas lernen.

Ganz anders war es mit Christopher. Als er im besten Kindergartenalter war, begann Cynthia ihm Hausunterricht zu geben. Sie hielt das für eine gute Lösung. Ich nicht. Ein richtiger Junge brauchte eine richtige Schule! Wenn es mit Tommy geklappt hatte, warum nicht auch mit Christopher? Und überhaupt, der Junge schien mir ein bißchen zu anhänglich für seine fünf Jahre, es würde ihm gut tun, in die große, weite Welt zu kommen. Und ich meldete ihn für das erste Schuljahr an.

Ich erinnere mich noch gut an den Septembertag, an dem Cynthia die beiden Jungen nach Kathmandu zur Schule bracht. Noch beim Frühstück war ich mir im unklaren, ob ich sie auf ihrem mehrstündigen Fußmarsch zum Flugplatz im Tal begleiten sollte oder nicht. Eigentlich hatte ich keine Zeit dazu, und dann waren mir Abschiedsszenen auch sowieso zuwider – besonders diese. Bei Tommy war es ja anders gewesen, aber Christopher war... naja, nicht gerade begeistert. Ich blieb wohl besser zu Hause.

Ich schaute den Dreien nach, wie sie den schmalen Pfad hinuntergingen, vorbei am Krankenhaus und weiter auf dem steilen Abhang des Liglig. Jetzt waren sie schon an der Quelle ein paar hundert Meter hinter dem Krankenhaus. Und jetzt noch drei Stunden bis zum Flugplatz. Dumm. Ob ich nicht doch...? Wenigstens noch einmal auf Wiedersehen sagen konnte ich doch wohl! Und ich rannte hinterher.

Sie machten erstaunte Gesichter, als ich sie einholte. Gemeinsam marschierten wir weiter, die Unterhaltung war einsilbig. Nach ein paar Minuten begann ich mir dumm vorzukommen. Was hatten die Kinder denn eigentlich davon, wenn ich mitging? Nichts. Und je weiter ich mitging, um so länger würde auch der Rückweg nach Hause. An der nächsten scharfen Biegung des Weges drückte ich meine Lieben kräftig und sagte ihnen endgültig auf Wiedersehen.

Immer kleiner wurden die so vertrauten Silhouetten. Ich sinnierte. Dreieinhalb Monate lang würde ich Christopher nicht mehr sehen, und er würde noch nicht einmal erzählen können, daß sein Papa ihn zum Flugplatz gebracht hatte, als er das erste Mal in die Schule ging. Wollte ich wirklich ein Rabenvater sein? Ich trabte wieder los, und zehn Minuten später hatte ich meine Familie eingeholt. Wieder machten sie erstaunte Gesichter. Ich gab ihnen keine Erklärung für mein erneutes Auftauchen, und sie schienen auch keine zu wollen. Feierlich schweigend trotteten wir weiter.

Ich überlegte wieder. Eigentlich war es doch blödsinnig, was ich da machte. Meiner Familie war es doch offenbar egal, ob ich mitging oder nicht. Nach einer Viertelstunde, als der eigentliche Abstieg begann, stand mein Entschluß fest: Bis hierher und nicht weiter. Von hier aus konnte ich noch einigermaßen bequem zurücklaufen, ohne allzuviel steigen zu müssen. Und zum allerletzten Mal verabschiedete ich mich von Cynthia und den Jungen und sah ihnen noch ein wenig nach, wie sie die steilen Feldterrassen hinabwanderten. Von der fernen Talsohle schimmerte der Fluß herauf, und neben dem Fluß konnte man den Landestreifen des kleinen Flugplatzes ausmachen.

So, jetzt aber umgedreht und zurück nach Amp Pipal... Ach nein, eine Minute konnte ich sicher noch warten. Zwei Minuten. Fünf. Zehn. Fünfzehn. Ich stand wie angewurzelt. Dann gab ich mir einen Ruck und lief entschlossen los. Bergab. Nach einer halben Stunde war ich wieder mit meiner Familie vereint. Diesmal machte keiner mehr ein erstauntes Gesicht. Ich war jetzt so weit mitgelaufen, daß es kein Zurück mehr gab. Glücklich ging ich den ganzen Rest des Weges bis zum Flugplatz mit. Nein, ich war doch kein Rabenvater.

Zwei Stunden vor Abflug der Maschine waren wir unten. Nach europäischen Verhältnissen zu pünktlich, nach nepalischen gerade richtig, denn mehr als einmal war jemand von der Mission pünktlich am Flugplatz gewesen, nur um hören zu müssen, daß die Maschine bereits angekommen und weitergeflogen war; ein oder zwei Stunden Extrazeit konnten also nicht schaden. Heute kam das Flugzeug natürlich nicht zu früh, sondern pünktlich. Ich setzte meine Lieben hinein, winkte ihnen zum allerallerallerletzten Mal zu und begann den steilen Rückweg nach Amp Pipal. *Gut gemacht,* sagte mein Vaterherz. *Man kann es auch übertreiben,* sagten meine Füße.

Cynthias Abschied von den Jungen, nachdem sie sie sicher in der Schule in Kathmandu abgeliefert hatte, war wesentlich komplizierter. Christopher mochte die Schule ganz und gar nicht. Er mochte auch nicht seine Lehrerin. Auch nicht das Wohnheim. Er weinte herzzerreißend, als seine Mama zum Flughafen von Kathmandu fuhr, um zurückzufliegen. Er hatte Glück: Wegen des heftigen Monsunregens konnte die Maschine nicht starten. Dafür wiederholte sich der Abschied am nächsten Tag. Und am nächsten und übernächsten. Eine ganze Woche lang fiel der Flug buchstäblich ins Wasser. Cynthia hätte den Jungen am liebsten wieder mit nach Hause genommen, aber sie hatte Angst, Vorwürfe von mir zu bekommen – schließlich war ich derjenige gewesen, der Christopher unbedingt zur Schule schicken wollte.

Christophers Elend dauerte nur ein halbes Schuljahr, dann begann unser Heimaturlaub in den USA. In unserer Gemeinde zu Hause lernten wir eine reizende junge Lehrerin namens Carole Cothran kennen. Als Carole unsere Geschichte hörte, bot sie sich an, für eineinhalb

Jahre nach Amp Pipal zu kommen und dort Christopher und einige andere Missionarskinder zu unterrichten. Das war eine Gebetserhörung! Noch heute sind wir Carole dankbar, und ich weiß wirklich nicht, was wir ohne sie gemacht hätten. Als ihre eineinhalb Jahre um waren, ging Christopher wieder in die Schule nach Kathmandu – diesmal ohne größere Probleme.

Der verwöhnte Mitteleuropäer kann sich überhaupt nicht vorstellen, wie abgeschnitten wir von unseren Kindern während der Schulzeit waren. Für ihn ist eine Entfernung von hundertfünfzig Straßenkilometern ein Pappenstiel – zwei Stunden Fahrt vielleicht, höchstens drei. Bei uns in Nepal war es eine Tagesreise – besonders später, als die neue Straße von Dhumre unten im Tal nach Kathmandu fertig war und die Fluglinie eingestellt wurde; eine Busreise in Nepal hat es in sich. Post bekamen wir in Amp Pipal einmal in der Woche, und wenn die Schule uns ein Formular zum Unterschreiben schickte (zum Beispiel, daß wir den Jungen erlaubten, den nächsten Schulausflug mitzumachen), konnte es drei Wochen dauern, bis sie es wieder zurückbekam; oft war der Ausflug dann schon vorbei. Selbstverständlich sprangen in solchen Fällen die Hauseltern des Schülerwohnheims als rettende Engel ein, aber die Entfernung zu unseren Kindern wurde damit nicht geringer.

Den größten Streich spielte uns die schlechte Postverbindung nach Kathmandu gegen Ende von Tommys erstem Schuljahr. Eines schönen Posttages, so gegen acht Uhr abends, bekamen wir einen Brief von der Schule: Tommy war mit heftigen Kopfschmerzen, über vierzig Grad Fieber und (laut Punktionsbefund) »Zellen« in seiner Rükkenmarksflüssigkeit ins Krankenhaus eingeliefert worden. Offenbar Meningitis (Hirnhautentzündung), eine der gefährlichsten Krankheiten, die es gibt. Tommy war schon seit drei Tagen im Krankenhaus! Seine Hauseltern hatten zwar versucht, uns über die Polizei-Telefonleitung zwischen Kathmandu und Gorkha, südöstlich von Amp Pipal, ein »Telegramm« zu schicken, aber da es keinen Zustelldienst von Gorkha nach Amp Pipal gab, blieb das Telegramm in irgendeiner Amtsschublade in Gorkha liegen.

Cynthia schnappte sich am nächsten Morgen Christopher, flog nach Kathmandu – und fand das Krankenhausbett leer. Tommy war schon wieder im Schülerwohnheim und auf dem besten Wege, wieder gesund zu werden. Es war »nur« eine Virus-Meningitis gewesen, die um einiges weniger gefährlich ist als die eitrige Meningitis.

Ich erhielt die frohe Nachricht vier Tage danach, über einen Kollegen, der gerade von Kathmandu zurückkam. Eine Woche später, an einem Dienstagabend, kam dann ein Brief von Cynthia, in dem sie schrieb, daß sie am Mittwoch (also am nächsten Tag) mit den beiden Jungen aus Kathmandu zurückkommen würde. Da das Schuljahr sowieso fast zu Ende war, hatte sie beschlossen, Tommy gleich nach Hause mitzunehmen; ob ich nicht so gut sein könne, fünf Träger zum Flugplatz zu schicken – einen für Tommy, einen für Christopher und drei für all die Kleinigkeiten und Sonderangebote, die sie wie immer in Kathmandu erstanden hatte.

Es war kein kleines Kunststück, so auf die Schnelle auch nur einen Träger aufzutreiben, geschweige denn fünf. Aber mit Didis Hilfe konnte ich am nächsten Morgen immerhin vier Männer anheuern und mit genauen Instruktionen zum Flugplatz schicken, wo die Maschine aus Kathmandu um zwölf Uhr erwartet wurde. Und da ich an diesem Tag keine Operationen hatte, marschierte ich bald darauf ebenfalls los, um meine Familie persönlich in Empfang zu nehmen. Es war ein paar Minuten vor zwölf, als ich den Flugplatz erreichte. Es war ein herrlicher Sonnentag, die schneebedeckten Himalajagipfel funkelten wie riesige Diamanten. Fehlte nur noch das Flugzeug. Ich wartete bis fünf Uhr. Kein Flugzeug in Sicht. Die vier Träger beschlossen, die Nacht am Flugplatz zu verbringen; ich machte mich auf den Rückweg nach Amp Pipal. Für den nächsten Tag stand ein »Familienplanungstag« in einem drei oder vier Stunden von Amp Pipal entfernten Dorf auf dem Programm. Ich konnte das Dorf vom Flugplatz aus sehen und hätte ohne weiteres direkt dorthin gehen können, aber meine Instrumente waren noch in Amp Pipal.

Mitten in der Nacht, um halb drei, wurde ich aus dem Bett geklopft. Ein Patient mit akutem Darmverschluß war eingeliefert worden. Notoperation. Mit mehreren Stunden Verspätung machte ich mich auf den Weg zu meinem Familienplanungseinsatz. In der Ferne, im Westen, konnte ich den Fluß und den Flugplatz sehen, aber der interessierte mich heute nicht. Es war durchaus nicht sicher, ob Cynthia und die Jungen Tickets für die Maschine bekommen hatten – wenn es überhaupt eine gab, der Flugplatz gehörte nicht zu den wichtigsten.

Auf halbem Weg machte ich in einem kleinen Dorf Station und untersuchte kurz sechs oder acht Patienten, die von einer Freundin von uns, einer finnischen Krankenschwester, betreut wurden. Ich versprach ihr, am Abend, auf dem Rückweg, noch einmal hereinzuschauen und marschierte weiter. Kaum war ich fort, da bekam sie heftigen Durchfall und Erbrechen.

Eine halbe Stunde später kehrte ich auf eine Tasse Tee in dem Haus eines australischen Lehrers an der Missionsschule in Luitel ein. Eine Stunde darauf bekamen seine Frau und sein Sohn ebenfalls heftigen Durchfall und Erbrechen.

Es war Mittag, als ich das Ziel meiner Wanderung erreichte. Pech nur, daß niemand davon gehört hatte, daß heute »Familienplanungstag« war. Nun ja, von den vierzig Familienplanungstagen, an denen ich in diesen Jahren teilnahm, war dies der einzige, bei dem die staatlichen Familienplaner das falsche Datum in ihren Terminkalender eingetragen hatten. Ich beschloß, das Beste aus dem Tag zu machen, und besuchte unseren Distriktabgeordneten im Nationalrat, der zufällig in diesem Dorf wohnte. Drei Stunden lang saß ich teetrinkend und plaudernd mit ihm zusammen – keine schlechte Leistung bei meinen damals noch recht wackligen nepalischen Sprachkenntnissen, auch wenn ich vielleicht nur ein Zehntel zu der Unterhaltung beitrug.

Vier Uhr. Ich dankte meinem Gastgeber und machte Anstalten, mich auf den Rückweg zu machen; drei Stunden waren es immerhin, und ich hatte keine Taschenlampe dabei. Aber mein Gastgeber ließ mich nicht so leicht ziehen. Noch eine Tasse Tee und eine kleine Stärkung würde ich mir doch sicher noch geben lassen. Ach ja, und ob ich nicht schnell einmal seine Frau und das eine Kind untersuchen könnte, es würde ja eine Viertelstunde dauern, bis das Essen fertig war. Ich untersuchte die beiden. Kaum war ich fertig, kam der Dorfschreiber und bat ebenfalls um eine Untersuchung, dann der Rektor der Schule – kurz und gut, ich war beim zehnten Patienten, als ich um viertel vor fünf plötzlich ein Flugzeug über mir hörte. Die Maschine aus Kathmandu! So spät war sie noch nie gekommen. Die Träger waren sicher schon längst wieder zurück nach Amp Pipal gegangen, und jetzt müßten Cynthia und die Jungen in einer der jämmerlichen Teestuben am Flugplatz übernachten. Ich packte hastig meine Siebensachen, verabschiedete mich von meinem erstaunten Gastgeber und rannte los. Die Dorfleute drehten verwundert ihre Köpfe. In Nepal rennt man nicht, wenn man älter als zwölf Jahre ist.

Hinter dem Dorf wurde der Pfad abschüssig. Ich rannte schneller. Ich mußte Cynthia abfangen, bevor sie womöglich selbst irgendwohin aufbrach. Vom Haus des Distriktabgeordneten aus hatte es ausgesehen, als ob man den Flugplatz in zwanzig Minuten erreichen konnte, wenn man schnell genug rannte, aber jetzt merkte ich, daß der Pfad Umwege machte. Das erste Stück führte sogar weiter vom Landeplatz weg. Ich rannte und rannte, eine ganze Stunde. Völlig ausgepumpt erreichte ich endlich den Flugplatz. Keine Spur von meiner Familie; sie war gar nicht in dem Flugzeug gewesen. Dafür durfte ich eine ausgiebige Abendwanderung bergauf nach Amp Pipal genießen, mit Sonnenuntergang und romantischem Mondschein.

Am nächsten Vormittag kamen zwei Laufboten von meinen beiden Kollegen mit dem Durchfall an. Sie baten um Medizin und ärztlichen Rat. Den Symptomen nach zu urteilen, war es keine gewöhnliche Darmgrippe, sondern die Ruhr. Na, da hatte ich sie ja schön im Stich gelassen mit meinem Ausflug zum Flugplatz! Aber bald ging es ihnen wieder besser, es war schließlich nicht ihre erste Ruhr. In unseren Breitengraden gehören Krankheiten wie die Ruhr zum normalen Berufsrisiko.

Für den nächsten Tag erwartete man die nächste planmäßige Maschine aus Kathmandu. Sicher würden Cynthia und die Jungen mit ihr kommen, es wurde ja allmählich wirklich Zeit. Da ich den Nachmittag frei hatte, beschloß ich, ihnen entgegenzugehen. Den ganzen Morgen hatte es stark geregnet, aber jetzt schien die Sonne und alles war klar und frisch und grün.

Ich hatte etwa die Hälfte des Abstiegs hinter mir, als ich über dem Tal das vertraute Brummen hörte und das Flugzeug sah. Na bitte! Die Maschine verschwand hinter dem schmalen Bergrücken, der mich noch vom Landeplatz trennte, und ich hielt an und sprach ein kurzes Gebet zu Gott, er möge das Flugzeug sicher landen lassen. Kaum hatte ich fertig gebetet, da stieg es plötzlich wieder hinter den Baumwipfeln nach oben. Ob wieder Büffel auf dem Landestreifen waren? Sicher würde die Maschine gleich drehen und in der anderen Richtung landen. Aber sie flog weiter nach Westen. Erst als sie schon fast außer Sichtweite war und ich meine Hoffnung aufgeben wollte, drehte sie und kam zurück. Wieder verschwand sie hinter den Bäumen, wieder sprach ich mein Landegebet. Ich beschleunigte meine Schritte – und da war wieder das Flugzeug; es flog geradewegs zurück in Richtung Kathmandu. Diesmal kam es nicht mehr wieder, und ich hatte das Vernügen, allein nach Amp Pipal zurückzuklettern, die letzte halbe Stunde in strömendem Regen. Didi entschädigte mich mit einem mehr als reichlichen Abendessen; zum dritten Mal hintereinander hatte sie umsonst für uns alle vier gekocht.

Diesmal waren Cynthia und die Jungen übrigens wirklich in dem Flugzeug gewesen. Es hatte nicht landen können, da der Landeplatz durch den vielen Regen morastig geworden war. Schwer zu sagen, wer enttäuschter war – meine Familie oder ich.

Der nächste Tag war Samstag, unser freier Tag. Sollte ich wieder zum Flugplatz wandern oder nicht? Wenn ich zu Hause blieb, kamen sie vielleicht eher. Ich entschied mich schließlich für einen Kompromiß und ging die halbe Strecke, setzte mich und wartete. Kein Flugzeug zu hören, keines zu sehen. Es wurde vier Uhr. Sollte ich noch länger warten? Aber was war das, da kamen sie ja um die nächste Wegbiegung, die ganze kleine Gesellschaft! Die Maschine war längst gelandet, ich hatte sie nur nicht bemerkt. Das Wiedersehen war nicht weniger herzlich.

Jetzt tauchten auch die drei Gepäckträger auf, schwer beladen mit Koffern und Kisten. Was war in dem Karton, der zuoberst lag und so unbekannt aussah? Ach so, ein Diaprojektor. Sicher für die Mission? Nein, für uns persönlich. Cynthia hatte ihn von einer anderen amerikanischen Missionarin gekauft. »Ganz billig und fast neu, da mußte ich doch zugreifen.« Natürlich. Wenn man im Himalaja lebt und bereits einen Kühlschrank, eine Waschmaschine und ein Klavier hat, dann braucht man auch noch einen Diaprojektor. Wie immer hatte Cynthia dafür gesorgt, daß es uns an nichts Lebensnotwendigem fehlte. Und wie immer hatte sie recht, denn wir konnten diesen Projektor tatsächlich gut gebrauchen. Im Laufe der Jahre verschönerte er uns so manchen Abend mit geladenen Gästen (meist Kollegen aus dem Missionshospital). Er tut heute noch unverdrossen seinen Dienst.

Ende gut, alles gut. Am meisten für Tommy, der sich im Krankenhaus für Jesus Christus geöffnet und ihn in sein Herz und Leben eingelassen hatte. Es war ein einfacher, kindlicher Schritt, aber er war der Beginn eines echten und immer tieferen Lebens mit Gott. Heute ist Tommy dankbar für seine Hirnhautentzündung damals.

Sie war übrigens die einzige ernsthafte Krankheit, die er in Nepal durchmachen mußte. Ich kann nur sagen, daß Gott auch gesundheitlich bestens für uns gesorgt hat dort draußen am Rande des Himalaja. Ich habe in zwölf Jahren nur zwei Arbeitstage durch Krankheit verloren, Cynthia gar keinen. Nur zweimal bekamen wir es mit der Angst zu tun. Beide Male ging es um Christopher, und beide Male war es die gleiche Krankheit: Pseudokrupp.

Christophers erster Pseudokruppanfall kam an unserem ersten Heiligen Abend in Nepal, ganze zwei Wochen nachdem wir unser Haus in Amp Pipal bezogen hatten. Ich war um halb zehn, als der Stromgenerator abgeschaltet wurde, ins Bett gegangen. Cynthia war noch auf und packte beim Schein der Petroleumlampe die letzten Geschenke ein (in amerikanischen Familien ist die Bescherung am ersten Weihnachtstag). Christopher lag unruhig in seinem Bett, etwas stimmte nicht mit ihm, den ganzen Tag war er heiser gewesen. Jetzt wurde auf einmal sein Atem unregelmäßig, er begann zu pfeifen und zu keuchen. Cynthia brauchte nicht lange, um die Diagnose zu stellen: Pseudokrupp. Sie hatte während ihrer Ausbildung als Kinderärztin viele kleine Pseudokruppatienten behandelt und wußte, daß die Anfälle gewöhnlich nicht sehr lange dauerten und durch das Inhalieren von heißem Wasserdampf gelindert werden konnten. Wir hatten natürlich kein Inhalationsgerät, und das bißchen Wasserdampf, das dem Teekessel entlockt werden konnte, schien nicht der Rede wert. Cynthia setzte sich also an Christophers Bett, um das Ende des Anfalls abzuwarten.

Das Ende wollte nicht kommen. Mit jeder Minute ging es Christopher schlechter. Immer krampfhafter zog er die Luft ein, aus dem Atmen wurde ein Röcheln. Er weinte nicht, er hatte nicht mehr genügend Luft dazu, er starrte seine Mutter einfach aus angstgeweiteten Augen an. Cynthia saß wie versteinert, vollkommen hilflos. Sie rief mich nicht, und was hätte es auch genutzt, ich hätte nichts tun können, es ging ja alles viel zu schnell. Ein Kind mit einem solchen Anfall braucht sofort einen Luftröhrenschnitt, und dafür war es bereits zu spät. Noch ein paar Minuten, und Christopher wäre tot.

Cynthia begann zu beten. »Herr, hilf du, rette unser Kind!« Dreißig Sekunden später war der Anfall vorbei, Christopher atmete ruhig und regelmäßig.

Das war unser größtes Weihnachtsgeschenk! Gott hatte uns ein unmißverständliches Zeichen gegeben, daß er bei uns war. Er hatte uns in dieses abgelegene Bergdorf geschickt, und er würde dort für uns sorgen.

Ein Jahr danach war ich an der Reihe mit Beten und Bangen. Ich hatte, ehrlich gesagt, nie ganz begriffen, wie nahe Christopher an jenem Heiligabend dem Tod gewesen war. Cynthia ist (meiner Meinung nach) eine Pessimistin, und ich muß wohl den dramatischen Bericht, den sie mir damals gab, etwas geglättet und abgemildert in mein Gedächtnis aufgenommen haben. Jedenfalls traf mich Christophers zweiter Pseudokruppanfall völlig unvorbereitet.

Es geschah wieder an einem Abend. Cynthia war zu einer Bibelstunde gegangen und war nicht über das Telefon erreichbar. Wieder kam der Anfall ganz plötzlich; die leichte Erkältung, die Christopher hatte, ließ weiter nichts Böses ahnen.

Ich saß an seinem Bett und spürte, wie die Angst in mir hochkroch. Ich kannte Pseudokrupp. Als Chirurg hatte ich gerade die schweren

Fälle erlebt, wo ein Luftröhrenschnitt notwendig war, und das war bei einem Kleinkind keine leichte Sache. In Vietnam hatte ich sogar zwei- oder dreimal miterlebt, wie ein Kind an Pseudokrupp starb.

Christophers Gesicht wurde blaß, dann weiß, dann blau. Sein Brustkorb zuckte, jeder Atemzug war ein Kampf. Dann gab er den Kampf auf und verlor das Bewußtsein.

Eine Viertelstunde mochte vergangen sein, seit der Anfall begonnen hatte, und immer noch saß ich da. Angst, lähmende Angst. Ich war sicher, daß das Kind im Sterben lag, aber ich brachte es nicht fertig, auch nur aufzustehen und ans Telefon zu gehen. Und wen hätte ich auch anrufen sollen, alle waren in die Bibelstunde gegangen, in ein Haus, das zwanzig Minuten entfernt lag. Außer einer Hilfskrankenschwester und einem Feger war niemand in der Klinik zu erreichen. Sie hätten natürlich Cynthia holen können oder unsere Kollegin Dr. Helen Huston, die Gründerin des Hospitals, aber bis die dagewesen wären, wäre es zu spät gewesen. Ich war nicht mehr in der Lage, einen klaren Gedanken zu fassen, geschweige denn den lebensrettenden Luftröhrenschnitt durchzuführen; ich konnte auch nicht beten. Alles, was ich stammeln konnte, war: »Gott, tu etwas, Gott tu etwas, Gott, tu etwas...«

Viele Minuten lang hing Christopher zwischen Leben und Tod. Sein Körper war schlaff und reglos, das einzige Geräusch war sein abgehacktes Atmen. Die Minuten wurde zu Ewigkeiten. Dann merkte ich, wie sein Atem etwas leichter wurde, flüssiger, ruhiger. Langsam, langsam kam die normale Gesichtsfarbe zurück. Als Cynthia aus der Bibelstunde zurückkam, schlief Christopher ruhig und friedlich, und ich war in Gedanken versunken.

Wir waren kaum zu Bett gegangen, als das Telefon klingelte. Die Hilfsschwester war am Apparat; es ging um ein etwa dreijähriges Mädchen, das am Nachmittag mit einer Infektion der oberen Atemwege eingeliefert worden war. Es war die Nichte unseres Röntgentechnikers, und er hatte es selbst ins Krankenhaus gebracht und war über Nacht geblieben. Die Hilfsschwester bat mich, sofort zu kommen, es gehe dem Kind immer schlechter.

Sie hatte recht. Auch dieses Kind hatte Pseudokrupp, wenn auch nicht halb so schlimm wie Christopher. Aber im Laufe der nächsten Stunden wurde der Anfall immer schlimmer, und um sieben Uhr morgens wußte ich, daß ein Luftröhrenschnitt nicht mehr zu umgehen war.

Mir war nicht wohl zumute bei diesem Gedanken. Niemand in unserem Krankenhaus war in der Lage, einem Kind eine Vollnarkose zu verabreichen, so daß ich die Operation mit örtlicher Betäubung durchführen mußte, was bei einem zappelnden, nach Luft ringenden Kind nicht leicht war. Dazu kam, daß Luftröhrenschnitte in Amp Pipal bislang gänzlich unbekannt waren. Einem Menschen die Kehle aufzuschneiden und einen Plastikschlauch einzuführen – die Eltern des Mädchens waren hell entsetzt, und auch die meisten unserer nepalischen Angestellten wollten nichts von so einer Operation wissen. Aber da kam mir ausgerechnet der Röntgentechniker zu Hilfe, der sonst eher von der schwierigen Art war. »Wollt ihr, daß euer Kind gerettet wird?« fragte er die Eltern. »Dann müßt ihr es operieren lassen. Die Operation ist seine einzige Chance, wenn der Doktor nicht operieren kann, stirbt es!« Er sagte es mit großem Nachdruck, und da er überdies einer der Sprecher der Krankenhausangestellten war, hatte er bald gewonnen. Die Eltern gaben nach, und wir konnten das Mädchen in den Operationsraum bringen und für den Eingriff vorbereiten.

Ich begann die Operation. In meinem Kopf bildete sich eine Frage: Erst Christopher – jetzt dieses Mädchen. Christopher hatte vor ein paar Stunden einen noch schlimmeren Anfall ohne menschliche Hilfe überstanden, und hier, bei diesem Mädchen, war alles so ganz anders. Warum? Und in Nepal war Pseudokrupp so gut wie unbekannt, dies war der erste Fall, den ich bei einem Nepali erlebte. Zufall? Oder mehr? Für einen Augenblick stand das Bild aus der Bibel vor meinem inneren Auge, wie Jesus einen Besessenen heilte und die Dämonen in eine Schweineherde schickte, die sich daraufhin ins Wasser stürzte und ertrank. Aber nein, nein, hier war es doch ganz anders, hier ging es beide Male um Menschen. Nein, daß Gott Christopher auf Kosten dieses kleinen Mädchens gerettet hatte, es konnte nicht sein.

Die Operation verlief gut; nach einer Stunde lag das Mädchen wieder in seinem Bett und atmete ruhig durch den kleinen Schlauch. Ich war erleichtert, die Eltern waren dankbar, die Schwestern und Helfer tief beeindruckt. Der Röntgentechniker war vor allem froh darüber, daß ich ihn nicht hängengelassen und vor all diesen Menschen blamiert hatte. Es war wohl vor allem diese Operation, die mir bei ihm eine verhaltene Loyalität und Achtung verschaffte, die mir später noch oft zugute kommen sollte. Und der Fall wurde rasch weit über unser kleines Dorf hinaus bekannt und trug dazu bei, daß die Menschen mehr Vertrauen in die moderne Medizin bekamen. Ob sie auch mehr Gottvertrauen bekamen? Das war die große Frage. Mein Gottvertrauen jedenfalls ist damals gestärkt worden.

Tierisch gut

Wenn jemand unsere beiden Söhne fragen würde, ob es denn nicht anstrengend sei, Missionare als Eltern zu haben, würden sie ohne Zögern antworten: »Anstrengend? Toll ist es!«

Nepal – das war für unsere Kinder Liebe auf den ersten Blick. Sie genossen dieses Land. Und nicht selten waren sie bessere Missionare als wir Erwachsenen. Sie taten sich zum Beispiel viel leichter mit der nepalischen Sprache. In unserem ersten Jahr in Amp Pipal war Tommy praktisch mein Dolmetscher; dann kam er ins Internat und überließ mich meinem Schicksal. Einmal wollte mir der Gärtner ganz aufgeregt etwas sagen. Ich verstand kein Wort. Ich griff zu meiner Notration – dem nepalischen Ausdruck für »Bitte sagen Sie das noch einmal langsam«. Der Gärtner tat es – einmal, zweimal. Ich verstand immer noch nichts. Da kam Tommy aus dem Haus gelaufen, um spielen zu gehen. Der Gärtner hielt ihn an und wiederholte sein Anliegen. Tommy drehte sich kurz zu mir um, sagte, was der Mann wollte, und ehe ich bis drei zählen, geschweige denn mir eine Antwort ausdenken konnte, hatte er die Frage in fließendem Nepali beantwortet und war weitergerannt. Der Gärtner ging zurück an seine Arbeit, ohne mich auch nur eines Blickes zu würdigen. Er wußte Bescheid: In Zukunft würde er den jungen Herrn fragen.

Viele Menschen bilden sich ein, daß Missionarskinder zwangsläufig »unterprivilegiert« sind, es nicht so gut haben wie »normale« Kinder. Denn wie soll ein Kind glücklich werden, wenn es ohne Fernsehen, Videospiele, Erdbeereis, Rollschuhe und Kassettenrekorder auskommen muß? Selbst viele Missionare haben Angst, daß ihre Kinder sich benachteiligt vorkommen und am Ende eine unüberwindbare Abneigung gegen alles, was mit Mission zusammenhängt, entwickeln. Und ohne Zweifel geschieht dies gar nicht so selten, aber es ist dann fast immer auf eine ganz andere Art von Benachteiligung zurückzuführen: zu wenig Zuwendung durch die Eltern. Und *das* kann es in jeder Familie geben.

Die schönsten Wochen des Jahres waren für uns die Schulferien. Wenn Ferien waren, dann gingen unsere Kinder vor – noch vor unserer Arbeit. Meistens ließ sich das ohne größere Probleme einrichten –

es gab weniger zu tun im Krankenhaus, oder es kam jemand und sprang für uns ein; auch unsere unverheirateten Missionarskollegen unterstützten uns nach Kräften. Die meisten Ferien verbrachten wir in Amp Pipal. Hier waren wir zu Hause, hier war es schön, hier konnte man jede Menge unternehmen: Höhlen graben, Tiere fangen, Baumhäuser bauen. Einmal legten wir in dem Abhang unter unserem Haus einen richtigen kleinen Spiel- und Fußballplatz an, den wir später sogar als Freiluftkirche für unsere Gemeinde benutzten.

Unterprivilegiert? Die meisten Missionarskinder gewinnen viel mehr, als sie aufgeben. Sie lernen mehr, oft viel mehr, als ihre Altersgenossen, die zu Hause geblieben sind. Sie gehen mit Kindern aus Übersee in die gleiche Schulklasse, lernen die verschiedensten Sitten und Gebräuche kennen und erfahren aus erster Hand, wie Menschen in der Dritten Welt leben. In Nepal machen Missionarskinder in der fünften Klasse Bergtouren durch den Himalaja und in der sechsten Rundreisen durch Indien. Nein, sie vermissen die Bundesliga und McDonald's nicht.

Auch nicht Haustiere. Kaum ein Kind hat mehr Haustiere als ein Missionarskind in einem Land wie Nepal. Wie viele deutsche Kinder haben wohl jemals einen Hausaffen besessen? Manche unserer Haustiere kosteten mich natürlich einiges an Nerven. Manche, nicht alle. Ich hatte eigentlich nichts gegen die Schnecken oder die Landkrabben mit ihren großen Stielaugen. Auch nichts gegen die Frösche, die sich mit Vorliebe in den Wänden unseres Hauses aufhielten, in den Ritzen zwischen den Steinen. Wenn ein Besucher uns sagte: »In Ihrem Wohnzimmer guckt einen dauernd ein Frosch an«, dann war er nicht geistig verwirrt, sondern sprach schlicht die Wahrheit; außer daß es nicht bloß ein Frosch war, sondern vier oder fünf oder sechs.

Unser erstes »richtiges« Haustier – und das schlimmste – war die Katze. Cynthia mochte Katzen, und nachdem sie Tommy und Christopher erfolgreich davon überzeugt hatte, daß auch sie Katzen mochten, ging sie glücklich fort, kaufte eine und brachte sie nach Hause.

Es war ein Kater, und sie nannte ihn ausgerechnet »Tom« – mein Name. Tom mochte mich auf Anhieb, was mir unerklärlich war, denn ich mochte ihn überhaupt nicht. Jeden Morgen um vier, wenn ich gerade aus dem Bett gestiegen war und im Dunkeln nach den Streichhölzern und der Kerze herumtastete, begrüßte er mich mit einem Freudensprung vom Kühlschrank oder Bücherregal auf meinen Rükken. Manchmal wartete er auch, bis ich meine volle Teetasse zum Mund führte. Einmal war er patschnaß; er hatte in der Toilettenschüssel übernachtet. Was ich auch tat, ich konnte ihn nicht abschütteln. Am liebsten lag er auf meinem Schoß. Oder in dem großen Blumentopf, in dem ich gerade eine ägyptische Dattelpalme zu ziehen versuchte.

Soweit bekannt, fng Tom bei uns nicht eine einzige Ratte. Dafür fing er einmal einen Vogel. Nur einmal in zwölf Jahren hatte ein Vogel das Pech, unseren Schornstein hinunterzufliegen, und er tat es natürlich ausgerechnet in jenen zwei Wochen, die wir die Katze hatten. Der Vogel landete mitten in der Kaminasche; als er wieder zum Vorschein kam, sah er aus wie eine Schneeule. Ein Satz, und Tom war im Kamin. Die nächsten sechzig Sekunden waren buchstäblich undurchsichtig, weil die nach allen Seiten herumstiebende Asche das Geschehen in eine dichte Wolke hüllte. Dann flatterte der Vogel aus dem Kamin heraus, die Katze hinterher. Ein letzter wilder Sprung, und Tom hatte den Vogel in den Zähnen. Das war es dann wohl. Schade. Ich mochte Vögel mehr als Katzen. Resigniert öffnete ich die Küchentür, und Tom schleppte sein Opfer zufrieden nach draußen in den Hof, wo er es stolz umhertrug. Dann kam er zurück und legte es auf die Türschwelle. Der Vogel wurde prompt wieder lebendig und flog auf und davon. Tom, außer sich vor Wut, raste wütend im Kreis herum, während der Vogel von einem hohen Ast aus zuschaute und sich die Federn putzte.

Toms letzter Streich ereignete sich während eines Abendessens, zu dem wir einen unserer Missionsinspektoren und einen anderen hohen Gast eingeladen hatten. Als Hauptgericht gab es gebratenes Wasserbüffelfleisch. Fleisch war bei uns eine Delikatesse, die es nur zu besonderen Anlässen gab, und dieses Wasserbüffelfleisch war so schmackhaft und zart wie noch nie. Andächtig schnitt ich die Hälfte des forellengroßen Stücks auf. Den Teller mit der anderen Hälfte, für die zweite Portion, stellte ich auf dem Hocker neben meinem Stuhl ab. Wir waren mit der ersten Portion fast fertig, da huschte etwas an mir vorbei, und der Teller auf dem Hocker war leer. Die Katze hatte das Fleisch geschnappt und ins Badezimmer entführt, wo sie es drohenden Blickes als rechtmäßige Beute bewachte.

Ich rettete das Fleisch und gab es Cynthia, die es abwusch, noch einmal kurz in den Backofen steckte und dann wieder auftrug. Unsere Gäste hatten keinen Appetit mehr, so daß die Jungen und ich das Fleisch aufaßen – fast so, als hätten wir das so eingefädelt.

Jetzt hatte selbst Cynthia genug. Am nächsten Morgen war die Katze weg.

Tommy und Christopher trugen es mit Fassung. Sie mochten Katzen sowieso nicht besonders; eigentlich wollten sie am liebsten einen Hund. Aber ein Hund war das eine Haustier, das ich auf gar keinen Fall wollte. Wie konnte ich mit gutem Gewissen einen Hund durchfüttern, wenn es um uns herum so viele Menschen gab, die hungerten? Und dann natürlich das Problem mit der Tollwut.

Tollwut war die Krankheit, vor der ich am meisten Angst hatte. Wir hatten in unserem Hospital kein Tollwutserum, weder für Hunde noch für Menschen. Das Standardserum, das wir uns leisten konnten, mußten wir im Ausland bestellen. Es war sechs Monate lang verwendbar – und ziemlich genau so lange war es zu uns unterwegs. Und selbst wenn wir unseren Hund gegen Tollwut hätten impfen können – was hätten wir mit den *anderen* Hunden gemacht? In den Dörfern um uns herum gab es Hunderte streunender Hunde, und ich hatte keine Lust, ihnen einen Anreiz zu geben, unser Haus zu besuchen. Es war gerade schlimm genug, wenn unsere Krankenhausangestellten meine Warnungen in den Wind schlugen und sich Hunde hielten; wir brauchten nicht auch noch selbst einen.

Selbst Katzen konnten ein Risiko sein. Eines Tages wurde ein befreundeter Arzt, der in unserer Nähe wohnte, von einer Katze gebissen. Der Arzt machte sich zunächst nicht viel daraus, bis die Katze acht Tage später plötzlich starb. Unser Freund war sich so gut wie sicher, daß die Katze bei einem Nachbarn Rattengift gefressen hatte. Aber vielleicht hatte sie auch Tollwut gehabt – völlig ausschließen konnte man es nicht. Was tun? Wenn ich von der Katze gebissen worden wäre, hätte ich wahrscheinlich gar nichts unternommen, aber das mochte ich meinem Freund nun auch wieder nicht empfehlen.

Es gab nur eine Methode, um herauszufinden, ob die Katze an Tollwut gestorben war oder nicht: Wir mußten ihr Gehin nach Kathmandu schicken und dort im Labor untersuchen lassen. Falls man in Kathmandu diese Untersuchung überhaupt durchführen konnte, was wir nicht wußten.

In dem Handbuch für klinische Pathologie, das wir konsultierten, hieß es, daß das Gehirn bis zu der Untersuchung »in gefrorenem Zustand verbleiben« müsse. Praktisch hieß das, daß wir das Gehirn aus dem Schädel der Katze entfernen, über Nacht einfrieren und am nächsten Morgen in einer Thermosflasche per Express nach Kathmandu schicken mußten. Wir beschlossen, die kostbare Fracht unserem Postlaufburschen anzuvertrauen; er sollte dann auf dem Rückweg gleich das neue, zuverlässigere Tollwutserum mitbringen, das es seit kurzem in Kathmandu gab. Es konnte Wochen dauern, bis wir das Untersuchungsergebnis hatten, und so lange durften wir mit der Impfung nicht warten.

Bhakta, mein Operationsassistent, verbrachte eine Stunde damit, das Katzengehirn fachmännisch aus dem Schädel herauszulösen. Eine unserer Krankenschwestern, eine junge Dame aus Neuseeland, überwand ihre Bedenken gegen tollwutverdächtige Katzengehirne und stellte uns für die Nacht ihren Eisschrank zur Verfügung.

Als früh am nächsten Tag der Postkurier mit der Thermosflasche unseres Freundes erschien, tauchte ein technisches Problem auf: Das Gehirn, das vor dem Einfrieren einwandfrei in die Flasche hineingepaßt hatte, wollte in gefrorenem Zustand nicht mehr durch ihren Hals gehen. Ich weiß nicht mehr, wie man das Problem löste – vielleicht mit einem Hammer –, aber der Laufbursche konnte ohne allzuviel Verspätung seine wichtige Mission antreten. Als er in Kathmandu ankam, war das Katzengehirn nur noch Brei; die Thermosflasche war unterwegs defekt geworden.

Zwei Tage später war der Postläufer wieder da und brachte uns das neue Serum. Es kostete 144 Dollar pro Behandlung, was für uns eine astronomische Summe war; das Krankenhaus hätte es sich niemals leistenkönnen, dieses Mittel bei den nepalischen Patienten einzusetzen. Der Postläufer berichtete uns auch den ersten Befund des Labors: Wir hätten das Gehirn nicht einfrieren, sondern in Formalin konservieren sollen.

Da war es nun wirklich einfacher, erst gar keine Haustiere anzuschaffen, es sei denn natürlich, man konnte sie strikt innerhalb seiner vier Wände halten.

Keine Katze und keine Hunde also. Aber wozu gab es Vögel? Die waren pflegeleicht und nicht weiter gefährlich. Und so hatten wir einen Vogel nach dem anderen; Tommys und Christophers nepalische Spielkameraden sorgten für ständigen Nachschub. Die meisten Vögel gingen nach ein paar Tagen ein, aber einer überlebte ein ganzes Jahr – eine gut zwanzig Zentimeter große nepalische Ohreule. Sie wurde rasch ein Liebling der ganzen Familie, mit der einzigen Ausnahme von Didi, unserer Köchin und Haushälterin. Didis Fegen irritierte die Eule offenbar, und jedesmal, wenn Didi in ihre Nähe kam, egal ob mit Besen oder ohne, zischte die Eule sie an und hüpfte flügelschlagend umher. Wir fanden das komisch. Didi nicht.

Die Eule hatte mehrere Stammplätze: den Kamin, den Holzhaufen unter der Küchenanrichte, das oberste Brett des Bücherregals. Im

Laufe der Zeit entwickelte sie jedoch eine besondere Vorliebe für die schmale Leiste über dem Eßzimmerfenster – vielleicht weil sie so schön hoch war. Sie hielt ihren Ausguck bemerkenswert sauber; wenn sie ein Geschäft zu erledigen hatte, drehte sie sich einfach um, mit dem Rücken zum Zimmer, und düngte Cynthias Usambaraveilchen, die in Reih und Glied unten auf der Fensterbank standen. Gelegentlich traf sie auch den Fensterrahmen, was interessante weiße Streifen auf dem dunklen Holz ergab. Die Streifen störten uns nicht weiter, und sie sind heute noch da.

Die Eule hatte ständig Hunger und fraß fast alles, was wir ihr an Getier vorsetzten: Gottesanbeterinnen, Nashornkäfer, Heuschrecken, Frösche. Manchmal gingen wir mit der ganzen Familie auf Heuschreckenjagd, aber egal was wir fingen, unsere Eule vertrug immer noch mehr. Eines Tages brachten wir ihr eine zwanzig Zentimer lange rotköpfige Eidechse mit. Die Eule nahm sie ohne Umstände in den Schnabel und wollte sie ganz hinunterschlucken, aber der Schwanz blieb ihr buchstäblich im Hals stecken. Sie begann ärgerlich mit den Flügeln zu schlagen und herumzuhüpfen, aber die zehn Zentimeter Eidechsenschwanz wollten nicht hinunter. Da mir nichts Besseres einfiel, nahm ich schließlich eine Schere und schnitt den Schwanz ab, worauf die Eule erleichtert ihren Hals streckte und mit einem hörbaren Ruck die Eidechse in den Magen beförderte. Die nächsten zwei Tage fraß sie nichts. Wir merkten es uns und fingen an, Eidechsen zu fangen; sie hielten länger vor.

Die Eule war ein sympathischer Gast und hatte viele liebenswerte Eigenschaften. Sie konnte ihren Kopf um 180 Grad drehen, so daß man immer zweimal hinschauen mußte, um zu wissen, welche Körperseite sie einem zuwandte; und man mußte es ziemlich genau wissen, wenn man, wie wir, bei den Mahlzeiten unter ihrem Fensterstammplatz saß. Von Zeit zu Zeit – meistens während wir beim Abendessen saßen – brachte die Eule, wie alle Eulen, die unverdaulichen Reste ihrer Schlemmereien wieder hoch; dann zuckte und zappelte es auf der Fensterseite, und ein paar Sekunden später landete ein golfballgroßes Knäuel aus Heuschreckenbeinen, Froschknochen und Käferpanzern in den Usambaraveilchen. Wenn sie Abwechslung wünschte, flog die Eule in die Küche zu Didi, wobei sie einmal unterwegs eine Bombe in den Wasserkrug fallen ließ.

Wir hatten die Eule ein Jahr lang. Dann mußten wir wegen irgendeiner Sache verreisen und ließen Didi unser Haus hüten. Als wir vier Tage später zurückkamen, lag die Eule tot auf dem Komposthaufen.

Was Christopher am meisten schockierte, war, daß Didi die Eule »nicht richtig beerdigt« hatte.

Einige Zeit danach kam ein Mann und wollte uns eine zwei Wochen alte Himalajaeule verkaufen – so jedenfalls seine Bezeichnung für den hühnergroßen Jungvogel mit fast einem Meter Flügelspannweite, der mehr nach Himalaja als nach Eule aussah. Wir dachten an Didi, ein bißchen auch an die Veilchen, und lehnten höflich ab. Aber ein amerikanischer Kollege aus Kathmandu, der gerade bei uns zu Besuch war, sprang dankbar in die Bresche und kaufte das Ungetüm. Ich mußte lächeln, als er sich, den viel zu kleinen Bambuskäfig mit der Eule in der Hand, von uns verabschiedete. Was würde er machen, wenn das Tier erst einmal ausgewachsen war?

Unser nächstes Haustier war ein Hirtenstar namens Oliver. Er war Tommys Liebling; stundenlang konnte er auf seiner Schulter sitzen und nach seinen Zähnen picken und sein Haar zerzausen. Der Star war sehr gesellig und zwitscherte und schwatzte fröhlich mit jedem, der Lust dazu hatte. Er versuchte kein einziges Mal, auszureißen; ganz offensichtlich fand er Menschen weitaus unterhaltsamer als seine Mitvögel im Wald.

Wir hatten Oliver noch, da bekamen wir unseren Affen. Eigentlich war der Affe ein Versehen. Ein nepalischer Freund wollte unseren Kindern ein Haustier schenken und fragte mich, worüber sie sich wohl am meisten freuen würden. Ich antwortete: »Über einen Affen« und meinte, einen guten Scherz gemacht zu haben, denn wer konnte schon einen Affen auftreiben? Aber unser Freund sagte nur: »Gut, ich besorge einen, nächste Woche lasse ich von mir hören.«

Das klang ja ominös. Aber jetzt konnte ich nicht mehr zurück. Das Angebot war ehrlich, und ich hätte unseren Freund beleidigt, wenn ich gesagt hätte: »Ach lassen Sie nur, es war bloß ein Spaß.« *Nun ja,* meldete sich der Optimist in mir, *soll er seinen Affen nur suchen, der kriegt sowieso keinen.*

Ein paar Tage später klopfte jemand an unsere Tür und überreichte uns ein drei Wochen altes Affenbaby, mit besten Grüßen von unserem Freund. Die Mutter des Äffchens war von einem Hund gerissen worden, und ein oder zwei Tage lang schien es so, als würde unser neuer Gast an gebrochenem Herzen sterben. Aber schon bald hatte er Cynthia als Ersatzmutter entdeckt. Mit allen Vieren klammerte er sich an ihren Beinen fest und wurde ihr unzertrennlicher Begleiter, wohin sie auch ging. Wir nannte ihn Bilbo, nach dem Hobbit in dem Roman *Der Herr der Ringe.* Tommy und Christopher betätigten sich die Sommerferien hindurch als kompetente Affenerzieher, dann gingen sie munter zurück ins Internat und überließen uns die schöne Aufgabe, Bilbo bis zu den Weihnachtsferien zu pflegen.

Bilbo war ein possierlicher Kerl, aber er wollte und wollte nicht stubenrein werden. Zu allem Überfluß litt er auch noch an chronischem Durchfall. Wir versuchten, ihn an ein eigens für ihn konstruiertes Affenklo zu gewöhnen, aber umsonst. Minutenlang hielten wir ihn über die kleine Holzkiste, aber er zappelte und schrie und tobte bloß, bis er sich losriß, wie der Blitz davonsauste und sein Geschäft woanders erledigte. Nach ein paar Wochen gaben wir es auf, legten vor dem Kamin eine große Plastikplane auf den Fußboden und ketteten Bilbo dort an. Außerhalb des Hauses halten konnten wir ihn nicht, wegen der streunenden Hunde.

Aber ob stubenrein oder nicht, Bilbo eroberte rasch unsere Herzen, vor allem das Didis. Sie pflegte ihn, fütterte ihn, unterhielt ihn und hielt die Plastikplane leidlich sauber. Bilbo war nicht gern allein. Sobald wir die Tür hinter uns schlossen, erhob er ein lautes Protestgeschrei. Als ständigen Tröster besaß er ein kleines Schmusetuch, einen ehemaligen Waschlappen, den er sich wie eine Mönchskapuze über den Kopf zog. Stundenlang konnte er damit in seiner Ecke sitzen und hin und her schaukeln. Und wehe, wenn wieder einmal vier oder fünf Tage herum waren und Didi ihm das Schmusetuch wegnehmen mußte, um es zu waschen! Es war kaum zu glauben, daß ein so kleines Lebewesen so laut und so lange kreischen konnte.

Wenn Bilbo nicht unter seiner Decke saß und Trübsal blies, konnte man sicher sein, daß er gerade etwas anstellte. Was er in seine Pfoten bekam, das verbog, zerriß, zerfledderte oder zerdrückte er. Er kletterte auf das Lamafell, das über dem Kamin hing, und zupfte die Haare heraus. Er warf sein Essen durch die Gegend und verschüttete mit Wonne seine Milch, wie ein Menschenkind in der besten Trotzphase. Und immer mußte er im Mittelpunkt stehen. Wenn ich gemütlich im Sessel saß und meinen Lieben aus dem *Graf von Monte Christo* vorlas, besorgte Bilbo das Umblättern – rückwärts, versteht sich, und gleich ein Dutzend Seiten auf einmal. Wenn er fand, daß ich genug gelesen hatte, versuchte er einfach, mir den Mund zuzuhalten.

Als Tommy und Christopher im Herbst zurück in die Schule mußten, war Bilbo traurig. Als sie dreieinhalb Monate später, in den Weihnachtsferien, wiederkamen, war er gar nicht erbaut, sie wiederzusehen; jetzt waren sie Eindringlinge, die ihm seinen Platz in der Familie streitig machten. Aber mit etwas Geduld und ein paar Extra-Streicheleinheiten hatten sie ihn bald wieder für sich gewonnen. Und zu Weihnachten bekam er sogar ein Geschenk von Cynthia: einen maßgeschneiderten Affenanzug. Er fand ihn affig und probierte ihn nur flüchtig an.

Es waren schöne Weihnachtsferien, auch wenn sie ein Affentheater waren. Aber als die Jungen wieder zurück ins Internat fuhren, schenkten wir Bilbo an Didi weiter. Worauf bald wieder mehr Leute unsere Einladungen zum Abendessen annahmen.

Affen sind lustig, tolpatschig, ausgelassen, frech und tausend andere Dinge. Nur eines sind sie nicht: dumm. Einmal kam ein hochangesehener Arzt aus Kanada auf ein paar Monate nach Kathmandu, um einen der Missionsärzte, der gerade in Heimaturlaub war, zu vertreten. Eines schönen freien Tages besuchte er einen berühmten Tempel, der für die zahllosen Affen bekannt war, die dort hausten. Ich warnte ihn vor den Affen: »Wenn Sie nicht aufpassen, klauen die Ihnen Ihren ganzen Proviant.« Er sah mich halb ungläubig, halb entrüstet an – hielt ich ihn etwa für einen gewöhnlichen Touristen? – und zog los, die Kamera in der einen Hand, den Beutel mit Essen in der anderen. Als wir am Abend wissen wollten, wie ihm der Ausflug gefallen hatte, wollte er erst nicht darüber reden, aber nach und nach entlockten wir ihm die Geschichte. Er hatte sich gerade hingesetzt, um seine verdiente Mittagspause zu halten, als zwei Affen sich von hinten auf ihn stürzten, der eine rechts, der andere links. Der eine griff nach seiner wertvollen Kamera, und als der gute Doktor sich zu ihm umdrehte, um ihn wegzuscheuchen, schnappte der andere den Essensbeutel und sprang auf und davon. Das Diebespaar kletterte in Windeseile auf ein Dach, fraß den Proviant unseres Freundes ratzekahl auf und warf ihm anschließend den leeren Beutel vor die Füße. Eigentlich schade, daß er sie nicht wenigstens fotografiert hatte; seine Kamera hatte er ja noch.

Wir hätten noch viele andere Haustiere haben können, zum Beispiel ein Flughörnchen, ein Leopardenbaby und einen Himalajabären. Der Leopard und der Bär reizten mich gewaltig: endlich einmal etwas Standesgemäßes... Aber meine Vernunft, sprich: meine Frau, war stärker. Den Bären kaufte schließlich ein reicher Patient von mir. Er nahm ihn mit nach Hause und band ihn an seinem Schuppen fest. Am nächsten Morgen war der Schuppen nur noch ein Bretterhaufen und der Bär verschwunden. Und das war nur ein Bärenjunges...

Unsere letzten Haustiere waren ein Taubenpaar namens Napoleon und Josephine, das sich in Christophers Zimmer häuslich niederließ.

Christopher wollte zu gerne zuschauen, wie sie ihre Jungen großzogen; Tauben haben alle vier Wochen Junge. Aber dieses Paar war offenbar unfruchtbar; die Eier waren zwar da, aber Junge wollten keine kommen. Außer den Eiern produzierten die Tauben natürlich jede Menge Vogelmist, der die Farbe des grünen Juteteppichs in Christophers Zimmer nachhaltig veränderte. Als die Ferien zu Ende waren, gaben wir Napoleon und Josephine unserer Köchin, die sie mit nach Hause nahm und aufaß.

Ausgerechnet Bananen

Wir werden in Nepal derart mit Problemen bombardiert, daß wir nicht selten das Bedürfnis verspüren, einmal etwas Verrücktes zu unternehmen, um unseren Verstand wiederzugewinnen – oder auch ganz zu verlieren. So haben wir uns auch als Ernährungsspezialisten versucht und den Kampf gegen den Welthunger um einige unorthodoxe Varianten bereichert. Eine dieser Varianten, die wir in unserem zehn Ar großen Garten entdeckten, waren Bananen.

Bananen züchten ist das Einfachste von der Welt. Die Stauden wachsen (in Nepal jedenfalls) so ziemlich überall. Sie sind groß, anspruchslos und so hartnäckig wie Unkraut. Man kann sie abhauen, man kann die Blätter an die Ziegen verfüttern – egal, sie wachsen weiter. Und dann kommen die Bananen, in einem riesigen Fruchtbüschel, hundert auf einmal. Oder zweihundert. Oder noch mehr. Man schaut liebevoll zu, wie sie größer werden, pflückt sie, läßt sie ein wenig nachreifen und ißt sie. Was kann einfacher sein? Und wie jeder weiß, sind Bananen nahrhaft und enthalten alles, was der Mensch braucht.

Unser erstes Büschel Bananen – nun ja, so ganz zählen sollte man es eigentlich nicht. Die Staude knickte in einem unserer Frühjahrsstürme Anfang März um, worauf die Bananen das Reifen einstellten und statt dessen versteinerten. Wir taten alles Erdenkliche, um sie doch noch reif zu bekommen: Wir legten sie in die Sonne, wir vergruben sie, wir bedeckten sie mit Sägespänen, wir hängten sie auf, wir wärmten sie, wir kühlten sie; nur gelb anstreichen taten wir sie nicht. Aber umsonst alle Liebesmüh, die Bananen blieben steinhart. Endlich erbarmten einige hungrige Insekten sich über sie und fraßen sie auf. Also lassen wir das erste Büschel.

Die zweite Staude trug über hundert Bananen. Ach übrigens: Haben Sie jemals ein Büschel mit hundert Bananen gehoben? Noch dazu, während Sie gerade eine Bananenstaude hinunterkletterten? Sind Sie überhaupt schon einmal auf eine Bananenstaude geklettert? Und die Staude steht natürlich nicht wohlbehütet im botanischen Garten, sondern an einem steilen Hang, auf der Mauer zur nächsttieferen Gartenterrasse, und die Bananen hängen mehrere Meter über den Himbeersträuchern. Ich denke, Sie sind im Bilde.

Das Unternehmen wurde noch zusätzlich gewürzt durch etliche große Bienen, die gerade zwei oder drei überreife Bananen inspizierten und sich belästigt fühlten, als ich plötzlich in dieser luftigen Höhe erschien. Da hing ich zwischen Himmel und Himbeeren, unter meinem Arm sechzig Pfund Bananen und die scharfe, blitzende Sichel unseres Gärtners, der bereit stand, das Büschel von der Staude oder im schlimmsten Fall meinen Arm von meiner Schulter zu trennen – und auf einmal schwärmten die Bienen um mich herum und ließen sich auf den weniger bekleideten Körperstellen nieder. Mir wurde mulmig zumute.

Irgendwie haben wir es dann doch geschafft, das Büschel ohne Schaden für Mensch, Bananen und Himbeeren nach unten zu befördern. Aber jetzt fingen die eigentlichen Schwierigkeiten erst an. Was macht man mit sechzig Pfund Bananen? Wo lagert man sie? Soll man sie kühlen? Oder besser warm halten? Und wie? Hängt man sie in der Vorratskammer auf oder deckt man sie besser zu? Und womit deckt man sie zu? Fragen über Fragen.

Der Gärtner und ich schleppten die Bananen mit vereinten Kräften zur Küchentür, worauf sie in Didis Zuständigkeit übergingen. Didi kannte sich mit Bananen aus. Sie teilte das Büschel in Portionen zu sechs bis zehn Bananen auf, verstaute diese in einer Leinentasche und bedeckte sie mit Sägespänen. Dann ließ sie sie nachreifen. Gründlich. Nach ein paar Tagen fingen sie an zu versteinern.

Unser Gärtner meldete sich: Bananen gehörten zum Nachreifen ins Haus, und zwar über den Herd, wo sie mehr Wärme mitbekamen. Das klang vernünftig, und wir stellten die wertvolle Tasche auf den Herd; ein kleines Podest aus Holzklötzen sorgte dafür, daß die Bananen nicht anbrennen konnten. Didi griff von Zeit zu Zeit in die Tasche und drückte die Bananen leicht, um zu sehen, ob sie weicher wurden. Sie drückte natürlich nur die, die zuoberst lagen; wenn die noch hart waren, waren es die Bananen in den unteren Etagen wohl auch. Nach ein paar Tagen wurde ihr die Tasche auf dem Herd lästig, und sie beförderte sie auf ein Wandbrett weiter oben unter der Decke, wo sie sie alsbald vergaß.

Aber nicht für immer. Eines Tages zeigte sie uns stolz ein paar Bananen, die sie gerade aus der Nachreifungstasche geholt hatte. »Die sind jetzt reif«, verkündete sie, »bei den anderen dauert es noch etwas.«

Was gewiß keine Übertreibung war. Die Farbe der Bananen war Schwarz bis Grau, die Schale glich aufgesprungenem altem Leder, und aus den beiden Enden quoll ein öliger Brei, an welchem einige Dutzend zufriedener Insekten klebten. Fürwahr ein reifer Anblick.

Normalerweise kann Cynthia dergleichen kleine Widrigkeiten des Alltags diskret und unauffällig lösen, aber diesmal war ich leider zu Hause. Der Anblick der Bananen erschütterte mich. Monatelang hatte ich geduldig beobachtet, wie sie wuchsen, mein Leben hatte ich eingesetzt, um sie zu ernten – und jetzt lagen sie in unserer Küche und verfaulten! Ich bestand darauf, auch den Rest der Bananen – die »noch unreifen« – zu begutachten. Richtig, auch sie standen kurz vor der Auflösung.

Es zeigte sich, daß Didi, wie die meisten Nepalen, eine Vorliebe für sehr reife Bananen hatte. Aber sie wußte auch, daß wir diese Vorliebe nicht teilten. Kurz und gut, sie gab zu, daß sie sie vergessen hatte. Nicht, daß sie das besonders schlimm fand. Sie hatte damit gerechnet, daß wir so viele Bananen sowieso nicht schaffen und folglich einen Teil davon an unsere Nachbarn verkaufen würden, wie das in Nepal Sitte ist. Wozu also die Aufregung?

Cynthia beschloß, ein Exempel zu statuieren, suchte die fünfundzwanzig verfaultesten Bananen heraus und schickte Didi mit ihnen los: »Die verkaufst du jetzt!« Und sie verkaufte sie, alle fünfundzwanzig auf einmal. An Tata, die Köchin unserer Dr. Helen Huston. »Bananen sind das Beste, was man kaufen kann«, hatte Helen ihr eingeschärft, und Tata war folgsam.

Ein weiteres Dutzend der Bananen schenkten wir unserem Gärtner, der uns am nächsten Tag höflich berichtete, daß sie »sehr reif, aber gut« seien, zwei Dutzend unseren beiden nächsten Nachbarn. Blieben noch über fünfzig. Und auf der nächsten Staude war schon das nächste Büschel fast erntereif. Was tun? Fünfzig Bananen einfach wegwerfen?

Wir warfen sie nicht weg. Cynthia backte sechs Bananenbrote und kochte zwölf Gläser Bananenmarmelade ein. Wir tranken Bananenmilch und aßen Bananenreis, Bananenkuchen und Bananenmus mit Zimt. Bananen zum Frühstück. Bananenbrot mit Bananenmarmelade zum Mittagessen. Bananen zwischendurch. Abends zum Nachtisch Bananenkuchen oder Bananenpudding. Nach zwei Tagen konnten wir keine Bananen mehr sehen.

Ich zögerte nicht, die nötigen Konsequenzen aus diesem Fiasko zu ziehen. Von jetzt an, so erklärte ich meiner Familie, würde ich die Bananenernte und alles, was damit zusammenhing, nicht mehr unfähigen Dilettanten überlassen, sondern selbst in die Hand nehmen. Es war ein

Skandal, daß man in diesem Hinterwäldlerland nach zweitausend Jahren immer noch nicht wußte, wie man Bananen nachreift. Damit würde es jetzt vorbei sein!

Meine große Chance kam wenige Tage später, als das nächste Büschel reif war. Wie sein Vorgänger war es nur mit viel Schweiß und Mühe zu ernten. Ich schleppte es zur Küchentür und schickte mich an, die über 140 Bananen abzutrennen. Der Gärtner hielt mir sein *Kurpa* hin, die kleine Sichel, die man in Nepal üblicherweise zum Schneiden verwendet, aber ich lehnte es ab, ein solch primitives Werkzeug zu benutzen, und holte mir statt dessen mein altes Jagdmesser, das so scharf war, daß man sogar Luftpostbriefe damit öffnen konnte. Zuerst würde ich die paar verfaulten Bananen am Rand des Büschels entfernen. Ich setzte das Messer an. Nichts. Vielleicht war die Schale durch das Faulen zu hart geworden? Ich versuchte es bei den guten Bananen. Wieder nichts. Ich behielt wacker meine Fassung (ein Chirurg, der keine Banane schneiden kann, ist keine zwei Pfennig wert) und holte das neue Taschenmesser, das Cynthia mir geschenkt hatte. Es war schärfer als das Jagdmesser, hatte jedoch wie so viele Taschenmesser die Neigung, im falschen Augenblick zuzuschnappen. Zu klein war es auch. Nachdem ich mich zweimal geschnitten hatte, versuchte ich es mit einem Küchenmesser; der Erfolg war mäßig. Der Gärtner hielt geduldig das Büschel, zeigte mir, wo ich schneiden mußte, und lauschte ruhig meinen gelehrten Ausführungen über den Umgang mit Bananen.

Eigentlich war er mir etwas zu ruhig. Ob ich ihn beleidigt hatte, als ich sein *Kurpa* ablehnte? Vielleicht sollte ich es doch einmal mit dem *Kurpa* versuchen, einfach aus Höflichkeit, um sein geknicktes Ich wiederaufzubauen. Ein bißchen Psychologie konnte nicht schaden. Und ich legte das Küchenmesser weg und nahm das *Kurpa* in die Hand. Der Gärtner lächelte. Fast kicherte er. Aha, mein psychologischer Instinkt hatte mich nicht betrogen.

Meine Arbeit ging jetzt schneller vonstatten, aber dafür begann es zu regnen, so daß ich die Bananen ins Haus tragen mußte. Cynthia sah es mit gemischten Gefühlen. Das Büschel hatte Dutzenden von Küchenschaben, Ameisen und sonstigen Insekten Kost und Logis gegeben, die jetzt alle verärgert ausschwärmten und nach einer neuen Bleibe suchten. Cynthia mochte keine Küchenschaben. Und war es nicht genug, daß immer noch überall Reste von den *alten* Bananen teils herumlagen, teils auf Hunderten von Ameisenrücken über Fußböden und Wände transportiert wurden?

Endlich war ich fertig mit dem Abschneiden und konnte die Bananen in Schachteln verpacken. Ich bedeckte sie natürlich nicht mit Sägespänen, denn die würden nur wieder als Zugabe im Bananenpudding und in der Bananenmarmelade landen, sondern mit eigens zu diesem Zweck zerrissenen alten Ausgaben unserer Zeitung, des *Rising Nepal*. Die fertigen Schachteln verfrachtete ich auf das Brett über dem Küchenherd, aber nicht direkt über dem Herd, wie Didi das getan hatte, sondern am anderen Ende, über dem Petroleumkocher, der nur hin und wieder einmal benutzt wurde.

Das war am Donnerstagnachmittag. Am Freitagnachmittag schaute ich zum ersten Mal nach den Bananen; sie waren steinhart. Den Samstagmorgen überging ich, es war sicher früh genug, wenn ich am Sonntagmorgen wieder nachschaute. Was ich nicht wußte, war, daß Cynthia den ganzen lieben Samstag lang Kürbisse einkochte – auf dem Petroleumkocher, direkt unter den Bananen.

Als ich am Sonntagmorgen die erste Schachtel zur Inspektion öffnete, schlug mir eine süßliche Duftwolke entgegen, dicht gefolgt von einem ganzen Schwarm Küchenschaben und sonstiger Krabbeltiere, die sich auf frischer Tat ertappt fühlten und die Schachtel eilig verließen. Die Bananen sahen goldgelb, unschuldig und schön aus. Nicht schwarz, schmierig und schimmelig. Auch nicht versteinert. Ich betastete sie; sie fühlten sich wie Apfelmus an. Die Bananen hatten sich in der Schale verflüssigt!

Merke: Gleichzeitiges Kürbiskochen in der unmittelbaren Nähe beschleunigt die Nachreifung von Bananen mindestens um das Vierfache.

Was tun mit 140 Bananen, die kurz vor dem Gären standen? Am liebsten hätte ich sie weggeworfen, bevor Didi und der Gärtner zur Arbeit erschienen, aber dazu war keine Zeit mehr; sie konnten jede Minute da sein. Ich suchte die »reifsten« heraus und gab sie Cynthia, die den Rest des Tages damit verbrachte, riesige Mengen Bananenmarmelade, Bananenbrot, Bananenpudding und Bananenkuchen zu machen. Die »weniger reifen« verteilte ich mit spitzen Fingern unter unsere Nachbarn und Krankenhauspatienten, die sie dankbar annahmen und weniger dankbar betasteten. Anschließend begannen wir unser zweites Bananenmarathonessen, das noch anstrengender war als das erste. Aber wir waren tapfer und hielten bis zur letzten Banane durch.

Unser nächstes Büschel (an die 180 Bananen) wuchs auf einer besonders hohen Staudenart. Da eine Bananenstaude nur einmal Frucht trägt und dann abstirbt, besteht – besonders bei der hohen Sorte – die einfachste Erntemethode darin, kurzerhand die ganze Staude umzuhauen. Natürlich muß man dabei vorsichtig sein, damit das Büschel nicht zu heftig auf die Erde plumpst und gequetscht wird. Aber es ist eine zuverlässige Methode und viel einfacher, als mühsam die Staude hinaufzuklettern. Wenn man es richtig macht.

Die Staude, die ich fällen wollte, stand auf der mittleren der drei Gartenterrassen auf dem Hang vor unserem Haus. Auf die oberste Terrasse postierte ich unseren Gärtner, Purna, der die Aufgabe hatte, mit beiden Händen die Wäscheleine festzuhalten, die ich mit viel Mühe in einer großen Schlaufe um die Spitze der Staude gespannt hatte. Mittels dieser Leine, so sah mein Plan es vor, würde er den Sturz der Staude bremsen und für eine weiche Landung der Bananen sorgen. Ich selbst würde am Fuß der Staude auf der mittleren Terrasse stehen und das Büschel in Empfang nehmen. Und da das Büschel wie ein bierfaßgroßes Damoklesschwert sechs Meter über meinem Kopf hing, hatte ich noch eine zusätzliche Sicherung eingebaut: einen langen, in zwei Zacken auslaufenden Stock, der mir in der kritischsten Phase als Stützgabel dienen würde. Die Operation würde in zwei Phasen verlaufen: Zuerst würde ich, während Purna die Leine festhielt, den Stamm der Staude gerade so weit anschlagen, daß die Staude umzuknicken begann. Dann würde ich rasch unter die Staude laufen und meine Holzgabel unter das Büschel halten, so daß die Staude genau im richtigen Tempo zu Boden sinken konnte.

Es war ein guter Plan, und er hatte nur zwei Haken. Der erste war ein botanisches Fallgesetz: Wenn man den Stamm einer Bananenstaude nicht auf der gleichen Seite ansägt, auf der die Bananen hängen, sondern auf der anderen, dann knickt die Staude nicht langsam um, sondern sehr plötzlich. Aber das merkten wir erst, als wir den zweiten Haken entdeckt hatten: Meine Holzgabel hatte einer Termitenkolonie als Sommerfrische gedient. Als also die Staude umzuknicken begann, brach auf einmal der eine Zacken ab, und aus der Gabel wurde eine gewöhnliche Holzstange. Danach ging alles sehr schnell. Ich weiß noch, wie ich mich hektisch nach einem Fluchtweg umschaute und außer den drei frischgepflanzten Papayabäumen einen halben Meter links von mir, den sehr dornigen Rosenranken ein paar Zentimeter rechts und der steilen Kante der Terrasse direkt hinter mir nichts finden konnte. Eine Viertelsekunde später landeten achtzig Pfund Bananen und ein krachendes Tohuwabohu von Bananenblättern direkt auf meinem Kopf. Eine Zehntelsekunde später folgten das Seil und der wild die Arme anspannende Gärtner. Ich fragte ihn sofort, warum er seinen Posten verlassen und mich diesen mörderischen Bananen ausgeliefert habe, worauf er wissen wollte, warum ich ihm beinahe das Genick gebrochen habe. Wir beruhigten uns wieder, als wir merkten, was geschehen war. Den Bananen war nichts passiert.

War damit die Bananenernte gerettet? Leider nein. Cynthia weigerte sich, noch mehr Bananenmarmelade zu kochen. Die Vorratskammer sei voll, erklärte sie uns, schon beim letzten Mal habe sie die Seife, die Zahnpasta und sonstiges weniger Wichtige ausräumen müssen, um Platz für die Bananengläser zu schaffen, und jetzt sei Schluß, zu viel sei zu viel.

Eine Woche nach dieser Erklärung waren ganz unerwartet weitere drei Stauden erntereif. Es sollte noch einige Zeit dauern, bis unser Bananenvertriebssystem ausreichend funktionierte. Einmal lagerten nicht weniger als 500 Bananen in unserem Haus.

Nun ja, wenigstens waren es keine Kürbisse.

Mehr als ein Schrebergarten

Das kleine Lehm- und Steinhaus, das man uns als Domizil zugewiesen hatte, besaß ursprünglich keinen Garten. Es lag auf einem steilen, buschigen Berghang, inmitten von Felsen und Gestrüpp. Ein paar hundert Meter entfernt, auf einem kleinen, flachen Bergvorsprung weiter unten am Hang, lag das neue Missionshospital, und ganz unten, schwindelnde 800 Meter tief, erstreckte sich ein breites Tal nach Westen, hinter dem Kette um Kette die Berge aufstiegen, gekrönt von dem mächtigen, schneebedeckten, über 8000 Meter hohen Annapurna-Massiv. Das nächste kleine Dorf, hinter einer Biegung des Hanges versteckt und fünfzehn steile Minuten vom Krankenhaus entfernt, war Rip Gaun, und der nächste Basar – wo man ein paar der allernötigsten Dinge wie Streichhölzer, Kerzen, billigen Kleiderstoff und ein oder zwei Sorten Getreide erstehen konnte – war in Amp Pipal, ganz oben auf dem Berg und eine halbe Stunde entfernt; alles zu Fuß, versteht sich.

Cynthia studierte unsere Einkaufsmöglichkeiten und war sich sofort im klaren, daß wir einen Garten brauchten, wenn wir regelmäßig Obst und Gemüse essen wollten. Es war ein mutiger Entschluß für jemanden, der noch nie im Leben gegärtnert hatte, aber Cynthia führte ihn aus. Zusammen mit einigen nepalischen Helfern befreite sie ein Stück Land um unser Haus herum von dem schlimmsten Gestrüpp und den größten Steinen, terrassierte es und ließ sogar zwanzig Körbe Humus aus dem nahen Wald auf den steinigen Lehmboden schütten. Dann stellte sie einen Gärtner ein. Es konnte losgehen.

Ich glaube kaum, daß Cynthia an mehr als die üblichen Erbsen, Bohnen, Möhren, Salatköpfe und Tomaten dachte, als sie ihren Garten anfing, aber wer A sagt, muß auch B sagen, und so hatte Cynthia bald alle Hände voll zu tun mit Kohl und Blumenkohl, Brokkoli, Auberginen, Spinat, Kürbissen und Gurken. Wir hatten inzwischen schon unseren zweiten Gärtner; der erste hatte es nur ein paar Wochen lang ausgehalten. Cynthia machte rasche Fortschritte in der hohen Schule des Gärtnerns, und sie machte sie gern.

Als wir nach Amp Pipal gezogen waren, hatte uns jemand eine Reihe von Obstbaumsämlingen geschenkt. Wir pflanzten sie in unserem Garten an, und bald war unser Haus von einem Dutzend verschiedener Obstbaumsorten umgeben. Cynthia sah es, freute sich und ernannte mich zum Oberobstgärtner, denn für Gemüse *und* Obst, so erklärte sie mir, hatte sie nicht die nötige Zeit. Ich hatte auch keine, aber ich ergab mich in mein Schicksal und nahm meinen neuen Posten an, worauf Cynthia mich durch unsere kleine Obstplantage führte, um mir mein künftiges Einsatzgebiet zu zeigen. Gleich draußen vor der Küchentür wuchs ein kleiner, gerade einen Fuß hoher Feigenbaum. Ich hatte noch nie im Leben eine Feige gegessen, geschweige denn einen Feigenbaum gesehen. Neben dem Feigenbaum wuchs ein Litchi-Baum, eine Art tropische Pflaume – ich hatte nie davon gehört. Dann kam ein Maulbeerbaum – noch eine Neuigkeit; ich hatte immer gedacht, daß man auf Maulbeerbäumen nur Seidenraupen züchtete, von den Maulbeeren hatte ich noch nie gehört. Etwas weiter oben am Hang stand ein Mangobaum. Und ein Guavenbaum und ein Limonenbaum. Ich staunte. Eigentlich nicht schlecht. Und ehe ich es mich versah, war ich ein überzeugter Obstgärtner geworden.

Wir probierten wohl über vierzig Obstsorten in unserem Garten aus. Exotisches: Jackfrucht, Passionsfrucht, Persimonen und Granatäpfel. Altvertrautes: Äpfel, Birnen, Pfirsiche, Pflaumen, Quitten. Die verschiedensten Zitrusfrüchte: Mandarinen, Zwergpomeranzen, Pampelmusen, süße und saure Zitronen, süße und saure Limonen, süße und saure Orangen. Nicht schlecht für einen steilen Hanggarten von zehn Ar Fläche.

Nur etwa die Hälfte unserer Obstbäume gedieh gut, und das waren vor allem die Sorten, die hier am Fuße des Himalaja heimisch waren, wie Zitrusfrüchte, Bananen, Papayas und Guaven. Wir lernten rasch, daß das Klima nicht sehr günstig für den Obstanbau war. Der Regen war im wesentlichen auf die vier Monate Monsun im Sommer beschränkt; die nächsten vier Monate regnete es kaum einen Tropfen. In der einen Jahreszeit ertranken die Pflanzen im Wasser, in der nächsten vertrockneten sie. Im Frühjahr peitschten Stürme unsere Berge und rissen Blüten, unreife Früchte und ganze Zweige fort. Oft kam noch Hagel dazu, der die Früchte abschlug oder so beschädigte, daß die obere Hälfte zu reifen begann, während die untere noch grün und hart war.

Dann die Tierwelt dieses Landes, vor allem seine Bienen, Käfer und Würmer. Auch sie wollten leben, und sie waren überzeugte Vegetarier. Die Wespen fraßen unsere Weintrauben, die Hornissen die Birnen, die Maden die Granatäpfel. Und wenn es keine Früchte gab, machten sie sich über die Bäume selbst her: Raupen kauten genüßlich die Rinde, Larven bohrten ihre Löcher in den Stamm, und die Blätter mochten sie sowieso alle.

Eine Zeitlang schien es, als seien wenigstens die Zitrusbäume immun gegen die nepalische Fauna. Aber dann entdeckte ich eines Jahres einige große Stinkwanzen, die sich auf den reifen Mandarinen sonnten. Die Früchte waren fast voll ausgewachsen, aber noch grün – für Insekten noch nicht attraktiv. Aber ich war im Laufe meiner Gärtnerjahre mißtrauisch geworden und wußte, daß ein Insekt, das auf einer Frucht sitzt, etwas im Schilde führt. Ich sah mir die Stinkwanzen also genauer an. Sie ließen es sich geduldig gefallen, flogen noch nicht einmal weg, als ich die Zweige sachte schüttelte. An den Mandarinen war nichts Verdächtiges festzustellen, keine Löcher, nichts. Ob die Tiere sich doch nur sonnten?

Die Wochen vergingen, und ich sah immer mehr dieser Stinkwanzen. Jetzt saßen sie zu zweit und zu dritt auf den Mandarinen, und da der Baum an die tausend Mandarinen trug, ergab das eine recht stattliche Zahl Stinkwanzen. Ich behielt sie sorgfältig im Auge, aber sie taten rein nichts. Dann kam der Gärtner und meldete, daß er sich Sorgen um die Mandarinen mache: Sie reiften zu schnell und seien zu klein. Ich wurde unruhig und sah mir die Wanzen noch genauer an. Sie sahen merkwürdig dick aus. Ich packte eine und drückte sie; heraus kam nicht Blut, sondern Mandarinensaft. Eine peinliche Untersuchung förderte zutage, was ich die ganzen Wochen übersehen hatte: einen fast unsichtbaren, über einen Zentimeter langen haarfeinen Rüssel, den die raffinierten Räuber als Strohhalm verwendeten. Tausend Mandarinen leergesaugt, als wenn es Safttüten gewesen wären! Es passierte uns nicht noch einmal: Als die Wanzen das nächste Jahr wiederkamen, spritzten wir den Baum.

Noch lästiger als die Insekten waren die Marder, die sich jeden Sommer in unserem Garten selbst bedienten. Auf ihren nächtlichen Erkundungsgängen rochen sie unfehlbar, welche Früchte wir am folgenden Tag ernten wollten. Pflückten wir sie einen Tag eher, waren die Marder auch einen Tag eher da. Wir konnten sie einfach nicht abschütteln, es sei denn, wir pflückten unser Obst so früh, daß es nicht mehr richtig reif wurde und weder Marder noch Menschen etwas davon hatten.

Die Marder hatten eine besondere Vorliebe für Guaven, Persimonen, Passionsfrucht, Feigen und Ananas. Ihr Appetit war so groß, daß ein Tier im Laufe einer Nacht ohne weiteres zwei ganze Ananas schaffen konnte. An manchen der Früchte interessierte sie nur der Saft, den Rest ließen sie wohlzerkaut liegen; morgens fanden wir dann zum Beispiel ein Dutzend zerkaute Passionsfrüchte unter dem Passionsfruchtstrauch oder ein Dutzend ausgesaugte Baumtomaten unter dem Tomatenbaum.

Wir ließen zwei Marderfallen aus Kathmandu kommen und stellten sie unter den erntereifen Bäumen auf. Aber die Fallen waren nicht stark genug, die Tiere zogen ihre Füße wieder heraus. Endlich fingen wir doch einen der Übeltäter, einen mit Ananas vollgestopften Jungmarder. Cynthia, auf äußerste Rache bedacht, beförderte ihn in den Kochtopf. Das Fleisch roch streng und schmeckte nach überreifer Ananas.

Wir legten fleißig weiter unsere Marderfallen aus, aber unser Erfolg wollte sich nicht wiederholen; außer ein paar Fellbüscheln fingen wir nichts. Die Tiere fraßen weiter und kümmerten sich nicht um unsere Nachstellungen.

Schließlich schrieb ich meinem Vater in Amerika einen Brief und bat ihn, uns eine Wolfsfalle zu besorgen. Nun ja, das war vielleicht etwas hochgestapelt, aber sicher war sicher; wenigstens für einen mittelgroßen Waschbären würde das Gerät, das man meinem Vater anpreisen würde, wohl doch reichen.

Ein halbes Jahr später, gerade richtig zum Beginn der Mardersaison, kam das Paket mit der Wolfsfalle. Voller Erwartung legten wir sie aus, und jawohl, kaum eine Woche danach hatten wir einen kapitalen Burschen von über einem Meter Länge (die Hälfte davon Schwanz) gefangen. Cynthia verarbeitete ihn zu drei Mahlzeiten plus Suppe.

Aber immer noch ging die nächtliche Früchtedieberei weiter. Mindestens ein Tier, vielleicht die Witwe unseres Opfers, trieb noch sein Unwesen. Dann war eines Morgens die Wolfsfalle verschwunden. Der zweite Marder hatte sich in ihr verfangen, aber er hatte die vier Stricke, mit der sie am Boden befestigt war, durchgenagt und war entkommen. Trotzdem: Von Stund an hatten wir Ruhe. Offenbar hatte der Räuber zwar die Stricke, aber nicht die Falle selbst losbekommen, und mit der Falle an der Pfote konnte er auf keine Bäume mehr klettern.

Aber dafür waren die Affen noch da. Ihre Lieblingsfrüchte waren Kürbisse und Papayas. Eines Tages besuchte ich Seppo, unseren Baumeister aus Finnland, dessen Garten ein Stück über unserem lag. Er hatte etwa vierzig Kürbisse gezogen und sie nun frisch geerntet und in seinem Garten, direkt hinter dem Zaun, säuberlich aufgestapelt. Als wir so dastanden und uns unterhielten, sah ich auf einmal, wie ein Gesicht über dem Kürbisstapel hervorsah. Es gehörte einem großen Affen, der seelenruhig dasaß und Seppos Kürbisse mampfte, uns aber zur Sicherheit im Auge behielt. Kaum sah er mich, da duckte er sich, und einen Augenblick wußte ich nicht recht, ob ich den Affen nun wirklich gesehen oder ihn mir nur eingebildet hatte. Ich stieß Seppo in die Seite, und wir beobachteten die Kürbisse. Richtig, da kam der Kopf wieder hoch. Drei Sekunden später war Seppo bei seinen Kürbissen, aber der Affe war schneller. Elegant schwang er sich über den Zaun, setzte sich auf der anderen Seite hin und schaute uns mit unverschämtem Grinsen, den Mund voll Kürbis, an. Er und seine Komplizen hatten zehn der größten Kürbisse ruiniert.

Affen sind die dreistesten Diebe, die es gibt. Eines Tages saß Cynthia im Garten und las, kaum drei Meter von unserem Papayabaum entfernt, als ein großer Affe über den Zaun sprang, im Nu auf den Baum kletterte, die größte und reifste Papaya pflückte und sich damit aus dem Staub machte. Es war am hellichten Nachmittag, und Cynthia, ahnungslos in ihr Buch vertieft, bemerkte den Dieb erst, als er wieder auf der anderen Seite des Zaunes war. Und wir hatten uns seit Wochen auf diese Papaya gefreut...

Unser Garten diente uns auch als Sommerfrische und Ferienort. Nach unseren ersten beiden Jahren in Amp Pipal gaben wir es auf, Urlaubsreisen mit der Familie zu machen, und verbrachten die Ferien zu Hause. Das lag vor allem daran, daß unsere Kinder wenigstens in den Ferien zu Hause sein sollten. Aber auch sonst: Was brachten die großen Reisen? In unserem ersten (und einzigen) Auslandsfamilienurlaub war uns gleich am zweiten Tag der große Kleiderkoffer gestohlen worden. Drei Tage in einem indischen Zug, bis nach Madras (Südindien), und dann keine Kleider zum Wechseln! Oder unsere Kollegen: Sie fuhren nach Afghanistan oder Indien oder Bangladesch, und wenn sie zurückkamen, waren sie völlig ausgepumpt. Viele hatten unterwegs Ruhr bekommen, manche sogar Hepatitis, und es dauerte Wochen, bis sie sich wieder erholt hatten. Und mochte auch der Urlaubsort selbst schön und erholsam sein – die Reise dorthin und zurück machte das meiste wieder zunichte.

Schließlich war unser Garten auch unser Büro und Arbeitszimmer. Frühmorgens und oft auch abends nahm ich den kleinen Klapptisch, der mir als Schreibtisch diente, nach draußen, setzte mich daran und büffelte die nepalische Sprache, schrieb Briefe, ging Krankenhausakten durch oder bereitete Bibelstunden vor. Ich kann mir kein schöneres Büro vorstellen und hätte nicht mit einem Millionär tauschen mögen.

Jede Jahreszeit hatte ihre besonderen Reize. Schon Mitte Januar begann der Frühling mit der Pflaumenblüte, und dann kam eine Blüte nach der anderen, bis hinein in den Juli. Auf die Pflaumen folgten die rosa Pfirsichbäume, dann die Mangobäume mit ihren winzigen Blütenbüscheln; dann die *Nashpatti*-Birnen unten am Gartentor mit ihren verschwenderisch weiß nach oben leuchtenden Zweigen. Dann kamen die verschiedenen Büsche und Stauden und Ranken: im März die Azaleen und Rosen und die beiden Jasminbüsche, im April der Rhododendron, den wir von den Höhen des Liglig geholt hatten, im Mai die Gardenien, deren schwerer Duft in warmen Nächten auf fünfzig Meter auszumachen war, im Juni die Kamelien, im Juli endlich die Hortensien, die Myrte am Gartentor und die Winden, die zwischen den Dahlien und Gladiolen die Gartenterrassen hinaufkletterten.

Die Regenzeit brachte weniger Farben, aber sie hatte ihre eigene, grüne Schönheit. Vom Gipfel des Liglig oder unten aus dem Tal wälzten sich milchige Wolken die Hänge entlang. Eben konnte man noch die dunkelgrüne, massige Schulter des Liglig, über 200 Meter über unserem Haus, sehen, im nächsten Augenblick war sie hinter den wirbelnden Nebelfetzen versteckt. Oder grauweiße Watte waberte aus dem Tal hoch, so daß es schien, als schwämmen wir in einem grünen Schiff durch den Himmel. Manchmal zogen die Wolken durch die offenen Fenster buchstäblich durch unser Haus.

Dann kam der Oktober, und die Wolken verschwanden, der Regen hörte auf, die vielen Wasserfälle und Bäche auf dem Liglig wurden zu Rinnsalen. Eine neue Jahreszeit begann, die bezaubernste von allen. Sonne, stahlblauer Himmel, in der Ferne, vom Wolkenschleier befreit, die blendend weiß leuchtenden Gipfel des Himalaja. Das Land war frisch, sauber, klar und bunt. Es war, als habe jemand ein beschlagenes Fenster geputzt oder die ausgebrannte Birne in einem Diaprojektor ausgewechselt; alles war neu.

Mit der neuen Sonne kamen neue Blüten – Gartenwicken, Tagetes, Zinnien. Aber den Vogel schossen die über drei Meter hohen Weihnachtssterne ab, die in einem großen Halbkreis den oberen Rand des Gartens bewachten; im November loderten sie zu einer glänzenden Purpurmauer auf, die man meilenweit sehen konnte. Jetzt kamen auch unsere Kinder über die Weihnachtsferien nach Hause, und wir verbrachten die sonnigen Tage auf ihrem »Bauplatz« oben am Hang über dem Garten, direkt über den Weihnachtssternen. Die Jungen bauten ihre Straßen und gruben ihre Tunnel, Cynthia besserte Kleider aus, und ich las meiner versammelten Familie aus Tolkien oder Sir Walter Scott vor. Über der duftenden Purpurmauer leuchteten die Schneespitzen des Annapurna-Massivs, und um uns herum breitete sich ein Meer aus Grün, auf dem wie unzählige Schiffchen gelb und orange die Tagetes standen.

Aber der Höhepunkt kam erst noch. Wenn die Weihnachtssterne sich gerade voll entfaltet hatten, begann der große Bougainvillea-Strauch neben der Küchentür seine Farbensinfonie. Dunkelrosarotes Feuer bedeckte die ganze Hauswand und züngelte bis auf das Wellblechdach hoch. Was machte es, daß es überhaupt nicht zu dem Rot der Weihnachtssterne paßte; die Urgewalt dieses Farbenwunders riß alle Geschmacksbedenken hinweg. Und wenn später um die Hausecke herum der zweite, noch größere Bougainvillea-Strauch seine tiefviolette Pracht bis über das Dach schüttete, nahm ich meinen Klapptisch und verlegte mein Büro dorthin.

Aber es gab nicht nur Blüten und Blumen zu sehen. Nepal ist auch berühmt für seine Vogelwelt, und wir konnten sie aus nächster Nähe studieren. Unser Garten war ein Logenplatz, wie ihn sich kein Vogelfreund besser hätte wünschen können. Natürlich gab es auch weniger liebenswerte Gäste, wie die Krähen und die heiseren Stare. Aber die allermeisten Vögel waren eine Augen- und Ohrenweide.

Ich hatte viele Lieblingsvögel: Da waren die Bussarde und Milane, die in majestätischer Höhe ihre Kreise zogen; die akrobatisch flinken Schwalben, die mehr als einmal unter dem Gartenstuhl hindurchflogen (während ich darauf saß, versteht sich); die blau-orangen *Natilvas,* die stundenlang reglos auf dem Fenstersims sitzen konnten; die Bergkuckucke – die Männchen leuchtend purpurrot, die Weibchen knallgelb. Dann Exoten wie der bunte Himalajaspecht, der kleine Nektarvogel, der mit seinem langen, zierlich gebogenen Schnabel den Nektar aus den Lilienstengeln saugte, oder der schwanze Drongo mit seinem überlangen zweigezackten Schwanz. Nicht zu vergessen schließlich die Kuckucke und Elstern, Würger und Drosseln, Pfeifer und Tauben.

Wohl über hundert verschiedene Vogelarten besuchten unseren Garten. Jedes Jahr. Aber die unterhaltsamsten unter ihnen allen waren die Lachdrosseln mit ihren viel zu großen schneeweißen Modepudelplusterköpfen. Zu zehn oder zu zwanzig durchkämmten sie die Bäume nach Eßbarem. Alle paar Minuten hörte irgendeiner von ihnen mit dem Picken und Kratzen auf und begann halblaut zu glucksen, worauf der ganze Schwarm augenblicklich in ein lautes, meckerndes Lachen ausbrach wie ein Haufen alter Soldaten, die gerade einen kapitalen Witz gehört haben. Oft mußte ich einfach mitlachen.

Wer sich an den Vögeln sattgesehen hatte, konnte die Eidechsen studieren, die schläfrig auf Ästen und Zweigen lagen und auf Fliegen und Käfer warteten. Die Männchen hatten einen roten Kopf; kam ein Weibchen in die Nähe, wurde er noch röter, und das Tier wurde quicklebendig und sauste auf unglaublich flinken Freiersfüßen los. Weniger kurzweilig waren die zeigefingerlangen Raupen, deren Haare ein Gift enthielten, das einem das Augenlicht zerstören konnte; aber man konnte sich ja an die großen, gefleckten Heuschrecken halten oder an die in allen Farben schillernden Schmetterlinge.

Auch außerhalb des Gartens war Leben. Als ich eines frühen Morgens über den Zaun schaute, sah ich einen Leoparden im Gebüsch, ganze dreißig Meter entfernt. Reglos saß er da und sah mich an, bis er schließlich aufstand, sich umdrehte und im Unterholz verschwand. Der Leopard war durchaus nicht das einzige wilde Tier, das uns besuchte, denn unser Haus lag recht einsam.

Dann natürlich wieder die Affen. An einem Frühlingsmorgen saß eine riesige Horde, wohl zweihundert Tiere, im Maisfeld eines Nachbarn und erntete systematisch die reifen Maiskolben. Bevor ich in Aktion treten konnte, kam der Bauer selbst, und die Affen flüchteten, jeder einen Maiskolben unter dem Arm. In den nächsten beiden Wochen wurde unsere Morgenruhe von dem Sohn des Bauern gestört, der sich vor Sonnenaufgang in dem Feld postierte und sich als Affenscheuche betätigte, indem er zwei Stunden lang auf einer leeren Keksdose trommelte.

Am Ende dieser zwei Wochen wußte ich die Stille unseres Gartens doppelt zu schätzen. Es war freilich keine sterile, geräuschlose Stille. Das Vogelkonzert hörte nie auf; am meisten mochte ich das *Kaaphal paakyo, Kaaphal paakyo* des Kuckucks, das uns das ganze Frühjahr über informierte, daß die *Kaaphal*-Beeren reif waren. Oft begleiteten Heuschrecken und Grillen die Vögel; das Geschnarre der *Jhankri kiraa* klag wie das Aufziehen eines Weckers, nur lauter und länger.

Noch viele andere Geräusche gab es: das Knacken und Knallen des Wellblechdaches unter den warmen Sonnenstrahlen; die Bananenblätter, die im Wind hin- und herschlugen; das Ächzen der Bambusstengel bei dem Jackfruchtbaum. Von weit her kam das eintönige Pochen von Holzäxten, die Rufe der Hirten und Bauern, die eigenwillige Musik der Jungen, die auf aus Blättern gefertigten »Mundharmonikas«

bliesen. Abends und an Festtagen kam das langgezogene, traurige Tuten der Tempelhörner vom Gipfel des Liglig herunter, und wenn ein ganz besonderer Tag war, wie etwa die Thronbesteigung des neuen Königs, stand der Dorfrufer auf dem Berg und rief die Nachricht mit lauter Stimme aus. Es geht auch ohne Radio.

Tour zum Everest

Ein Jahr nachdem wir unseren Dienst in Nepal angetreten hatten, nahmen wir unseren ersten Urlaub, und da just zur gleichen Zeit Cynthias Mutter und ihr Bruder Dicran auf einen längeren Besuch kamen, beschlossen wir, das Nobelste zu tun, was man in einem Urlaub in Nepal unternehmen kann: Dicran und ich, begleitet von einem weiteren Missionsfreund namens Juhani, würden auf den großen Treck zum Mount Everest gehen. Der normale Nepal-Missionar leistet sich diese größte und teuerste aller Bergtouren natürlich nicht schon so früh in seiner Karriere, sondern erst nach einer Anstandswartezeit von etlichen Jahren, damit es nicht heißt, er sei nur deswegen nach Nepal gekommen, um Berge zu besteigen. Aber zum Glück war ich diesmal kein normaler Missionar, sondern Begleiter, Beschützer und Übersetzer meines Schwagers, der im übrigen meine Reisekosten bezahlte, und es ging nicht an, ihn wegen ein paar fehlender Anstandsjahre sitzenzulassen.

Wir hatten unser Unternehmen für Mitte November geplant, wo das Wetter oben in den Bergen gewöhnlich klar ist. Zwei Tage vor unserem Start flogen Dicran und ich nach Kathmandu, um die letzten Vorbereitungen zu treffen. Unser Begleiter, Juhani, ein Lehrer an einer der Missionsschulen, würde am nächsten Tag, dem Beginn der Schulferien, nachkommen. Als er am Abend immer noch nicht da war, wurden Dicran und ich unruhig; immerhin ging unser Flugzeug zum Everest am nächsten Morgen um sieben Uhr.

Es war nicht Juhanis Schuld, daß er zu spät kam. Er war, wie geplant, die acht Stunden zur Hauptstraße marschiert und hatte sich ein Taxi genommen, das ihn bis zum Abendessen nach Kathmandu bringen sollte. Unterwegs platzte ein Reifen. Das Reserverad war nicht zu gebrauchen, weil sein Reifen einen großen Riß hatte. Daraufhin begann der Fahrer, eifrig Gras und Zweige zu sammeln und neben dem platten Reifen aufzuschichten. Er bedeutete Juhani, sich nützlich zu machen und ihm zu helfen. Juhani gehorchte, und als sie einen ansehnlichen Haufen beisammen hatten, begann der Fahrer, das Gras und die Zweige durch das Loch in den geplatzten Reifen zu stopfen. Man konnte wieder starten. Aber nach drei Kilometern hatte auch der letzte Grashalm den Reifen wieder verlassen, und das Zweigesammeln ging zum zweiten Mal los. Später dann zum dritten Mal. Und zum vierten. Irgendwann war der Reifen so ruiniert, daß der Fahrer es aufgab. Er wies Juhani an, im Wagen auf ihn zu warten; er würde nur eben mit dem Reservereifen in eine Werkstatt fahren und ihn reparieren lassen, es würde nicht lange dauern. Und er hielt, den Reifen in der Hand, einen Lastwagen an, stieg auf und verschwand.

Juhani war sich bald im klaren, daß sein Taxifahrer nie und nimmer noch an diesem Abend zurückkommen würde. Es war schon fast dunkel, und es war wenig Verkehr auf der Straße, die damals noch im Bau war. Nach einiger Zeit kam ein Pkw in Sicht. Juhani fackelte nicht lange, hielt den Wagen an und ließ sich mitnehmen. Es war Mitternacht, als er bei uns ankam, gerade noch rechtzeitig, um uns bei den letzten fieberhaften Vorbereitungen zu helfen.

Einige wenige Stunden Schlaf und wir fuhren zum Flughafen. Es herrschte dichter Nebel, wie an den meisten Herbst- und Wintermorgen in Kathmandu, und unser Flug hatte drei Stunden Verspätung. Aber als wir dann endlich unsere Maschine, eine »Twin Otter« der Royal Nepal Airlines, bestiegen und in Richtung Osten losflogen, war der Himmel blau und die Sicht wunderbar klar. Wie ein riesiger Panoramafilm zog die Kulisse des Himalaja an uns vorbei. Tief unter uns leuchteten die orangebraunen Lehmhäuser der zahllosen Dörfer im Sonnenlicht, kletterten die grünen Terrassenfelder auch die steilsten Hänge hoch, hier und da unterbrochen von den letzten Resten der einst so großen Bergwälder. Zu unserer Linken kamen die Flüsse des Landes von den Bergen heruntergestürzt, zur Rechten schlängelten sie sich in die weite Ganges-Ebene Nordindiens hinein. Und überall die endlosen Kämme und Kuppen, Täler und Schluchten der Vorberge des Himalaja, die einem so recht plastisch vor Augen führten, warum ihre Bewohner so lange völlig abgeschieden vom Rest der Welt, ja sogar voneinander gelebt hatten.

Immer rauher und wilder wurden die Berge unter uns. Als wir eine Stunde lang und an die 200 Kilometer weit geflogen waren, begann der Pilot die Maschine hinunterzusteuern, direkt in eine lange und sehr steile Schlucht. In den Fenstern der linken Seite tauchte ein hoher, felsiger Bergkamm auf, der bedrohlich nahe kam. Wir schauten rasch nach rechts und sahen die gleiche Felswand. Das Flugzeug schien direkt in sie hineinfliegen zu wollen. Beruhigend zu wissen, daß ein erfahrener kanadischer Fluglehrer an Bord war, denn die Royal Nepal Airlines hatten die Twin Otter vor kurzem von Kanada gekauft. Weniger beruhigend, daß der junge nepalische Pilot die Maschine heute zum ersten Male selbst fliegen durfte.

Im allerletzten Augenblick, als der Felswand vor uns nicht mehr auszuweichen war, zog die Maschine hoch, schlüpfte durch eine kleine Lücke und ließ sich in eine neue, noch tiefere Schlucht fallen. Auf der gegenüberliegenden Wand dieses Abgrunds konnten wir einen kleinen grünen Streifen ausmachen, der offenbar zum Murmelspielen gedacht war. Der Streifen kam rasch näher, und wir merkten entsetzt, daß das Flugzeug die Murmel war. Eine Minute später waren wir sicher gelandet; was unsere optisch getäuschten Sinne als Anfang vom Ende gedeutet hatten, war ein durchaus sicherer Landeplatz in halber Höhe über einem tiefen Tal.

Der nächste Tagesordnungspunkt hieß: Träger anheuern – Sherpa-Träger für unseren auf elf Tage bemessenen Proviant und die sonstige Ausrüstung. Die Sherpas, deren Vorfahren vor etwa fünfhundert Jahren aus Tibet kamen, sind die Bergbauern des Everest-Gebietes und werden heute oft als Bergführer oder eben Gepäckträger eingesetzt. Bald hatten wir vier nette und erfahrene junge Männer gefunden, die uns in den folgenden Tagen noch manchen unersetzlichen Dienst leisten sollten. Wir ließen sie übrigens nicht unser gesamtes Gepäck tragen, sondern trugen jeder noch seinen eigenen Rucksack. Es wäre mir nicht recht gewesen, wie ein Erzimperialist der alten Schule alles von den »Eingeborenen« tragen zu lassen. Die Nepalen der höheren Bevölkerungsschichten haben da weniger Skrupel; sie tragen nur dann etwas selbst, wenn es gar nicht anders geht.

Es war früh am Nachmittag, als wir aufbrachen. Unsere Route begann mit einem abenteuerlichen, steilen Zickzackabstieg in die 300 Meter tief eingeschnittene Schlucht des Dudh Kosi-Flusses. Mit seinen weiß und wild schäumenden Wellen machte dieser Fluß seinem Namen (*Dudh* bedeutet »Milch«) alle Ehre. Wir kamen durch Waldstücke mit hohen Nadelbäumen, deren Rinde die Sherpa-Bauern ringförmig eingeschnitten hatten, um das Harz zu sammeln, das ihren winzigen Lampen als Brennstoff diente. Es war ein herrlicher Tag, kaum eine Wolke war zu sehen, und hier und da leuchteten schneebedeckte Gipfel hinter den Bäumen hervor – ein Vorgeschmack auf das, was uns noch erwartete.

Die Sonne begann zu sinken. Vor uns flatterten buddhistische Gebetsfahnen im Wind, das sichere Zeichen, daß ein Sherpa-Haus in der Nähe war. Ein paar Augenblicke später standen wir schon vor dem mittelalterlich aussehenden, großen Steingebäude, das unser erstes

Nachtlager sein sollte. An dem einen Ende des großen Gemeinschaftsraumes saßen die Hausbewohner um ein gemütlich knisterndes Feuer und waren damit beschäftigt, das Abendessen zu bereiten. Eine kräftige Sherpa-Frau mit einem Säugling an der Brust suchte aus einem kleinen Haufen Kartoffeln die besten heraus und warf sie ihrem Mann zu, der sie wortlos schälte. Ein hübsches kleines Sherpa-Mädchen musterte uns aus wachen, großen Augen, während seine ältere Schwester, die offensichtlich geistig behindert war, geistesabwesend in das Feuer starrte und von Zeit zu Zeit leise vor sich hinbrummte. In einer Ecke saß zusammengekauert die alte Oma, auf ihren Knien ein kleiner, fleischfarbener Kürbis. Dann stand sie auf, und wir entdeckten, daß der »Kürbis« ein riesiger Kropf war, der mit seinem Gewicht den Kopf der Frau buchstäblich nach unten zog, als sie mühsam durch den Raum schlurfte. Wir sollten noch viele solche kapitalen Kröpfe unter den Sherpas sehen, alles das Ergebnis von Jodmangel.

Nach dem Abendessen – es gab gekochte Kartoffeln, das Hauptnahrungsmittel der Sherpas, und eine kleine Dose Pekingente – setzten wir uns alle um den Herd und versuchten, uns so warm wie möglich zu halten – ein Unterfangen, das um so schwieriger werden sollte, je höher wir auf unserer Tour kamen. Daß unsere Gastgeber ihre Fenster und Türen ständig offen ließen, machte die Sache nicht einfacher; immer dann, wenn mein Rücken endlich aufzutauen begann, kam ein kalter Novemberwindstoß durch die Tür, und ich konnte von neuem mit dem Wärmen anfangen.

Aber was dem Raum an Wärme abging, machten unsere Gastgeber an Freundlichkeit wett. Bald waren wir mit ihnen in ein angeregtes Gespräch vertieft, das uns von einem Thema zum anderen führte. Der Mann drehte die meiste Zeit seine tibetanische Gebetsmühle, eine Art Zylinder, durch den eine Achse mit Handgriff läuft und der einen Papierstreifen enthält, der über und über mit dem Gebet *Om mani padme hum* beschrieben ist, zu deutsch: »Om, o du Edelstein im Lotus, hum«, eine Anrufung des Buddha. (*Om* und *hum* sind heilige Silben.) Bei jeder Drehung der Mühle, so erklärte unser Gastgeber uns, stieg das Gebet von neuem zum Himmel auf, und je öfter es aufstieg, um so geringer wurde die Sündenlast des Betenden und um so besser seine Aussichten für die Zukunft. Als wir am nächsten Tag weiterwanderten, sahen wir fest installierte Gebetsmühlen, die über einen Meter hoch waren und mit Wasserkraft buchstäblich Tag und Nacht liefen. Wir hatten sie schon vorher bemerkt, aber für gewöhnliche Wassermühlen gehalten.

Auch am zweiten Tag unserer Tour war das Wetter klar, ein typischer Novembertag. Der Monsun war vorbei und mit ihm die schweren Wolken, die die Berge den ganzen Sommer und Herbst über verhüllt hatten. Wohin wir auch blickten, grüßte uns ein überwältigendes Panorama aus Felsen, Graten, Spitzen, Gletschern und scheinbar himmelhohen Wänden. Es gibt keine gewaltigere Berglandschaft als den Himalaja.

Über mehr als 15 Kilometer folgte unser Weg jetzt dem Dudh Kosi nach Norden, dann ging es steil bergauf zu dem berühmten Sherpa-Dorf Namche Bazaar, 3500 Meter über dem Meeresspiegel, das wir gegen Mittag erreichten. Am Nachmittag zogen wir weiter nach Thyangboche, dem höchsten Kloster Nepals, das in fast 4000 Metern Höhe inmitten der höchsten Gipfel der Welt liegt, darunter dem Lhotse, dem Ama Dablan und natürlich dem Everest.

Thyangboche – das war unvergleichlich. Auf einem steilen Bergrücken direkt über der Schlucht des Dudh Kosi balancierend, bot das Kloster einen atemberaubenden Rundblick. Die nächsten Siebentausender, der Ama Dablan und der Kangtega, waren fast zum Greifen nahe; wir mußten den Kopf in den Nacken drehen, um ihre Gipfel sehen zu können. Wir versuchten uns vorzustellen, wie die Alpen oder die Sierra Nevada in diese Szenerie hineinpassen würden, und kamen zu dem Ergebnis, daß sie es gerade mit den höheren Vorbergen des Himalaja aufnehmen konnten – ein wenig wie Bauernhütten am Fuß eines Königschlosses.

Die Gebäude des Klosters, ganze fünfzig Jahre alt und einem amerikanischen Indianer-Pueblo nicht unähnlich, lagen am Rand einer von knorrigen Kiefern – den letzten unter der Baumgrenze – gesäumten Wiese. Erschöpft, aber glücklich zogen wir uns für die Nacht in einen kleinen Touristenbungalow neben dem Kloster zurück. Das Beste lag noch vor uns.

Die Nacht in der ungeheizten Holzhütte, 4000 Meter hoch und mitten im November, war eiskalt. Zwei Schlafsäcke und sechs Lagen Kleidung übereinander reichten mir nicht, um warm zu werden. Gut, daß unsere Sherpa-Träger das Abendessen und das Frühstück bereiteten; unsere eigenen Finger wären zu klamm dafür gewesen.

Früh am nächsten Morgen zogen wir weiter, dankbar für die wärmenden Sonnenstrahlen. Bald lag Thyangboche unter uns, und der Pfad wurde ebener und führte uns in eine breite Moräne, ein großes Geröllfeld, das die Gletscher im Laufe der Jahrtausende hier abgelagert hatten. Hier war kein Baum und kein Strauch mehr zu sehen.

Links und rechts des Weges lagen niedrige Steinhäuser, die Almhütten der Sherpas, die ihnen im Sommer, wenn sie ihre Yaks auf den Bergwiesen grasen ließen, Schutz und Nachtquartier boten. Der stahlblaue Himmel beflügelte unsere Schritte; bei so einem Wetter mußte es am Everest ja noch einmal doppelt so schön sein, also vorwärts marsch!

Unser Marschtempo sollte sich schon bald rächen. Amp Pipal lag ja nicht viel mehr als 1000 Meter hoch, aber wir waren jetzt in nur zwei Tagen auf 4000 Meter gestiegen, und es ging immer noch bergauf. Ich merkte, daß wir anfingen, schwerer zu atmen als sonst, vor allem Juhani, und fühlte mich merkwürdig benommen und benebelt. Am Abend – es war unser dritter – richteten wir uns in einer leeren Steinhütte häuslich ein und kochten uns einen großen Eintopf. Was wir an Proviant in die klammen Finger bekamen, warfen wir einfach in den Topf hinein; wir waren zu müde, es einzeln zuzubereiten. Eigentlich waren wir hungrig wie die Löwen, aber als das Essen fertig war, hatte nur Dicran Appetit, der zwei große Teller voll in sich hineinschlang. Ich aß wenig und Juhani nichts.

Am nächsten Morgen ging es Juhani besser, und er aß etwas zum Frühstück. Der Tag war wieder herrlich, und wir nahmen uns vor, bis zum Abend die Hütte beim Basislager unter dem Everest zu erreichen. Es waren nur noch zehn Kilometer bis dorthin und kaum 700 Meter Steigung. Am nächsten Tag wollten wir uns dann erholen und die Aussicht und die Landschaft am Everest genießen. In bester Laune brachen wir auf.

Aber schon bald begann Juhani abzubauen. Er hatte Kopfschmerzen und mußte sich übergeben. Es waren die ersten Anzeichen für die gefürchtete Höhenkrankheit, und ich glaube, wir wußten alle drei, daß es jetzt das klügste gewesen wäre, sofort umzukehren und zurück ins Tal zu gehen. Aber unser Ehrgeiz, den Everest zu erreichen, war stärker, auch bei Juhani selbst. Wenn einer von uns umkehren mußte, so hatten wir vor der Tour vereinbart, würden die anderen mit ihm gehen, und das wollte Juhani uns nicht zumuten. Also weiter.

An diesem Tag, dem vierten, betraten wir die Welt der Gletscher, des ewigen Schnees und der nackten Felsen, die Welt, die nur die Bergsteiger kennen. Hier wuchs noch nicht einmal mehr Gras. Ein steiler Anstieg brachte uns an den Rand des Khumbu-Gletschers, der uns den ganzen Rest des Weges bis zum Basislager am Everest begleitete. Keine drei Kilometer links von uns führten, hinter Nebengletschern des Khumbu versteckt, abenteuerliche Pässe in das verbotene

Tibet. Bizarre Eis- und Felsformationen säumten unseren Weg, auf glitzernde Schneefelder hatten unsichtbare Riesenhände haushohe Felsbrocken geworfen. Gegen Sonnenuntergang erreichten wir die Hütte am oberen Ende des Khumbu-Gletschers. Wir waren am Fuß des Everest. Ganz in der Nähe lag das Basislager, das die Sir-John-Hunt-Expedition 1953 aufgebaut hatte und von dem aus der Neuseeländer Edmund P. Hillary und der Sherpa Shri Tenzing Norgay am 29. Mai 1953 erstmals den Gipfel erstiegen; es hat seitdem vielen Everest-Expeditionen als Stützpunkt gedient.

Wir waren jetzt gut 5000 Meter hoch. Juhani legte sich sofort hin. Dicran, der in seinem ganzen Leben noch keine richtige Bergtour gemacht hatte, war nach wie vor guter Dinge und aß mit bestem Appetit. Ich fühlte mich wie vor einer Grippe, und Juhani lag blaß da und sagte fast kein Wort. Die Nacht war noch kälter als die letzte, und wir fanden nur wenig Schlaf. Wir hatten die vage Hoffnung, daß Juhani sich vielleicht im Laufe der Nacht noch akklimatisieren würde, aber am Morgen fühlte er sich so schwach, daß er gleich liegenblieb und beschloß, sich noch auszuruhen. Dicran und ich marschierten allein los, um den Kalapatar zu besteigen, einen an und für sich unbedeutenden Gipfel von 5600 Metern Höhe, von dem aus man aber einen guten Blick auf den Everest hatte. Wir wollten in einer lässigen halben Stunde oben sein, uns etwas umschauen und dann wieder zur Hütte hinunterklettern und Juhani holen, damit er den Blick auch genießen konnte. Aber aus der halben Stunde wurden im Nu zwei volle. Alle zehn Schritte mußte ich stehenbleiben und Luft holen, während Dicran, Kamera vor dem Bauch, hierhin und dorthin lief, einen Entzückungsschrei nach dem anderen von sich gab und glücklich sein nächstes Bild schoß. Mit jedem Schritt nach oben wurden meine Füße ein Kilo schwerer. Mit letzter Kraft zog ich mich schließlich auf den Gipfel, ließ mich auf den Boden fallen und schlief über eine Stunde lang wie ein Toter.

Als ich meine Augen wieder öffnete und aufstand, lag der Everest direkt vor mir. Seit wir von Thyangboche aufgebrochen waren, hatten wir ihn nicht mehr gesehen, er war immer durch die Felswände und Grate neben unserem Weg verdeckt gewesen. Und jetzt – es war kaum zu beschreiben. Rings um uns herum türmten sich himmelstürmende Eis- und Schneegipfel. Zu unserer Linken lag einer der Pässe nach Tibet, rechts, wie eine gefrorene Riesenbrandung, ein Meer von Gipfeln: der Tamserku, der Ama Dablan und Dutzende andere, deren Namen wir nicht kannten. Unter uns schlängelte sich der Khumbu-

Gletscher, unsere Marschroute, dahin. Direkt vor uns schoß die von Eisfällen starrende Wand des Nuptse hoch, die vom Boden des Khumbu bis zum Gipfel fast drei Kilometer maß. Und etwas links vor uns, immer noch über 3000 Meter über unseren Köpfen, schwarz und schneelos, stand der Everest selbst – 8848 Meter. Hier und da hörten wir das ferne Rumpeln und Scheppern von herabstürzendem Eis. Sonst kein Laut, noch nicht einmal ein Windhauch. Wir waren in einer anderen Welt. Ich hätte den ganzen Tag hier bleiben können und einfach stehen und schauen.

Wir rissen uns aus unseren Träumen heraus und stiegen zurück zur Hütte. Juhani ging es inzwischen noch schlechter. Er war buchstäblich zu schwach, um zu laufen, und es war ihm herzlich egal, ob er den Everest sah oder nicht. Jetzt gab es wirklich nur noch eines: sofort zurück. Der stärkste unserer Sherpas erbot sich, ihn Huckepack zu nehmen und die sechs Kilometer zur nächsten geeigneten Hütte bergab zu tragen, wo wir übernachten würden. Der Rest unserer kleinen Gesellschaft teilte sich Juhanis Gepäck und das seines Trägers, und so zogen wir schwerbeladen los, langsam zurück über das Eis und Geröll des Gletschers.

Als wir zwei Stunden so dahergestapft waren, trafen wir auf einen großen Trupp Bergtouristen, etwa vierzig rüstige Seniorinnen und Senioren, die meisten über siebzig, die auf dem Weg nach oben waren. Sie kamen aus Großbritannien und waren seit drei Wochen auf Wanderschaft – zu Fuß von Kathmandu. In ihren Kniebundhosen, Anoraks, Schals und Klappenmützen waren sie so recht das Bild einer fröhlichen Urlaubergesellschaft. Sie hatten gerade ihr Lager aufgeschlagen und waren dabei, sich zurechtzumachen und in allen möglichen Gebirgsjägerposen zu fotografieren. Sie waren alle munter wie die Fische im Wasser; ich kam mir richtig alt vor dagegen. Wie Juhani sich fühlte, kann ich nur ahnen; entweder wollte er sterben oder hatte Angst davor, vielleicht auch beides.

Wir setzten uns hin, um ein paar Minuten zu verschnaufen, und sahen zu, wie einige Sherpas ein winziges tragbares Toilettenhäuschen zusammenbauten und auf einigen soliden Geröllblöcken auf der anderen Seite eines kleinen Gebirgsbaches gut sichtbar aufstellten. Es fehlte nur das Herzchen in der Tür, und wir wären bei Urgroßmutter auf dem Lande gewesen. Einer nach dem anderen stiegen die unternehmungslustigen Wanderer vorsichtig über den Bach und kletterten in die willkommene Hütte, die ihre Benutzung jedesmal durch ein bedenkliches Wackeln und Schütteln anzeigte, vor allem bei den Mitgliedern der Gruppe, die breiter waren als sie. Es waren spannende Minuten und die einzige nette Abwechslung an diesem ansonsten so trübseligen Nachmittag, aber die Hütte trotzte allen Gesetzen der Statik und kippte nicht.

Am nächsten Morgen ging es uns schon wieder viel besser. Da wir beim Aufstieg das Tempo forciert hatten, hatten wir jetzt um so mehr Zeit und Muße. Wir machten Abstecher zu den malerischen Sherpadörfern Pangboche, Khumjung und Kunde und genossen die Gastfreundschaft der Sherpas, die wie fast alle Nepalen sehr herzliche und offene Menschen sind.

Nur zu bald war unsere Wanderung wieder zu Ende. Mit oder ohne Höhenkrankheit, sie war einer der echten Höhepunkte unseres Lebens. Und das nicht nur wegen der atemberaubenden Landschaft und der freundlichen Sherpas, sondern auch wegen der vielen langen Gespräche, die wir miteinander führen konnten. Mein Schwager Dicran und ich waren von jeher in vielen Dingen verschiedener Meinung gewesen, aber diesmal fingen wir nicht an, zu streiten und auf den Tisch zu hauen wie so oft sonst, sondern blieben sachlich. Einige unserer Diskussionen entzündeten sich an unserer unterschiedlichen Art, mit den Einheimischen umzugehen. Ich, als typischer Missionar, war stets darauf bedacht, den Finger auf den Beutel zu halten und mich ja nicht von unseren Trägern übervorteilen zu lassen. Anders ausgedrückt: Ich war ein Geizhals. Dicran, der typische amerikanische Tourist, war das andere Extrem: immer lässig und großzügig, denn was waren schon zehn Rupien mehr oder weniger? Erstaunt mußte ich feststellen, wie unamerikanisch ich nach nur einem Jahr in Nepal geworden war. Durch Dicrans Augen betrachtet, war ich wirklich ein knickeriger Pfennigfuchser, hatte ich meine finanziellen Lektionen zu gut gelernt. Am Ende unserer Bergtour hatten wir beide dazugelernt und waren wenigstens ein Stückchen näher an das Ideal gerückt, das so unerreichbar in der Mitte zwischen uns lag.

Überfall

Ich weiß nicht, ob es ein ruhigeres Plätzchen in der Welt gibt als Amp Pipal. Der einzige Ort, wo täglich etwas los ist, ist das Krankenhaus; ansonsten geht das Leben jahraus, jahrein seinen ungestörten Alltagsgang, nur hin und wieder unterbrochen von einem Feiertag, einem Mißgeschick irgendeines Missionars oder einem kleinen Raubüberfall.

Das Missionshospital Amp Pipal war etwa fünf Jahre alt, als ein neuer Geschäftsführer auf seiner beschaulichen Bühne erschien, ein Mennonit aus Ohio namens Stu Amstutz, der mit seinem gelassenen und bescheidenen Temperament so recht in diese Oase der Ruhe paßte. Er und seine Frau Loretta hatten sich bald eingelebt in ihrem kleinen Steinhaus, das auch das Missionsbüro beherbergte.

Stus erste Monate in seinem neuen Amt verliefen so friedlich, daß er nichts Böses ahnte, als er eines schwülen Samstagmorgens um drei Uhr aus dem Bett geklopft wurde. Er rieb sich den Schlaf aus den Augen, ging an die Tür und fragte den nächtlichen Besucher nach seinem Anliegen. Eine junge Männerstimme antwortete: »Ich habe eine Nachricht für Sie, von Dag Amstadt.« Dag war ein norwegischer Lehrer, der in Harmi wohnte, eine Stunde von Amp Pipal entfernt, und Stu erwartete ihn genau an diesem Tag zu Besuch, wenn auch nicht ganz so früh. Sicher wollte Dag ihm ausrichten lassen, daß er doch nicht kommen könne. Stu öffnete die Tür. Da sprang ein zweiter Mann aus dem Dunkel hervor, ein muskulöser Kerl, und hielt Stu ein langes *Kukri* vor die Nase – das säbelartige Messer der Gurkhas, mit dem diese sich im Zweiten Weltkrieg auf der Seite der Briten legendären Respekt erworben hatten. Jetzt war kein Krieg, aber der Säbel sah nicht weniger gefährlich aus.

»Keinen Mucks, sonst legen wir Sie um«, zischte der Mann mit dem Messer. »Wir wollen Geld«, ergänzte sein Komplize. »Machen Sie das Büro auf.«

Stu gehorchte. Ein Auge immer auf das *Kukri*, ging er ins Büro, öffnete den Geldschrank und händigte den Räubern die Geldkassette aus, in der 600 Dollar und an die 18000 nepalische Rupien (noch einmal etwa 1600 Dollar) lagen. Die beiden Burschen stopften das Geld in einen Beutel und schoben sich langsam rückwärts durch die Tür des Büros.

»Wenn Sie Krach machen oder um Hilfe rufen, legen wir Sie um«, sagte der mit dem *Kukri,* gerade so, als habe er Angst, Stu hätte ihn beim ersten Mal nicht richtig verstanden. Sprach's, drehte sich mit seinem Komplizen um und war verschwunden.

Stu stand einen Augenblick lang da und versuchte, seine Gedanken zu sammeln. Was war da eigentlich passiert? Ein Raubüberfall, und ein dreister noch dazu, wahrscheinlich der größte, den es im ganzen Distrikt Gorkha je gegeben hatte. Es war das Geld der Mission, und er, Stu, war der verantwortliche Geschäftsführer. War er vielleicht mit schuld? War er zu leichtsinnig gewesen oder einfach zu ängstlich?

Es war totenstill. Das ganze Dorf schlief. Was sollte er machen? Alarm schlagen, die Leute aufwecken, die Diebe verfolgen? Sinnlos. Es war hier schwierig genug, jemanden am hellen Tag in Bewegung zu setzen, geschweige denn um drei Uhr morgens. Hätte Stu es versucht, er hätte höchstens die Hunde geweckt.

Er weckte schließlich mich, und wir hielten einen schlaftrunkenen Kriegsrat. Viel zu debattieren gab es nicht. Wir mußten das Geld wohl abschreiben. Wie sollte man die Räuber jemals finden? Und würde Stu sie identifizieren können? Das Deutlichste, an das er sich erinnerte, war das *Kukri.* Hoffnungslos. Aber wenigstens der Polizei melden wollten wir die Sache doch, und Stu bot sich bereitwillig an, persönlich zur Polizeistation zu gehen; seinen nepalischen Bürogehilfen würde er als Übersetzer mitnehmen.

»Ärgere dich nicht, wenn die Polizei niemanden schickt«, sagte ich Stu. »Schließlich ist heute Samstag, das ist wie bei uns Sonntag. Und wahrscheinlich werden sie sowieso nichts unternehmen.«

Die nächste Polizeistation lag tief unten im Tal in einem Dorf namens Thadipokhari, zwei Stunden Fußmarsch entfernt. Wir hatten wenig Hoffnung, daß die Polizei viel mehr tun würde, als den Überfall zu Protokoll zu nehmen. Um so überraschter und erfreuter war ich, als Stu acht Stunden später mit zwei Polizisten im Schlepptau erschien. Da aus zwei Stunden Fußweg bergab am frühen Morgen leicht vier Stunden bergauf in der Mittagshitze werden, waren die Polizisten begreiflicherweise müde und durstig, und es dauerte über eine Stunde, bevor wir uns mit ihnen zusammensetzen und zur Sache kommen konnten. Unsere Runde wurde vervollständigt durch Rudra Bahadur, einen früheren *Pradhan Panch* (Bürgermeister) von Amp Pipal und treuen Freund unseres Krankenhauses, den wir gebeten hatten, uns zu helfen. Der amtierende *Pradhan Panch* war gerade verreist, was, wie sich zeigen sollte, gar nicht so schlecht für uns war.

Die Polizisten stellten eine Menge Routinefragen. Keiner von uns hatte eine Ahnung, wer die Räuber waren oder wie man sie ermitteln sollte. Nach einer Stunde waren wir immer noch so schlau wie zu Anfang.

Dann sagte Rudra Bahadur: »Also, da ist doch vor zwei Wochen etwas ganz Eigenartiges passiert ...« Und er fing an, uns lang und breit zu erzählen, wie ein gewisser Top Bahadur in einem Dorf eine Ziege gestohlen und sie in einem anderen Dorf dem Bruder des Besitzers verkauft hatte. Die Geschichte interessierte uns nicht im geringsten, aber er erzählte sie in allen Einzelheiten. Als er endlich fertig war, fügte er hinzu: »Ach ja, und Top Bahadur wohnt übrigens ganz in der Nähe der Schule, wo Dag Amstadt unterrichtet.«

Wir spitzten die Ohren. Die Diebe hatten doch behauptet, sie hätten eine Nachricht von Dag für Stu. Mindestens einer von ihnen mußte Dag also kennen. Ob vielleicht Top Bahadur ...? Es schien nicht gerade wahrscheinlich, aber besser eine schwache Spur als gar keine.

Inzwischen war Dag zu seinem geplanten Besuch bei Stu eingetroffen und hatte mit einigem Entsetzen die häßliche Nachricht vernommen. Besonders die 600 Dollar machten ihm zu schaffen, denn es waren seine Dollars – sein Fahrgeld für den Heimaturlaub in Norwegen, den er in der nächsten Woche antreten wollte. Nun, als Rudra Bahadur mit seiner Geschichte fertig war, baten wir Dag, sich zu uns zu setzen und mitzuberaten, und es zeigte sich, daß er Top Bahadur gut kannte. Er wußte zu berichten, daß Top a) ein geborener Spitzbube war, daß er b) vom Aussehen her recht gut zu dem *Kukri*-Helden, wie Stu ihn in Erinnerung hatte, paßte, und daß c) er, Dag, Top gerade am vergangenen Tag verraten hatte, daß er Stu besuchen wollte.

Das war ja interessant! Wir witterten Morgenluft. Den nagenden Gedanken, daß die Räuber zwar vielleicht noch nicht über alle Berge, aber doch bestimmt längst hinter unserem waren, irgendwo in einem Labyrinth von Hunderten von Bergpfaden, schoben wir erst einmal beiseite.

Ich schlug vor, sofort nach Harmi zu gehen und Top Bahadur festzunehmen. Die Nachricht von dem Raubüberfall hatte sich inzwischen wie ein Lauffeuer verbreitet, und daß auch noch gleich zwei Polizisten gekommen waren – und das sogar am Samstag, dem Sonntag der Hindus – hatte die Spekulationen noch mehr angeheizt. Sicher würde Top Bahadur bald davon hören und sich aus dem Staub machen, wir mußten also rasch handeln. Aber ich wurde überstimmt. Es war jetzt sieben Uhr abends, und die Polizisten waren müde und hungrig und hatten wenig Lust, sich im Dunkeln mit dem Besitzer eines *Kukri* auseinanderzusetzen.

Wir verschoben unseren Angriff also auf den Morgen. Unser Plan sah so aus: Dag würde bei Tagesanbruch zu seinem Haus in Harmi zurückgehen, das unten am Nordhang unseres Berges lag, eine Wegstunde entfernt und in der entgegengesetzten Richtung zur Polizeistation. In Harmi angekommen, würde er sofort seinen Wasserträger zu Top Bahadurs Haus schicken, das noch einmal fünfzehn Minuten weg lag, und ihn zu einem kleinen Abschiedsklatsch nebst Abschiedsgeschenk einladen. Eine halbe Stunde nachdem Dag Amp Pipal verlassen hatte, würden Stu, die beiden Polizisten und ich ihm folgen – schön unauffällig, die Polizisten in Zivil. Sobald wir Harmi erreichten, würden wir uns trennen: Die Polizisten würden harmlos umherschlendern, während Stu und ich direkt zu Dags Haus gingen, wo der nichtsahnende Top Bahadur inzwischen auf sein »Abschiedsgeschenk« wartete. Falls Top wirklich einer der beiden Räuber war, würde Stu mir zunicken, worauf ich den draußen wartenden Polizisten ein Zeichen geben würde. Sie würden dann rasch ihre Uniform anziehen – in Nepal darf die Polizei nur in Uniform jemanden verhaften –, und wir würden Top Bahadur so lange in Schach halten; als Waffe würden uns unsere Regenschirme dienen. Wir fanden den Plan alle genial und beschlossen unsere Sitzung.

Jetzt brauchten wir nur noch den Polizisten ein gutes Abendessen und ein Nachtquartier zu geben. Das ist in Nepal so üblich; wer die Polizei ruft, muß sie auch verköstigen oder doch zumindest ihre Auslagen bezahlen. Da wir jedes Interesse daran hatten, daß unsere Polizisten an Leib und Seele frisch für uns arbeiteten, protestierten wir nicht, als sie eine dreifache Portion Fleisch bestellten und diese mit großzügigen Mengen *Raksi,* dem Bier unserer Berge, hinunterspülten; auch nicht, als wir die Rechnung von 18 Rupien (1,50 Dollar) pro Nase bezahlen mußten. Wir hofften, daß nicht allzuviele Mahlzeiten vergehen würden, bis die Diebe dingfest gemacht waren.

Als wir am nächsten Morgen, Regenschirm unter dem Arm, Dags Haus erreichten, mußten wir erfahren, daß unser Vogel ausgeflogen war, eben an diesem Morgen, es war noch keine Stunde her. Top Bahadurs Familie konnte nicht sagen, warum er so plötzlich verreist war und wohin. Ohne Zweifel befand er sich jetzt auf dem Hauptpfad ins Tal – mit all unserem Geld, aber mit weniger als einer Stunde Vorsprung.

Wir setzten uns in aller Eile zu einer neuen Krisensitzung zusammen. Außer Dag, Stu, den beiden Polizisten und mir nahmen noch der *Pradhan Panch* von Harmi, zwei weitere Mitglieder des *Panchayat* (Gemeinderat) und Ishwari, ein guter Freund und Kollege von Dag, daran teil. Wir wußten, daß wir nicht viel Zeit hatten; wenn Top Bahadur erst einmal die sieben Stunden entfernte Ost-West-Hauptstraße erreicht hatte, dann konnten wir die Jagd aufgeben.

Also nichts wie hinterher? Aber sobald jemand diesen Vorschlag machte, wurden die anderen mit einem Mal sehr vorsichtig. Um ehrlich zu sein: Keiner von uns hatte viel Lust, Top Bahadur zu verfolgen. Der Tag war stickigheiß. Niemand wußte, wann die Jagd zu Ende sein würde; von einer Teestube zur anderen wäre es immer wieder die gleiche Auskunft: »Der ist vor einer Stunde hier vorbeigekommen.« Wenn er überhaupt vorbeigekommen war; niemand konnte garantieren, daß er tatsächlich den Hauptpfad genommen hatte. Und was war, wenn wir ihn endlich eingeholt hatten, und er war gar nicht der Dieb?

»Es hat keinen Zweck«, sagte der eine Polizist und schaute auf seine Uhr; es war bald Zeit für die Morgenmahlzeit. »Der hat zu viel Vorsprung, den kriegen wir nie.«

»Und außerdem«, sagte sein Kollege, »sind wir doch gar nicht sicher, daß er überhaupt der Dieb ist. Daß einer eine Reise macht, ist schließlich nichts besonderes.«

Ich sah Dag an, Dag sah Stu an, und Stu sah mich an. Uns war klar: Wenn wir den Dieb wirklich verfolgen wollten, mußten wir das wohl selber tun. Aber wer von uns sollte gehen? Ich konnte nicht einfach das Krankenhaus im Stich lassen. Dr. Helen machte schon Überstunden für mich, eigentlich fing heute ihr Urlaub an; sie wartete sehnlichst darauf, daß ich aus Harmi zurückkam. Dag mußte in zwei Tagen seinen Heimaturlaub antreten und war gerade dabei, seinen Hausrat nach Amp Pipal zu bringen und dort einzulagern; die Koffer pakken mußte er auch noch. Und der arme Stu war das Laufen nicht gewohnt und hatte von seinem Gewaltmarsch zur Polizeistation dicke Blasen an den Füßen bekommen; seine Wanderschuhe hatte er nicht dabei, und die Sprache konnte er auch nicht.

Wir palaverten hin und her. Einer nach dem anderen wurde zum Gangsterjäger ernannt und wehrte bescheiden ab. Der eifrigste Redner war der *Pradhan Panch,* den sowieso niemand hinter Top Bahadur hergeschickt hätte. Nach zehn Minuten dieses Hin und Hers hielt Dag es nicht mehr aus. Er sagte: »Ich werde gehen und Dil Bahadur [Dags

Wasserträger] und einen der Polizisten mitnehmen. Wir brechen jetzt sofort auf.«

Fast jeder der Anwesenden begrüßte diesen Vorschlag auf das herzlichste. Es folgte eine kurze, aber lebhafte Diskussion zwischen den beiden Gesetzeshütern, an deren Ende der eine aufstand und verkündete: »Gut, ich gehe mit.« Wir klatschten begeistert Beifall, wünschten den wackeren Freiwilligen alles Gute und schauten ihnen nach, wie sie mit festem Schritt den Pfad ins Tal unter die Füße nahmen.

Wir gingen zurück ins Haus und saßen ein paar Minuten schweigend da. Ein bißchen waren wir verlegen, ein bißchen selbstgefällig, auf jeden Fall aber enorm erleichtert, daß nicht wir es waren, die bei dieser Hitze den Berg hinunterrennen mußten. Es folgten ein paar belanglose Bemerkungen, und dann standen Stu und ich auf, um uns zu verabschieden und zurück nach Amp Pipal zu gehen.

Aber just in diesem Augenblick kam ein junger Mann in das Zimmer gerannt und meldete, daß an diesem Morgen noch jemand ganz plötzlich verreist war: ein notorischer Glücksspieler und Schwindler namens Thakur, der übrigens ein Neffe des dienstlich verreisten Bürgermeisters von Amp Pipal war. Seine Frau (es war die vierte) und den Säugling hatte er mitgenommen.

Wir setzten uns wieder. Der Name Thakur war uns ein Begriff. Der eine von uns erinnerte sich an diese Begebenheit, der andere an jene, und alle stimmten wir überein, daß dieser Mann ohne weiteres für einen Raubüberfall gut war. Und sein Aussehen paßte zu der Beschreibung, die Stu uns von dem zweiten Räuber gegeben hatte. Wenn das nicht Top Bahadurs Komplize war!? Wir mußten ihn stellen! Sehr schwierig konnte das nicht sein, denn er hatte weniger Vorsprung als Top, und mit seiner Frau und dem Kind kam er sicher nicht sehr schnell voran. Selbst Stu mit seinen Blasenfüßen konnte ihn einholen.

Stu konnte gerade so viel Nepali, um zu merken, in welcher Gefahr er schwebte. Er versuchte, ihr auszuweichen. »Ich habe aber nur ein Paar Socken an«, sagte er mir. »Ohne ein zweites Paar komme ich keinen Kilometer weit.«

»Du kannst gerne meine nehmen«, antwortete ich.

»Aber ich habe Dag meinen Regenschirm mitgegeben. Bei dieser Hitze brauche ich den als Sonnenschirm.«

»Okay, ich gebe dir meinen«, sagte ich. Wenn er Dag geholfen hatte, mußte ich ihm helfen, eine Hand wäscht die andere.

»Aber ich habe kein abgekochtes Trinkwasser«, fuhr Stu fort. Er konnte ein Grinsen nicht ganz unterdrücken; er wußte genau, daß ich, großzügig wie ich war, mein ganzes Wasser Dag mitgegeben hatte. »Ich bin gespannt, wo du Trinkwasser herzaubern willst.«

Zaubern konnte ich nicht, aber wir stellten fest, daß Dags Gaskocher noch funktionierte, und einer der Nepalen setzte einen Topf Wasser auf. Stu würde seine Verfolgungsjagd nicht wegen Durchfall abbrechen müssen.

Fehlte nur noch ein Dolmetscher für Stu, und jetzt schauten alle mich an. Nun ja, ich war gar nicht einmal mehr dagegen, mitzugehen, aber wie sollte ich das machen ohne Socken, Schirm und Trinkwasser? Aber halt, da war ja noch Ishwari, Dags nepalischer Kollege von der Schule, der vorbildlich ruhig und unauffällig in seiner Ecke saß. Ich sagte: »Ishwari kann doch Englisch. Wie wäre es, wenn er mitgeht?«

Der Bürgermeister von Harmi fand dies einen vortrefflichen Vorschlag und hielt eine kleine Rede darüber, wie häßlich die beiden Räuber die Ehre Nepals beschmutzt hatten und wie ruhmvoll es war, wenn Ishwari sie uneigennützig wiederherstellte. Alle nickten und sahen Ishwari erwartungsvoll an, der darauf mangels geeigneter Ausreden sein Amt annahm. Der zweite Polizist ließ sich auch nicht lumpen, und so verließ ein paar Minuten später ein zweiter Häschertrupp Dags Haus, auf dem gleichen Pfad wie vor knapp einer halben Stunde der erste.

Der Liglig, der Hausberg von Amp Pipal, ist etwa 1400 m hoch. Die Sohle der Flußtäler um ihn herum liegt 900 Meter tiefer. Wenn wir uns den Liglig als Berg mit drei Hängen vorstellen, dann liegt unter dem Südhang die Polizeistation von Thadipokhari und weiter in der Ferne die Ost-West-Hauptstraße; vom Nordhang aus blickt man auf Harmi; und der Osthang führt in das Tal des Daraundi hinunter, der von Norden nach Süden fließt. Hinter dem Daraundi, auf einem der gegenüberliegenden Berge, liegt die Distrikthauptstadt Gorkha. Die Hauptpfade, die von Harmi und Amp Pipal nach Osten führen, treffen sich am Fuß des Liglig, worauf man nach etwa sieben Kilometern den Daraundi erreicht.

Am Daraundi biegt der Hauptweg nach Süden ab und folgt dem Fluß, bis er die Hauptstraße erreicht, während der Reisende, der nach Gorkha will, den Fluß an einer Furt durchwatet und auf der anderen Seite sehr steil wieder nach oben steigt, über 600 Meter hoch. Von den Hauptwegen gehen in allen Richtungen Hunderte kleiner Nebenpfade ab, die für das ungeübte Auge genauso aussehen wie die Hauptwege und den nichtsahnenden Wanderer stunden- und meilenweit in die Irre führen können.

Unsere beiden Verfolgungstrupps begannen ihre Jagd auf dem Hauptweg von Harmi in Richtung Osten. Etwa zwei Stunden nachdem sie aufgebrochen waren, erreichten Dag und seine Begleiter einen Teeladen, wo man ihnen zu melden wußte, daß Top Bahadur eine Stunde zuvor vorbeigekommen war. Das klang nicht schlecht, und sie beschleunigten ihr Tempo. Als sie in die Nähe des Daraundi kamen, wo die beiden Pfade von Amp Pipal und Harmi sich treffen, holten sie Thakur und seine Familie ein. Thakur wartete, bis sie im nächsten Teeladen verschwunden waren, dann gab er seiner Frau hastig seinen Anteil an dem gestohlenen Geld, wies sie an, zu seinem Onkel in Gorkha zu gehen, und folgte Dag und seinen Begleitern in die Teestube.

Dort war schon ein lebhaftes Gespräch über den Überfall im Gang. Thakur tat ganz erstaunt, daß so etwas in Amp Pipal passieren konnte, und fragte Dag: »Weiß man denn, wer die Täter sind?«

»Es waren zwei«, entgegnete Dag, »und der eine dürfte wohl ein gewisser Top Bahadur sein.«

»Top Bahadur?« echote Thakur. Das Herz wollte ihm in die Hose sinken. Wie hatten sie das bloß herausgefunden? Kannten sie erst einmal den ersten Dieb, würden sie bald auch den zweiten herausbekommen.

»Ja, Top Bahadur«, sagte Dag. »Kennen Sie ihn vielleicht?«

»Kennen? Ja, doch, ja, etwas.«

Thakur spürte, wie auf einmal alle Augen im Teeladen auf ihn gerichtet waren. Niemand sprach ein Wort. Thakur schabte den Lehmfußboden mit seinen Sandalen, schaute zum Fenster hinaus und sagte: »Das ist ja wirklich ein dicker Hund, so einfach die Mission auszurauben. Es würde mich nicht wundern, wenn Top der Täter wäre, das sieht ihm ähnlich. Hoffentlich kriegen Sie ihn!« Und ehe er es sich selbst versah, fügte er hinzu: »Wissen Sie was? Ich gehe mit und helfe Ihnen!« Vielleicht glaubte er, auf diese Weise Top Bahadur schneller warnen zu können, vielleicht hatte er sich auch gar nichts gedacht.

Dag war sofort einverstanden. »Wirklich? Das ist ja großartig, vielen Dank. Dann wollen wir aber sofort aufbrechen, sonst kriegt er zu viel Vorsprung.«

Es ist möglich, daß Thakur sein Angebot schon wieder bereute, aber es war zu spät, und ohne ein weiteres Wort folgte er Dag und seinen Mannen nach draußen.

Dag holte rasch noch einige Erkundigungen ein und fand heraus, daß Top den Weg nach Süden, zur Hauptstraße genommen und etwa fünfundvierzig Minuten Vorsprung hatte. Also auf nach Süden, der große Norweger voran, dahinter der Wasserträger, dann der Polizist und im Schlepptau Thakur.

Vier Stunden lang trabte die ungleiche Gesellschaft durch die heiße Maisonne, von einer Teestube zur anderen; ein Schluck Tee, die Routinefragen und dann weiter, immer hinter Top Bahadur her. Gegen drei Uhr nachmittags erreichten sie wieder einmal einen Teeladen. Dag, der schneller gelaufen war als die anderen, ging hinein. In der gemütlichen kleinen Wirtsstube saß Top Bahadur.

»Ja, was machst du denn hier?« fragte Dag im freundlichsten Ton.

»Ich? Ich habe hier zu tun«, sagte Top. »Und du?«

»Ich habe hier auch zu tun«, entgegnete Dag. »Aber das ist ja toll, daß ich dich hier treffe. Heute morgen wollte ich dir doch ein Abschiedsgeschenk geben, aber du warst nicht zu Hause, und jetzt sitzt du hier. Toll, wie das Leben so spielt! Komm, ich gebe dir einen Tee aus!«

»Nein, nein, ich muß jetzt gehen«, sagte Top und sah Dag argwöhnisch an. »Ich kann nicht mehr warten, ich habe schon Verspätung.« Und er wollte aufstehen, aber Dag legte seinen massiven norwegischen Arm freundschaftlich um seine Schulter, zog ihn zurück auf die Bank und bestellte mit lauter Stimme zwei Tees und ein paar Bananen.

»Nun komm schon, einen alten Freund so einfach sitzenlassen, das geht aber wirklich nicht«, fuhr Dag fort. Er sprach sanft und langsam, noch waren die anderen nicht da. »Weißt du, in ein paar Tagen gehe ich doch in meinen Heimaturlaub, in das ferne Norwegen. Vielleicht sehen wir uns heute zum letzten Mal, wer weiß?«

Jetzt erschien der Polizist in der Tür, dicht gefolgt von Thakur und dem Wasserträger. Top sah Thakur und wollte einen Satz zur Tür machen. Aber er konnte nicht; Dags Arm lag wie ein Stahlband um seine Schultern.

Es folgte ein Handgemenge. Dag rief dem Polizisten zu, aber der war ganz darin vertieft, ein paar schöne Bananen von der noch schöneren Eigentümerin des Teeladens zu kaufen, und achtete nicht auf das wachsende Getümmel hinter ihm.

Dann schob sich Thakur durch die Tür und stürzte sich auf Dag, der einen Augenblick lang die Welt nicht mehr verstand und mit dem einen Arm den neuen Angreifer abwehrte, während er den anderen um Tops Kragen geklammert hielt. Der Kampf stand auf Messers Schneide. Würden die Diebe es schaffen, zu entkommen? Aber der stämmige Norweger war zu stark für sie, und ein paar Sekunden später hatte er sie beide zu Boden geworfen.

Das heftige Fluchen und Stöhnen weckte endlich die Aufmerksamkeit des Polizisten. Er drehte sich um, sah die beiden Übeltäter auf dem Boden liegen, trat langsam und würdevoll zu ihnen und verhaftete sie. Dann ging er wieder zu der Verkäuferin und begann, seine Bananen zu bezahlen.

»Ja, legen Sie ihnen denn keine Handschellen an?« fragte Dag ungläubig. Er wußte, daß die nepalische Polizei durchaus hart durchgreifen konnte, wenn sie wollte.

»Geht nicht, es sind ja bloß Verdächtige, wir haben ja keine Beweise, keinen offiziellen Strafantrag, nichts.«

»Aber wenigstens durchsuchen können wir sie doch, sie haben doch das Geld.«

Aber auch davon wollte der Polizist nichts wissen.

Dag tröstete sich mit dem Gedanken, daß er praktisch eigenhändig beide Diebe auf einmal gefangen hatte. Die Leute in Amp Pipal würden ihren Ohren nicht trauen! Aber zu dumm, daß er immer noch nicht an sein Geld konnte, obwohl es buchstäblich in Armesreichweite war.

Der Polizist verkündete, daß sie jetzt alle zusammen zur Polizeistation in Thadipokhari gehen würden. Wenn sie einen Schritt zulegten, würden sie bis Sonnenuntergang dort sein.

Sie brachen auf, aber schon bald konnte Dag es vor Hunger und Durst kaum noch aushalten. Er hatte ja in dem letzten Teeladen seinen Tee und seine Bananen gar nicht mehr bekommen. Als sie an einem kleinen Laden vorbeikamen und er draußen einen Korb reife Mandarinen sah, hielt er an und rief dem Polizisten zu, er möge bitte auf ihn warten. Aber der Polizist ging noch etwa fünfzig Meter weiter. Als Dag, Mund und Hosentaschen voll Mandarinen, wieder aus dem Teeladen heraustrat, sah er, wie die beiden Diebe plötzlich lossprangen und in den Wald rannten, der eine nach links, der andere nach rechts. Der Polizist und der Wasserträger rannten hinter Thakur her, holten ihn sofort ein und packten ihn, aber Top Bahadur war schon nicht mehr zu sehen. Dag riß die Mandarinen aus seinen Taschen und lief in großen Sprüngen zu der Stelle, wo Top im Gebüsch verschwunden war. Als er wieder ins Freie kam, sah er, wie Top hinter einer Reihe von Reisfeldern einen steilen Hang hinaufsauste. Dag sprang von einer Terrasse zur anderen, erreichte den Fuß des Hangs und begann ebenfalls zu klettern. Aber das lange Marschieren ohne genügend Essen und Trinken hatte zu viel Kraft gekostet. Als er oben war, war Dag ganz ausgepumpt, und Top hatte noch mehr Vorsprung. Dag gab die Jagd auf.

Als er wieder unten bei seinen Begleitern war, sah er, daß Thakur jetzt wenigstens Handschellen trug. Die kleine Gesellschaft startete wieder und erreichte am Abend die Polizeistation. Aber da zeigte sich ein neues Ungemach: Thakur hatte nur 500 Rupien bei sich. Wo war der Rest des Geldes? Thakur, nicht faul, erhob sofort lauten Protest, daß man ihn, einen gänzlich Unschuldigen, widerrechtlich verhaftet und zu diesem unmenschlichen Marsch gezwungen habe, worauf der Leiter der Polizeistation dem sprachlosen Polizisten eine Standpauke über das Verhaften Unschuldiger hielt und Dag aufforderte, sich künftig nicht mehr in Polizeiangelegenheiten einzumischen. Mit Mühe und Not gelang es Dag, dem Polizeiinspektor das Versprechen abzuringen, Thakur wenigstens vierundzwanzig Stunden lang festzuhalten, um Stu Gelegenheit zu geben, zu der Station zu kommen und ihn zu identifizieren. Kam Stu nicht innerhalb dieser Zeit, würde man den Verdächtigen freilassen.

Noch vor dem ersten Hahnenschrei war Dag, begleitet von einem dritten Polizisten, der noch ein paar der Dorfleute zu dem Überfall vernehmen sollte, auf dem Weg nach Amp Pipal, und beim Frühstück erzählte er uns, noch ganz außer Atem, seine Geschichte. Aber als er zum Schluß kam und uns sagte, daß Stu sofort nach Thadipokhari gehen müsse, konnten wir nur bestürzte Gesichter machen, denn Stu und der zweite Suchtrupp waren noch nicht zurückgekehrt, und wir hatten keinen Schimmer, wo sie waren, geschweige denn, wann sie zurückkommen würden.

Der dritte Polizist wußte Rat: Wenn Stu bis Mittag immer noch nicht da war, sollte ich nach Thadipokhari gehen und offiziell Anklage erheben, sonst würde man das Verfahren einstellen und den Gefangenen freilassen. Als also der Mittag kam und immer noch kein Stu da war, bat ich Dr. Helen, auch ihren zweiten Urlaubstag zu opfern, und machte mich auf den zweistündigen Spaziergang ins Tal.

Am Polizeigebäude angekommen, meldete ich mein Anliegen dem Wachposten, der mich darauf in einen großen Raum führte und mich bat, auf einer Bank an der Wand Platz zu nehmen. Auf der anderen Seite des Raumes stand, umgeben von einem Dutzend anderer Polizisten, der Polizeiunterinspektor, ein hagerer Mann, über dessen tadelloser Uniform ein fein gezwirbelter Schnurrbart thronte, der wiederum von einer spitzen, langen Nase überragt wurde. Ich war so gefesselt von diesem eindrucksvollen Anblick, daß ich über die Beine eines Mannes stolperte, der auf dem Fußboden saß, nach vorne schoß und um ein Haar lang hingefallen wäre. Die Polizisten brüllten vor Lachen. Ich drehte mich um, um zu sehen, wer mir da ein Bein gestellt hatte, und sah, daß die Füße des Mannes mit Stahlbändern, die wie Krocket-Tore aussahen, am Fußboden befestigt waren. Es war Thakur; ich erkannte ihn sofort, denn ich hatte ihn schon mehrmals im Krankenhaus behandelt.

Als ich endlich Platz genommen hatte, musterte mich der Unterinspektor mit skeptischer Miene. Sicher fragte er sich, wie jemand, der noch nicht einmal ohne zu stolpern ein Zimmer betreten konnte, der medizinische Direktor eines Krankenhauses sein konnte. In den straßenlosen Bergen Nepals wird der Intelligenzquotient eines Menschen danach bemessen, wie er seine Füße zu gebrauchen weiß. Zu meiner Erleichterung war ich jedoch bald wieder vergessen, und die Polizisten setzten ihre fröhliche Unterhaltung vor.

Zwanzig Minuten lang ging das so. Dann machte der Unterinspektor ein paar Schritte in die Mitte des Raumes, räusperte sich und begann mit scharfer, greller Stimme eine Ansprache, die halb für mich und halb für den Rest des Raumes bestimmt war: Warum um alles in der Welt war der Doktor gekommen, er wurde doch überhaupt nicht gebraucht, was nutzte es, daß er hier war, sie brauchten den Geschäftsführer und nicht den Doktor, wie konnte das Krankenhaus so dumm sein und den falschen schicken, und warum (*Ja, warum?* Das fragte ich mich inzwischen auch) hatte der Doktor sich all diese überflüssige Mühe gemacht? Und so weiter und so fort.

Nach zehn Minuten war er fertig. Ich holte tief Luft und sagte ihm, daß ich seine Worte für äußerst unhöflich hielt, worauf er seine Stimme ein klein wenig senkte, den Posten, der mich hineingelassen hatte, abkanzelte und mich anwies, Stu unverzüglich zu schicken, sobald er wieder in Amp Pipal auftauchte, anderenfalls man den Verdächtigen leider freilassen müsse.

Damit war ich entlassen, aber nicht ganz. Als ich gehen wollte, nahm mich der Unterinspektor bei der Tür beiseite und sagte, diesmal mit wohlgeölter Stimme: »Wenn Sie uns bitte zwanzig Rupien dalassen, für die Verpflegung des Gefangenen.«

Das war Sitte so. Ich nahm mich zusammen und gab dem Unterinspektor zwei Zehnrupiennoten. Dann ging ich, nicht ohne noch ein fröhliches »*Namaste* (auf Wiedersehen), Doktor« hinter mir zu hören. Das war Thakur, und er grinste über beide Ohren.

Als ich gegen Abend wieder in Amp Pipal ankam, herrschte dort helle Aufregung: Der zweite Polizist, der Stu begleitet hatte, war gerade zurückgekommen und hatte wichtige Neuigkeiten mitgebracht. Sie waren der ersten Gruppe bis zum Daraundi gefolgt, wo sie erfuhren, daß Dag und seine Begleiter nach Süden abgebogen und Top Bahadur dicht auf den Fersen waren. Über Thakur und seine Frau dagegen wußte niemand etwas zu sagen, in keinem Teeladen konnte man sich an sie erinnern. Doch dann sagte ihnen ein Ladenbesitzer: »Warten Sie mal, so ein Ehepaar habe ich zwar nicht gesehen, aber vor zwanzig Minuten oder so ist eine Frau hier gewesen und hat einen Schirm gekauft. Sie hatte es sehr eilig und muß Geld wie Heu gehabt haben; hat mir glatt einen Fünfzigrupienschein gegeben und gesagt, den Rest könne ich behalten.«

»Hatte sie ein kleines Kind dabei?« fragt Ishwari, der Lehrer.

»Ja.«

Stu, Ishwari und der Polizist fanden, daß das wohl Thakurs Frau sein mußte, und da sie keine andere Spur hatten, beschlossen sie, ihr zu folgen. Vielleicht, so dachten sie, war Thakur vorgegangen, weil seine Frau nicht so schnell laufen konnte. Sie hatte den Fluß überquert, in Richtung Gorkha, und unsere Freunde waren zuversichtlich, sie rasch einholen zu können. Aber Stus Füße wollten nicht mehr richtig mitmachen. Die Blasen vom letzten Tag waren aufgesprungen, und jedesmal wenn Stu auf einen Stein trat, scheuerten seine Socken gegen das rohe Fleisch, daß er fast in die Knie ging vor Schmerz. Beim Durchwaten des knietiefen Flusses fiel er auch noch hin und verlor die Feldflasche mit dem abgekochten Wasser.

Erst als sie schon fast in Gorkha waren, holten sie die junge Frau ein. Sie folgten ihr in die Stadt und beobachteten, wie sie von der Hauptstraße abbog und gleich darauf in einem Haus verschwand. Stu und der Polizist ließen Ishwari als Wachposten neben der Tür zurück, liefen schnurstracks ins Distriktpolizeipräsidium, meldeten den Überfall und kamen zusammen mit einem anderen Polizisten zurück, der den Auftrag hatte, die junge Frau zu verhaften und zu durchsuchen. Als sie das Haus betraten, war die Frau gerade dabei, ein großes Geldbündel in einem Loch im Fußboden zu verstecken. Sie brach in Tränen aus und gab sofort alles zu. Jawohl, sie war Thakurs Frau, und dieses Geld war sein Anteil an der Beute des Raubüberfalls. Man verfrachtete sie und die Hausbewohner ohne Umstände ins Gefängnis von Gorkha.

Niemand im Polizeipräsidium wußte natürlich, daß eben zur gleichen Stunde Thakur in sicherem Gewahrsam auf dem Weg zur Polizeistation Thadipokhari war. Es gab ja keine Telefon- oder Telegrafenverbindung zwischen den beiden Polizeistationen. Man schickte also umgehend den zweiten Polizisten über Amp Pipal nach Thadipokhari, um die Nachricht zu überbringen, daß das Geld sichergestellt und die Identität des zweiten Diebes bestätigt worden war.

Und jetzt hatte der zweite Polizist also Amp Pipal erreicht, noch zwei Stunden von Thadipokhari entfernt, während Thakur seine vierundzwanzig Stunden Polizeigewahrsam hinter sich hatte und jede Minute freigelassen werden konnte. Wir baten den Polizisten, doch sofort weiter nach Thadipokhari zu gehen, aber er weigerte sich. Es war Abend, er war müde und hungrig, und die Aussicht, auf unsere Kosten ein besseres Abendessen als in Thadipokhari zu bekommen, war zu verlockend. Was konnten wir machen? Wir schickten in aller Eile einen Boten mit einem hochoffiziellen Brief nach Thadipokhari, in dem stand, daß Thakur in der Tat einer der Diebe war und daß die Polizei in Thadipokhari ihn noch über Nacht festhalten und dann am Morgen ins Polizeipräsidium in Gorkha bringen sollte, wo Stu ihn identifizieren würde. Es war ein schöner Brief, aber wir hatten wenig Hoffnung, daß er noch rechtzeitig in Thadipokhari eintreffen würde. Und wenn Thakur erst einmal frei war, würde er sicher keine Zeit verlieren, im Schutz der Dunkelheit die Ost-West-Hauptstraße zu erreichen und auf Nimmerwiedersehen unterzutauchen.

Am Abend waren wir alle in Stus Haus versammelt und hielten eine planmäßige Missionsteambesprechung, als auf einmal Ishwari hereinspaziert kam. Er war des langen Wartens in Gorkha überdrüssig geworden und hatte beschlossen, ohne Stu zurückzukehren, der sowieso erst einmal seine Füße pflegen mußte. Aber gleich am nächsten Morgen, so berichtete uns Ishwari, wollte auch Stu sich auf den Weg machen und dann am Nachmittag in Amp Pipal eintreffen.

Das war ja eine schöne Bescherung! Wenn Stu nicht mehr in Gorkha war, wer sollte dann Thakur identifizieren und das gestohlene Geld zurückbringen? Es gab nur eines: Irgend jemand mußte in aller Frühe nach Gorkha aufbrechen, um Stu unterwegs abzufangen, so daß er nach Gorkha zurückkehren konnte. Es zeigte sich, daß der »Irgendjemand« ich war, und Dr. Helen schob zum drittenmal ihren wohlverdienten Urlaub um einen Tag hinaus.

Ganz früh am nächsten Morgen brach ich auf. Stu auch. Wir trafen uns ziemlich genau in der Mitte des Weges, am Daraundi. Stu war nicht begeistert von der Aussicht, zurück nach Gorkha zu klettern, aber er drehte gehorsam um und unterhielt mich in den nächsten zweieinhalb Stunden mit einem detaillierten Bericht über seine Abenteuer, einschließlich zweier schlafloser Nächte in gutbürgerlichen Hotels in Gorkha – die eine Nacht mit Kakerlaken, die andere mit Bettwanzen.

Den mittleren Teil des Tages verbrachten wir mit Besuchen beim Distriktpolizeiinspektor und anderen Beamten. Alle fanden die Verbrecherjagd hochinteressant und freuten sich, daß einer der Gauner sogar dingfest gemacht worden war. Die Freude wurde freilich gedämpft durch den Gedanken, daß Thakur vielleicht schon über alle Berge war. Konnte man denn gar nichts dagegen tun? Leider nein, entgegnete man uns mit Achselzucken, man muß halt abwarten, ob Thakur in Gorkha erschien. Im übrigen habe die Polizei die Sache jedoch fest im Griff, und wir könnten gehen; das Geständnis von Thakurs Frau sei ein hinreichender Beweis für seine Schuld; nach dem Gerichtsprozeß würden wir auch unser Geld zurückbekommen, minus zehn Prozent für Gerichtskosten.

Inzwischen war es drei Uhr nachmittags, und da der Rückweg nach Amp Pipal sechs Stunden dauerte, beschlossen Stu und ich, sofort aufzubrechen. Die Aussicht, noch eine Nacht in einem Hotel in Gorkha verbringen zu müssen, schreckte Stu mehr als seine Blasen.

Nach einer Stunde kamen wir an die Stelle, wo der Weg sich gabelt; der rechte Pfad führt westlich über den Daraundi und weiter nach Amp Pipal, der linke südwestlich direkt nach Thadipokhari. Als wir die Kreuzung erreichten, sahen wir, wie von links ein Trupp von neun Polizisten kam, die einen mit Handschellen gefesselten Gefangenen führten. Es war Thakur, und er grinste nicht mehr. Er warf uns einen verdrossenen Blick zu und stapfte weiter. Wir ließen die Gruppe vorbei und bogen erleichert auf den Weg nach Amp Pipal ab.

Einige Wochen danach mußte Stu noch einmal nach Gorkha, um unser Geld zurückzuholen, was ihn einen zweitägigen Papier- und Verhandlungskrieg in diversen Amtsstuben kostete. Er konnte sich jedoch damit trösten, daß Thakur und seine Frau im Distriktgefängnis saßen. Thakur hatte acht Jahre bekommen – eine harte, aber gerechte Strafe und eine gute Abschreckung für Leute mit Räuberambitionen. Es war ein Ergebnis, mit dem wir zufrieden sein konnten.

Aber die Gerechtigkeit währte nicht lange. Schon nach acht Monaten war Thakur wieder auf freiem Fuß; seine Frau folgte ein paar Monate später. Von Top Bahadur und seinem Anteil an der Beute fehlt noch heute jede Spur.

Als Arzt in den Bergen von Nepal

Den Doktor beißt man nicht

Wohl kaum eine Gesundheitsbehörde in der Welt würde dem Krankenhaus Amp Pipal die staatliche Anerkennung gewähren. Was würden die gestrengen Beamten sagen, wenn während ihres Inspektionsbesuchs zwei magere Hühner laut gackernd unter einem Bett auf der Intensivstation hervorgeflattert kämen? (*Wir* würden sagen, daß das die Eiweißergänzung für den Speisezettel des Patienten ist.) Was würden sie von den Hunden halten, die dreckig und struppig durch die Korridore streichen und die Essensreste von den Tellern der Patienten stehlen und manchmal auch die ganze Mahlzeit? Wie würden ihnen die gewaltigen Spinnweben gefallen, die unbeanstandet von unseren phlegmatischen Fegern und Putzfrauen von den Deckenbalken herabhängen? Oder die dunkelroten Streifen an den Wänden neben den Betten, die sich als zerquetschte Überreste allzu gefräßiger Wanzen entpuppen? Nicht zu vergessen die beiden Bettpfannen, die gerade im Hauptflur neben zwei Notbetten stehen und das Auge des Betrachters mit halbverdauten *Kaaphal*-Beeren in der einen und einem Gewusel von Dutzenden fetter Schlauchwürmer in der anderen erfreuen.

Die Inspektoren wären entsetzt. Unsere Patienten sind es nicht. Sie haben Angst vor allem, was zu fremd, zu ordentlich, zu steril aussieht. Sie sind dankbar für alles, was diese bedrohliche Fremde aus Zementböden, elektrischen Lampen und unheimlichen Apparaten ein wenig heimeliger macht; und was kann es Heimeligeres geben als ein wenig Spinnweben, Dreck und Hühnerkot? Außerdem sind diese kleinen Hygiene-Mängel nicht halb so bedenklich wie die Wirbelstürme aus Staub, die unsere Feger entfesseln, wenn die Oberschwester ihnen wieder einmal ein Großreinemachen befohlen hat; Staub gehört auf den Fußboden und nicht in die Luft.

Keine staatliche Zulassung also. Schade. Aber halt, das hat auch Vorteile: Wir können Kosten sparen, daß es kracht; ohne mit dem Leben unserer Patienten zu spielen, versteht sich. Viele Krankheiten können wir für weniger als ein Prozent des Geldes behandeln, das ein amerikanisches Krankenhaus benötigen würde. Wenn einige unserer amerikanischen Freunde sich dazu durchringen könnten, ihre Galle in

Amp Pipal operieren zu lassen, könnten sie von dem gesparten Geld dreimal nach Nepal und zurück fahren.

Für den in den reichen Industrieländern ausgebildeten Arzt ist »Kostensparen« zunächst einmal ein Fremdwort. Hier liegt für den Missionsarzt und die Missionskrankenschwester die größte und schwierigste Umstellung. »Für unsere Gäste nur das Beste« ist die Devise, mit der sie aufgewachsen sind, und erst nach Jahren des Kämpfens und Verlierens geben sie sie endlich auf. Fast alles, was sie zu Hause über die »richtigen« Behandlungsmethoden gelernt haben, müssen sie in vielen schmerzhaften Schritten wieder verlernen oder doch abändern.

Den meisten Nepalen sind die Behandlungskosten mindestens so wichtig wie die Behandlung selbst, vor allem wenn es um ihre Frauen und Töchter geht. Kosten und Dauer der Behandlung werden nicht so sehr vom Arzt, sondern vom Patienten bestimmt; er entscheidet darüber, wieviel Behandlung er sich leisten kann und wie lange er bleibt. Immer und immer wieder müssen der Arzt und die Schwester den Traum von der optimalen Behandlung aufgeben, um überhaupt etwas für den Patienten tun zu können.

Und diese finanziellen Zwänge gelten nicht nur für die medizinische Behandlung, sondern für den gesamten Krankenhausbetrieb. Ob es um die Sauberkeit der Zimmer geht oder um den Verbrauch von Verbandsmaterial, von Seife, ja sogar (vor allem in der trockenen Jahreszeit) von Wasser – die Grundregel ist immer wieder dieselbe: Sieh zu, daß du es billig machst. Und das nicht aus Pfennigfuchserei, sondern weil es der Situation des Patienten entspricht; und der ist arm und muß sich genauestens überlegen, ob und wann er sich den Gang zur Klinik leisten kann. Wer wird zu Hause nach den Ziegen sehen, während er fort ist, wer wird ihn auf den steilen Bergpfaden tragen, falls er nicht selbst gehen kann, wann kommt der nächste Vollmond oder der nächste hinduistische Feiertag, den man doch nicht versäumen will, und vor allem: Wie viele Tage wird es dauern, vom Krankenhaus zurück nach Hause zu laufen? Jede dieser Fragen ist wichtig für ihn und seine Verwandten – mindestens so wichtig wie die kleinen grünen Pillen, die der Doktor verschreibt.

Aber nicht nur die Patienten sind arm, sondern auch das Krankenhaus. Wo es unbedingt nötig ist, behandeln wir auch gratis – aber nur dort. Und außer bei den reichsten Patienten, die sich allerhand unnötigen Luxus leisten können, beschränken wir die Behandlung auf das, was absolut unumgänglich ist. Sicher kann man lange darüber streiten, was »Luxus« ist und was nicht. Für den Missionsarzt wird im Laufe der Zeit immer mehr zu »Luxus«. Benutze nur die billigsten Medikamente, dosiere sie so niedrig wie möglich, gebe keine Spritzen, wenn Tabletten es auch tun – es sei denn natürlich, der Patient will unbedingt eine Spritze und kann sie bezahlen.

Vor dem schwierigsten Dilemma steht der Missionsarzt bei dem Patienten, der unheilbar krank, vielleicht gar ein Todeskandidat ist. Soll er ihn behandeln oder nicht? Und wie lange soll er ihn behandeln? Zu Hause in Amerika oder Deutschland wäre es für ihn undenkbar, solche Fragen überhaupt zu stellen; selbstverständlich tut man alles, um dem Patienten zu helfen, dazu ist man schließlich Arzt. Aber hier ist er nicht in Deutschland, sondern in Nepal, und die Menschen in Nepal denken sehr praktisch. Sie überschlagen die Kosten, sie wollen wissen, ob die Behandlung sich lohnt. Wenn die Heilungsaussichten nur sehr gering sind, ist die Familie des Patienten gewöhnlich nicht an einer Behandlung interessiert. Der Arzt tut gut daran, diese Entscheidung zu respektieren, denn kaum etwas ist schlimmer, als wenn er nach langem Kampf den Patienten schließlich doch aufgeben muß und anschließend niemand weiß, wer die Rechnung bezahlen soll, denn die Verwandten des Patienten haben kein Geld und das Krankenhaus auch nicht. Da ist das nüchterne Überschlagen der Kosten meist für alle die bessere Lösung. Man darf bei all dem auch nicht vergessen, daß die Nepalen eine viel realistischere Einstellung zum Sterben haben als der durchschnittliche Wohlstandsbürger im Westen, der panische Angst vor dem Tod hat und sein Leben um jeden Preis verlängern will; hier haben wir von den Nepalen einiges zu lernen.

Um Himmels willen, werden Sie jetzt vielleicht denken, *hoffentlich komme ich nie in so ein Krankenhaus!* Nun, die allermeisten unserer Patienten, einschließlich der Schwerkranken, werden gesund, und unsere Heilerfolge brauchen den Vergleich mit den meisten europäischen Krankenhäusern nicht zu scheuen. Bei den lebensbedrohenden chirugischen Komplikationen sind wir sogar besser als die meisten amerikanischen Krankenhäuser; so gab es im Laufe von zwei Jahren bei 2500 Operationen (davon 800 schwere) nur zwei Todesfälle und zwei postoperative Wundinfektionen, davon eine bei einem Patienten mit einem riesigen Beckenabszeß, der während der fünftätigen Anreise von der tibetanischen Grenze in die Bauchhöhle durchgebrochen war.

Warum werden so viele unserer Patienten gesund? Einmal sicher wegen der enormen Infektionsresistenz der Nepalen. Sie haben ein ausgesprochen robustes Immunsystem; wer es nicht hat, hat wenig

Aussichten, auch nur das fünfte Lebensjahr zu erreichen. Aber auch das Können unserer Mitarbeiter spielt eine große Rolle; andere Krankenhäuser in Nepal sollen postoperative Infektionsraten von bis zu 20 oder 30 Prozent haben.

Unsere Bilanz ist nicht immer so gut gewesen, was vor allem daran liegt, daß unser Operationsteam (einschließlich meiner Wenigkeit) anfangs noch recht unerfahren war. Da ich in den ersten zwölf Jahren unserer Klinik meist der einzige Chirug war, muß ich mir wohl oder übel nicht nur die Erfolge, sondern auch die Pannen gutschreiben. Aber auch in den letzten Jahren haben wir unser Quantum an Fastkatastrophen zu verzeichnen gehabt, und »Ende gut« heißt bei uns noch lange nicht »alles gut«. Wo mangelhafte Ausrüstung, unerfahrene Mitarbeiter und unberechenbare Patienten unter ein und demselben lecken Wellblechdach aufeinandertreffen, da ist buchstäblich jeder Tag ein neues Abenteuer.

Allein schon die Geräte: Sie sind ein bizarrer Mischmasch aller möglichen Fabrikate, das meiste veraltet, der Rest Marke Eigenbau, und was wann den Dienst versagt, läßt sich nie so genau vorhersagen. Da ist es dem Arzt nach mehreren Anläufen endlich gelungen, die Infusionsnadel in die widerspenstige Vene zu schieben, und Krach! stürzt das genial konstruierte Gerüst für die Infusionsflasche in sich zusammen. Einem anderen Patienten ist ein Ballonkatheter in die Blase eingeführt worden, und als man ihn wieder entfernen will, will die Luft nicht mehr aus dem Ballon heraus. Bei einem dritten rutscht mitten während der Injektion die Kanüle von der Spritze, und die Medizin landet in hohem Bogen an der Wand. Oder wir schreiben einen langen Brief ins Ausland, um Ersatzteile anzufordern, nur um mehrere Monate später erfahren zu müssen, daß es keine mehr gibt, weil das Fabrikat, das wir benutzen, seit zehn Jahren nicht mehr hergestellt wird.

Aber noch viel unterhaltsamer als die Geräte und Instrumente sind die Menschen. Dafür sorgt allein schon die Sprache. In Nepali ist es kein Problem, einen Patienten zu fragen, ob er Schmerzen in seinem Regenschirm hat – die Worte für »Brust« *(chhaati)* und »Schirm« (chhaata) klingen ganz ähnlich. Und der wohlerzogene Patient wird wahrscheinlich sogar mit »Ja« antworten, denn er will ja nicht unhöflich sein. Einmal mußte ich mit etwas roten Ohren feststellen, daß ich gerade eine junge Frau, die kurz vor einer Fehlgeburt stand, gefragt hatte, ob sie schon die Banane *(keraa)* verloren habe; gemeint hatte ich natürlich das Kind *(ketaa)*. Manchmal vergesse ich auch buchstäblich, was ich sagen wollte. Mehr als einmal habe ich schon mein Stethoskop auf die Brust des Patienten gesetzt und dann nicht etwa gesagt: »Einatmen, bitte«, sondern: »Hallo, hallo«, wie am Telefon.

Daß so viele unserer Patienten unsere Anweisungen nicht befolgen, liegt oft schlicht daran, daß sie sie nicht verstanden haben. Manche Patienten, besonders die Frauen aus den entlegeneren Bergdörfern im Norden, verstehen kein Nepali, sondern nur ihren Stammesdialekt. Andere hören sich geduldig an, wann, wie oft und wie sie ihre Medizin zu nehmen haben, und wandern anschließend, die Tüte mit den Pillen in der Hand, stundenlang im Krankenhausgelände herum und fragen jeden Mitarbeiter, den sie zu fassen kriegen: »He, *baabu* (Kleiner), was soll ich mit dem Zeug hier machen?« Zäpfchen sind zum Essen da, Desinfektionsmittel werden getrunken. Eine alte Frau mit Tuberkulose vergaß meist, ihre Pillen zu schlucken, aß aber treu und brav die Tüte. Zwei andere Patientinnen zeigten Sinn für Ästhetik: Beide hatten gelbe und weiße Pillen bekommen, aber die eine mochte kein Weiß; ihre Lieblingsfarbe war Gelb. Ein kleiner Tauschhandel, und die glückliche Gelbliebhaberin hatte die ganze Tüte voll gelber Pillen, während ihre Freundin bereitwillig die weißen heimtrug.

Aber selbst wenn der Patient begriffen hat, was er mit der Medizin tun soll, ist die Schlacht noch nicht gewonnen, denn noch hat er seine Pillen nicht nach Hause getragen. Er verliert sie vielleicht im hüfthohen Wasser der nächsten Furt oder muß feststellen, daß der Monsunregen sie unterwegs in Brei verwandelt hat. Jedem Patienten das Richtige verschreiben? Wenn es nur so einfach wäre!

Ein Kapitel für sich sind die Räumlichkeiten in unserer Ambulanz. Als das Hospital gebaut wurde, dachte man an nicht mehr als höchstens fünfzig ambulante Patienten pro Tag und richtete für sie zwei Sprechzimmer ein; ein schmaler Flur mit Bänken auf beiden Seiten diente als Wartezimmer. Schon bald zeigte es sich, daß zwei Ärzte allein dem Patientenansturm nicht gewachsen waren. Wir zogen also Trennwände in die Sprechzimmer ein und machten so aus zwei Räumen vier. Bei dem Wartekorridor freilich gab es nichts zu ändern. Er hat in den letzten Jahren durchschnittlich 150 Patienten pro Tag zu verkraften gehabt (nicht gezählt die Freunde und Verwandten, die die Patienten begleiten). Die Patienten stoßen, quetschen und schieben sich durch diesen Schlauch, ängstlich darauf bedacht, einen Platz in der Nähe der Türen zu den Sprechzimmern zu ergattern, damit der Arzt sie auch ganz bestimmt nicht übersieht. Mehrere viel zu klein geratene Sprechstundenhilfen rufen, so laut sie können, die Namen der nächsten Patienten auf und bringen sie mit viel Glück und Ellenbogengeschick tatsächlich sicher ins Sprechzimmer oder den Röntgenraum oder die Apotheke und zurück.

Der Arzt oder Assistent, der aus irgendeinem Grunde aus dem Sprechzimmer heraus und in einen anderen Raum gehen will, sieht sich unvermittelt vor die Aufgabe gestellt, eine menschliche Sardinenbüchse zu durchqueren. Die Geräuschkulisse der schwatzenden, lachenden, plärrenden, rufenden, schimpfenden und protestierenden Menge ist lebhaft bis ohrenbetäubend, was indessen zwei der Sprechstundenhilfen nicht sonderlich stört, denn sie sind schwerhörig.

Manchmal, wenn es wieder einmal besonders hoch hergeht in unserer hoffnungslos überfüllten Klinik, gehen meine Gedanken mit einer Mischung aus Sehnsucht und Kopfschütteln zu den Krankenhäusern, Einkaufszentren, Rathäusern und anderen öffentlichen Gebäuden in Amerika. Welch eine Platzverschwendung leisten wir uns dort! In einem neuen großen Einkaufszentrum in unserer Heimatstadt Albany im Staat New York schlenderte ich mit meiner Familie durch einen Flur, in dem man das ganze Krankenhaus Amp Pipal spielend zehnmal nebeneinander hätte unterbringen können! Ja, Nepal ist eine andere Welt ...

Auch Zeit ist Mangelware in unserer Klinik. Alles muß schnell gehen, und das aus zwei Gründen: Erstens würden sonst die Warteschlangen noch länger werden und der Betrieb schließlich ganz zusammenbrechen, und zweitens möchten unsere Patienten nicht nur untersucht werden, sondern auch möglichst vor Einbruch der Dunkelheit wieder zu Hause sein. Wer sich in unseren Bergen das Ziel setzt, pro Tag zwanzig Patienten *gründlich* zu untersuchen, muß am Abend feststellen, daß er vierzig *überhaupt nicht* untersuchen konnte, weil sie inzwischen ungeduldig geworden und unverrichteter Dinge wieder gegangen sind. Es ist immer wieder dieselbe unbequeme Frage: Wie können wir am besten haushalten mit dem Wenigen, was wir haben?

Unsere Bemühungen, in den Sprechstunden unnötige Pausen zu vermeiden, sind nur zum Teil von Erfolg gekrönt. Die nepalische Kleidung zum Beispiel ist mit ihren zahlreichen winzigen Schlaufen und Schnüren, Laschen und Knöpfen kaum zum raschen An- und Abstreifen geeignet. Keine Frau, die etwas auf sich hält, kommt in ihrer gewöhnlichen Alltagskleidung zu uns. Der beste Ausgehstaat muß es sein für den Herrn Doktor, und die Krönung der verschiedenen Hüllen ist unweigerlich das fünf Meter lange *Patuka*-Tuch, das sorgfältig mehrfach um die Taille gewickelt wird. Es muß eine nicht geringe

Enttäuschung sein, wenn der Herr Doktor all diese Mühe kaum eines Blickes würdigt und statt dessen sagt: »Machen Sie sich bitte frei.« Die Patientin ist natürlich verlegen und hat keine Lust, sich auszuziehen. Sie fragt, fragt noch einmal, tut so, als habe sie den Doktor nicht ganz richtig verstanden, vielleicht hat er ein Einsehen und wird vernünftig, denn *das* ist ja doch wohl zu viel verlangt ... Endlich beginnt sie mit dem Ausziehen. Langsam schält sie sich aus ihren Kleidern heraus, jedes Stück wird sorgfältig gefaltet und abgelegt, ein bedächtiges Drehmanöver wickelt Elle um Elle der *Patuka* auf. Und die ganze Zeit läuft der Doktor nervös auf und ab, wie der berühmte Tiger im Käfig, und hört den Lärm der wartenden Menge draußen im Flur.

»Wann bin ich endlich dran? Ich warte schon seit drei Stunden!«

»Ich auch! Ich kann nicht den ganzen Tag warten. Meine Freunde haben schon ihre Medizin bekommen und wollen gehen!«

»Meine Röntgenaufnahme ist fertig! Wann sieht der Doktor sie an und sagt mir, was ich habe?«

»Jetzt war ich eigentlich dran! Das Fräulein hat die Karten verwechselt!«

»Nein, ich bin dran, der will sich bloß vordrängeln!«

»Wo soll ich diese Stuhlprobe hinbringen?«

»Nicht hierhin, nicht hierhin! Ins Labor!«

»Wo ist das Labor?«

»Am anderen Ende vom Flur!«

Endlich haben wir die Patientin fertig untersucht. Genauso langsam und zögernd wie sie sich ausgezogen hat, zieht sie sich wieder an, jeder Knopf, jede Schlaufe ist wichtig. Die Assistentin geleitet sie zur Tür hinaus, holt die nächste Patientin hinein, und das Spiel beginnt von neuem.

Das Problem liegt natürlich nicht nur beim An- und Ausziehen. So können manche der jüngeren Frauen einfach nicht stilliegen; sie zappeln und winden sich, daß ich manchmal meine, einen Aal auf dem Untersuchungstisch zu haben.

Ein besonders delikates Problem ist der Stuhlgangreflex mancher der ganz kleinen Patienten. Kaum sehen sie den Doktor, »müssen« sie, und zwar sofort. Mutter und Kind kommen ins Sprechzimmer, und bevor ich bis drei zählen kann, hat der kleine Ram oder Hari bereits seine Stuhlprobe abgegeben, direkt auf den sauberen Zementfußboden oder den Untersuchungstisch oder meinen Doktorsessel. Und warum auch nicht? Das nepalische Landkind kennt keine Toiletten und erledigt sein Geschäft überall, wo es ihm beliebt. Kann denn Stuhlgang Sünde sein?

Der Doktor sieht das natürlich anders. Auch seine Sprechstundenhilfen, die durchaus keine Lust haben, hinter kleinen Kindern herzuwischen. Also wird eine Putzfrau gerufen, gewöhnlich die langsame, mürrische alte Laxmi. Aber bevor man sie rufen kann, muß man sie erst einmal finden, was ohne weiteres fünf oder zehn Minuten dauern kann, weil sie wieder einmal am anderen Ende des Krankenhauses ist und ihre Zigarettenpause macht. Inzwischen stehen im Sprechzimmer natürlich alle Räder still.

Die Mutter des Kindes weiß mein Gesicht wohl zu deuten und beeilt sich, das traditionelle Schmutz-, Kinderpopo- und Aufwischtuch hervorzukramen, das sie als Mutter eines Kleinkindes bei sich trägt, und die anrüchige Masse möglichst gleichmäßig über den Fußboden zu verteilen. Im Laufe der Jahre habe ich eine innere Alarmglocke für diese Entsorgungszwischenfälle entwickelt (vielleicht ist es jenes »Na warte nur«-Lächeln im Gesicht des Kindes); sie funktioniert immerhin in mindestens der Hälfte der Fälle und gibt mir genügend Zeit, den kleinen Patienten listig genau über das besagte Tuch zu halten.

Einmal brachte ein Mann vom Gurung-Stamm seinen kleinen Sohn zu uns in die Sprechstunde, der seit Wochen die Ruhr hatte. Der Vater war ein einfacher Mann, der noch nie ein Krankenhaus von innen gesehen hatte. Er hatte sein Kind selber gebracht, weil die Mutter krank war und nicht reisen konnte.

Leider hatte er vergessen, das Schmutztuch mitzubringen. Als ich das Kind untersuchte, sagte mir auf einmal mein siebter Sinn, daß eine größere Entleerung kurz bevorstand. Aufgeregt gestikulierte ich dem Vater zu. Der stutzte einen Augenblick, dann hatte er mich verstanden, nahm sein *Topi* (Mütze) ab, hielt es dem Kind unter den Hintern, bis es voll war, trug es vorsichtig aus dem Sprechzimmer hinaus und durch den überfüllten Flur und leerte es in dem Blumenbeet vor dem Operationsraum aus. Eine Minute später war er wieder im Sprechzimmer, das *Topi* auf dem Kopf; gewaschen hatte er es nicht, es war außen trocken. Er warf mir einen beruhigenden Blick zu, nahm das Kind, das zu schreien begonnen hatte, auf den Arm, ließ sich das Rezept geben und verabschiedete sich, ohne auch nur mit der Wimper zu zucken.

Man sollte meinen, daß ich bald abgehärtet war und mir dergleichen Vorkommnisse nichts mehr ausmachten, aber das Gegenteil ist der Fall. An einem besonders hektischen Tag vor ein paar Jahren hatte ich gerade meinen Kopf durch die Tür des Sprechzimmers gesteckt, um eine schwerhörige Assistentin zu rufen, als ich mitten in dem Gewühl der wartenden Patienten ein kleines Mädchen entdeckte, das genau in der Mitte des Flurs über einem tellergroßen Bananenblattstück kauerte und sein Geschäft erledigte. Meine Diagnose stand sofort: Amöbenruhr. Alarmstufe drei für die öffentliche Hygiene! Was tun, damit nicht in den nächsten zwei Minuten hundert barfüßige Menschen auf dieses Bananenblatt traten?

Die Lage war ernst. Die Toilette war fünfzehn Meter entfernt, am anderen Ende des überfüllten Korridors. Niemand außer mir hatte das Mädchen bemerkt, noch nicht einmal sein Vater, der wie Hans-guck-in-die Luft dasaß und nichts Böses ahnte. Ich wurde aufgeregt. Ich winkte den Sprechstundenhilfen heftig zu, aber sie verstanden nicht, was ich wollte. Die Leute im Flur schoben sich natürlich alle näher zu mir, um zu sehen, warum der Doktor so aufgeregt war und worauf er immer wieder zeigte. Ich winkte sie fort, aber ohne Erfolg. Das kleine Mädchen wurde fast zerdrückt in dem Auflauf. Endlich sah Sita, unsere klügste Assistentin, worum es ging, setzte mit einiger Mühe ihre strengste Miene auf, schob die Menge zurück und bahnte eine Gasse zur Toilette. Worauf endlich alle das kleine Mädchen bemerkten und halb erleichtert, halb verständnislos zu tuscheln begannen: »Dafür die ganze Aufregung? Das ist doch nichts Besonderes, kleine Mädchen sind nun einmal so, vor allem wenn sie *ragat-maasi* [blutigen Durchfall] haben.«

Der Vater des Mädchens zeigte sich der Situation voll gewachsen. Mit zwei Fingern hob er das Bananenblatt hoch und trabte mutig zur Toilette, wobei er zwei Drittel seiner kostbaren Fracht verlor. Das Mädchen trippelte hinterher, setzte sich vor die Toilettentür und beendete sein Geschäft. Wo war Laxmi, unsere Putzfrau??? Zwölf Stuhlfußtapfen. Jetzt waren es vierundzwanzig. Jetzt achtundvierzig ... sechsundneunzig. Die Gasse im Flur hatte sich wieder geschlossen. Etwas später hörte ich, wie Sita einer ihrer Kolleginnen sagte: »Heute war der Doktor ja auf Hundertachtzig, meinst du nicht auch?« Ein böses Gerücht, das ich hiermit energisch dementiere.

Ich weiß, ich weiß, ein Missionar darf nicht pingelig sein und schon gar nicht ungeduldig. Aber für Gott bin selbst ich kein hoffnungsloser Fall. Es macht ihm nichts aus, wenn er eine Lektion das hunderste Mal wiederholen muß. Die hundertunderste Wiederholung kam ganze drei Tage nach dem Erlebnis im Flur.

Gewöhnlich sind gleichzeitig drei Patienten in meinem Sprechzimmer; den ersten untersuche ich, der zweite zieht sich gerade aus oder wieder an und der dritte wartet bei meinem Aktenschrank hinter der Tür. An jenem dritten Tag lag ein Patient mit recht ungewöhnlichen Symptomen auf meinem Untersuchungstisch, und die Untersuchung dauerte länger als sonst. Auf einmal fiel mir ein, daß ich ja einen Zeitschriftenartikel über diese Krankheit hatte, und ich ging zum Schrank, um ihn zu holen. Als ich gerade die Tür öffnen wollte, stieß Sita erschreckt aus: »Doktor, treten Sie nicht ...« Aber es war zu spät. Der wartende dritte Patient, ein Mädchen, das ich überhaupt nicht bemerkt hatte, hatte den Fußboden vor dem Schrank als Toilette benutzt. Sita hatte es gesehen und sofort still und diplomatisch Kind und Mutter auf den Flur geführt und Laxmi rufen lassen. Ihr Plan hatte beste Aussichten gehabt, zu glücken, denn immerhin hatte ich seit Monaten nichts mehr aus diesem Schrank geholt. Ein Kothaufen an dieser wenig benutzten Stelle des Zimmers war an und für sich kein Problem – aber jetzt war ich mitten hineingetreten. Ich zog den Fuß sofort zurück, aber die Hälfte der klebrigen Masse blieb an ihm hängen. Ich war gefangen, und es gab nur eines: abwarten, bis Laxmi kam und mich befreite. Und so stand ich da, wie ein verkleideter Storch auf einem Bein balancierend, in grotesker Quarantäne einen Schritt von meinem Schrank und drei von meinem Schreibtisch.

Die Minuten schlichen dahin, und keine Laxmi war zu sehen. Ich schickte meine Assistentinnen in alle vier Himmelsrichtungen, um sie zu suchen, und als sie ohne sie wiederkamen, schickte ich sie noch einmal. Es war mir ein Rätsel, warum sie Laxmi nicht fanden. (Die Lösung: Sie saßen alle im Labor und bogen sich vor Lachen.) Nach genau zwölf Minuten war Laxmi endlich da – ein neuer Rekord. Sie warf erst Sita, dann meinem Fuß einen verächtlichen Blick zu, reinigte sehr langsam den Fußboden und meinen Schuh mit ihrer Desinfektionslösung und stolzierte hoch erhobenen Hauptes wieder hinaus, gerade so, als wolle sie sagen: »Was werden die sich als nächstes einfallen lassen?« Zum Glück brauchten wir sie an diesem Tag nicht mehr zu bemühen.

Wesentlich öfter als in Exkremente trete ich ins Fettnäpfchen. Einige unserer Patienten kommen zu uns, weil sie einen »Wasserwurm« in die Nase bekommen haben. Diese Würmer gibt es wirklich; sie leben in Quellen und fließenden Gewässern und kriechen den Menschen – vor allem Kindern – beim Trinken in die Nase hoch, wo sie sich wohnlich einrichten und vom Blut in den hinteren Nasenschleimhäuten ernähren. Wenn man sie nicht stört, wachsen und wachsen sie, bis sie schließlich den ganzen Nasen-Rachen-Raum ausfüllen. Je größer der Wurm, um so leichter kann man ihn entfernen. Die kleineren, nur zwei oder drei Zentimeter langen sind beweglicher und machen sich einen Sport daraus, der suchenden Pinzette des Arztes zu entwischen, indem sie sich noch tiefer verkriechen.

Eines Tages kam ein nepalischer Christ aus Barpak, einem großen Dorf zwei Tagereisen nördlich von Amp Pipal, mit einem solchen Wasserwurm in der Nase zu uns. Er sagte, Gott habe ihm den Wurm geschickt, um ihn dazu zu bringen, nach Amp Pipal zu gehen und die Konferenz zu besuchen, die unsere Gemeinde gerade abhielt. Jetzt sei er also da, der Wurm habe seine Schuldigkeit getan, und ich möge ihn doch bitte von dem Quälgeist befreien.

Das wollte ich gerne tun. Aber der Wurm war von der listigen Sorte. Jedesmal wenn ich ihn mit der Pinzette packen wollte, schlüpfte er blitzschnell fort. Nach einer halben Stunde dieses Katz-und-Maus-Spiels kam mir eine Idee. Ich schob meine Hand durch den Mund des Patienten in seinen Rachen, wackelte dort mit den Fingern hin und her, um den Wurm zu erschrecken und wieder nach vorn zu treiben, und führte mit der anderen Hand die Pinzette in ein Nasenloch ein. Das Otoskop, durch das ich sonst immer (durch das andere Nasenloch) den Eingriff beobachtete, konnte ich jetzt nicht benutzen, weil meine »Otoskophand« ja im Rachen des Patienten steckte. Ich mußte den Wurm »blind« packen, und siehe da, es klappte. Schon beim dritten Versuch hatte ich den fünf Zentimeter langen, wild zappelnden Wurm in meiner Pinzette. Ich hatte eine neue Technik zur Entfernung von Wasserwürmern erfunden! Mein Patient dankte Gott und ging zu der Konferenz.

Als einen Monat danach ein siebenjähriger Junge mit einem Wasserwurm zu mir kam, war ich ganz stolz, meine neue Methode ein zweites Mal ausprobieren zu können. Der Knabe hieß Raja (»König«) und hatte schon seit einem Monat immer wieder Nasenbluten (eines der Symptome), fühlte sich aber offenbar nicht weiter krank. Gebracht hatten ihn seine Mutter, eine nervöse Frau von der Art, die alles besser weiß als der Arzt, und ein steif und pompös daherschreitender Herr, der Großvater mütterlicherseits meines Patienten. Es sah nicht so aus, als ob von ihnen viel Hilfe zu erwarten war, und so machte ich mich ohne Verzug daran, direkt mit dem Jugen zu reden und ihn seelisch vorzubereiten. Raja hörte brav und wohlerzogen zu, als ich ihm in beruhigenden Tönen beschrieb, wie ich den bösen Wurm zu fassen gedachte. »Es wird auch ganz bestimmt nicht weh tun, es wird nur hinten im Mund ein bißchen kitzeln, und dann haben wir den Burschen, und du kannst wieder nach Hause und spielen...« Bekanntlich ist nichts so wichtig wie das Vertrauen des Patienten, und töricht ist der Arzt, der sich nicht die Zeit nimmt, es zu erwerben.

Wir waren bereit. Sita hielt den Kopf des Kindes. Aruni Gurung, eine andere Assistentin, hielt die Taschenlampe. Die Mutter hielt ängstlich die Beine des Jungen fest und murmelte verschreckt: »Raja, Raja«; wahrscheinlich dachte sie, ich wolle ihm die Nase abschneiden, wie der erste nepalische König, der mit Vorliebe die Nasen seiner Feinde abschnitt. Behutsam und mit einem beruhigenden »Schön, gut, jawohl, so ist es gut« schob ich meinen längsten Finger in Rajas offenen Mund, bis hinauf in den Nasen-Rachen-Raum. Raja lag ganz still und gab keinen Mucks von sich. Aruni Gurung hielt die Taschenlampe über die Nase. Ich nahm die lange Pinzette in meine freie Hand und führte sie langsam und unter weiteren Beruhigungsworten in das Nasenloch ein. Eine Sekunde noch, und der böse Wurm würde direkt in die Zähne der lauernden Pinzette flüchten. Ich begann meinen Finger in Rajas Rachen zu bewegen.

Was dann passierte, kann unmöglich an meiner Wurmentfernungsmethode liegen; ich bin überzeugt, daß sie unfehlbar ist. Aber was in diesem Augenblick zuschnappte, war nicht meine Pinzette, sondern Rajas Zähne. Sie fühlten sich kerngesund an. Mein Finger weniger. Es wäre schön gewesen, wenn Raja seinen Mund sofort wieder geöffnet hätte. Oder wenn er sein Unternehmen wenigsten vorher angekündigt hätte; ich mußte das mit dem Vertrauen wohl mißverstanden haben.

Ich war sprachlos. Raja auch. Eine volle Minute lang standen beziehungsweise lagen wir völlig reg- und lautlos da. Niemand im Raum hatte mitbekommen, was passiert war. Selbst als ich zu brüllen begann: »Mach den Mund auf! Den Mund auf!«, dachten die anderen sich nichts Böses dabei. Ich wurde energisch, nannten den Jungen einen *Badmash* (Schurken) und gab ihm eine Ohrfeige, was den Druck seines Kiefers noch verstärkte. Mutter und Großvater reagierten auf diese plötzlichen Tätlichkeiten des ausländischen Doktors mit vorwurfsvollen Blicken, die sich auch dann nicht aufhellten, als ich mit schmerzverzerrtem Gesicht den Grund für mein Geschrei erklärte.

Die unerschütterliche Sita hatte auch jetzt ein versöhnliches Lächeln bereit und reichte mir einen Zungenlöffel, mit dem ich Rajas Zähne auseinanderschob, worauf ich den blutigen Finger endlich ins Freie ziehen konnte. Der Wurm war vergessen. Der Großvater verkündete, daß sie jetzt leider gehen müßten, sie würden den Wurm schon irgendwie herausbekommen, sie seien ja nur deshalb den langen Weg zu uns gekommen, weil man ihnen gesagt hatte, daß das Missionshospital besser sei als ihr eigenes Krankenhaus. Er war zu höflich und steif, um die Enttäuschung, die auf seinem Gesicht geschrieben stand, deutlicher in Worte zu fassen. Erst als ich ihm meinen Finger vor die Nase hielt und ihm versicherte, daß das Blut daran meines war, entspannte sich sein Gesicht etwas, und er hob eine Augenbraue, wie um zu sagen: »Na, was haben Sie denn anderes erwartet? Man steckt ja auch einem kleinen Jungen nicht so mir nichts, dir nichts den Finger in den Mund!«

Die Mutter nahm ihren kleinen König in die Arme und segelte ohne ein Wort aus dem Sprechzimmer hinaus. Der Großvater folgte in würdevollem Abstand. Als er zur Tür hinausging, flüsterte Sita mir zu: »Nicht wahr, Herr Doktor, Sie wissen doch, daß das der zweithöchste Regierungsbeamte im Distrikt ist?«

Inzwischen sagt sie mir solche Dinge schon vorher.

Im Operationssaal

Verlassen wir die Ambulanz und begeben wir uns in die Paradeabteilung des Missionshospitals Amp Pipal, den Operationssaal oder, bescheidener ausgedrückt, Operationsraum. Ich kann schon hören, wie der verschreckte Leser ausruft: »Um Himmels willen, was kommt jetzt?«

Eigentlich nichts Besonderes, außer natürlich, daß – bis auf den Vorgang der Operation selbst – so ziemlich alles ein wenig anders ist als in den Städtischen Krankenanstalten von Dingsda oder in der Schwarzwaldklinik. Welcher deutsche Chirurg hat es schon erlebt, daß er eine Blasenspiegelung durchführt und auf einmal Teeblätter durch die Blase des Patienten wirbeln? (Klar: Nur in Amp Pipal kocht man die Lösung zum Durchspülen der Blase und den Tee für die O.P.-Mitarbeiter im gleichen Kessel.) Oder daß mitten in einer komplizierten Unterleibsoperation der Operationsraum sich mit Ruß zu füllen beginnt (von dem schadhaften Petroleumofen, in dem wir unsere Instrumente sterilisieren)? Oder daß zwei Schwalben in den Operationsraum herein-, aber nicht wieder hinausfliegen? Oder daß Staub durch die Fenster und die Decke gerieselt kommt, weil draußen ein Staubsturm tobt?

Den Vogel schoß das Hagelunwetter ab, das eine Stunde lang eine Gebärmutteroperation begleitete. Die hühnereigroßen Hagelkörner lockerten nicht nur unsere Trommelfelle, sondern auch die Nägel am Wellblechdach, worauf die Nagellöcher die Funktion einer Gießkanne übernahmen. Zuerst tropfte es auf den Instrumententisch; wir schoben ihn in eine andere Ecke. Dann begann es auf die Patientin zu tropfen, dann auf mich, und wir verschoben den Operationstisch. Einmal. Zweimal. Dreimal. Dann gaben wir es auf, denn inzwischen regnete es im ganzen Operationsraum: auf die Patientin, den Arzt, die Instrumente, die Operationswunde. Draußen wäre es zwar nicht trockener gewesen, aber ruhiger. Kaum hatten wir die Operation beendet, hörte das Unwetter auf. Die Patientin zuckte die ganze Zeit nicht mit der Wimper.

Die meisten unserer Probleme sollte man eher »Abwechslungen« nennen. Zum Beispiel tote Ratten im Ausguß. Oder Schlauchwürmer im Magenschlauch. Oder ein Loch im Abfall- oder Toiletteneimer. Manche Probleme treten mit Vorliebe zu bestimmten Jahreszeiten auf. In der Trockenzeit geht uns gerne das Wasser aus (natürlich nur an den ganz turbulenten Tagen). In der Regenzeit vermehren sich die Maden in den Wunden unserer Patienten wie verrückt. Übrigens sind diese Maden harmlos, ja sogar nützlich; sie ernähren sich nämlich vom Eiter der Wunden und halten diese damit sauber. Leider wissen unsere Patienten das nicht. Sie verbinden Würmer mit Verwesung und nicht mit Gesundwerden und bekommen es mit der Angst zu tun, wenn sie die kleinen Saubermänner über ihre Haut kriechen sehen. Wir kommen ihnen entgegen, indem wir in der Madensaison ihre Verbände alle drei oder vier Tage wechseln, und nicht alle fünf oder sechs wie sonst; schließlich sollen unsere Patienten sich wohlfühlen.

Es gibt auch Probleme, die selbst nach unseren Maßstäben ernst sind, und zu den ernstesten gehören Fehler und Pannen in unserer Krankenhausapotheke. Sie besteht aus drei jungen Männern, von denen nur einer eine einschlägige Ausbildung als Pharmazietechniker genossen hat. Vor einigen Jahren kündigte einer der drei, und wir stellten als seinen Nachfolger einen netten jungen Mann namens Lal Bahadur ein, der frühzeitig von der Oberschule abgegangen war. Lal war kein Genie, aber fleißig und arbeitsam und ohne Starallüren. Wir betrauten ihn mit der Anfertigung der Infusionslösungen – eine sehr verantwortungsvolle Aufgabe. Ein paar Monate lang wurde er von dem Pharmazietechniker angeleitet, dann erledigte er seine Arbeit selbständig.

Eines Tages rief mich die Stationsschwester, um dringend nach einem jungen Mann zu sehen, dem ich am Vortage einen großen Nierenstein entfernt hatte. Jetzt hatte er ganz plötzlich einen Kreislaufschock bekommen. Ich stand vor einem Rätsel – bis ich zufällig nach oben schaute, wo die Flasche mit der Infusionslösung über dem Bett hing. Der Inhalt der Flasche sah merkwürdig milchig aus. Wir überprüften rasch mehrere andere Flaschen, mit dem gleichen Ergebnis. Es zeigte sich, daß Lal Bahadur vergessen hatte, die Flaschen nach der Reinigung mit der Desinfektionslösung auszuspülen. Er hatte die Infusionslösung in Flaschen mit Seifenrückständen abgefüllt! Der Patient trug keine bleibenden Schäden davon, aber wenn die Schwester nicht so aufmerksam gewesen wäre, wäre er in zehn Minuten tot gewesen.

Ein anderes Mal klebte Lal Bahadur auf eine Flasche mit Atropin-Augentropfen, die er abgefüllt hatte, das Etikett »Destilliertes Wasser«: Das vermeintliche destillierte Wasser wurde dann als Verdünnungsmittel für die Penizillin-Injektionen dieses Tages benutzt. Das Ergebnis waren sechs Fälle von Atropin-Vergiftung; einer der Patienten, der gerade operiert worden war, starb. Lal meinte einfach: »Da muß ich wohl die Etiketten verwechselt haben.«

Einige Zeit nach diesem Vorfall waren wir gerade dabei, bei einem Patienten die Narkose einzuleiten, als eine der Schwestern einen Fremdkörper in der Infusionsflasche entdeckte. Es war eine Ameise, die gerade winzig genug war, um durch die Infusionsnadel in das Blut des Patienten zu gelangen. Die Ameise war tot und ohne Zweifel steril, aber das war keine Entschuldigung. Ich zitierte alle drei Pharmazieassistenten in den Operationsraum, nahm die Flasche in die Hand, schüttelte sie leicht und hielt sie ihnen vor die Augen.

»Was stimmt mit dieser Infusionsflasche nicht?« fragte ich streng.

Sie schauten sie angestrengt an. Nein, sie sahen nichts.

»Seht ihr nicht, daß da was drin ist?« fragte ich und sah Lal Bahadur scharf an. War er vielleicht blind?

Sie kniffen die Augen zusammen, ließen sich die Flasche in die Hand geben, schielten sie von allen Seiten an. Drei oder vier Minuten ging das so. Der Patient auf dem Operationstisch schlief bereits. Meine Geduld war zu Ende. Ich nahm die Flasche wieder und drehte sie ein letztes Mal.

Jetzt wurde Lal Bahadur lebendig. »Da schwimmt ja eine Ameise drin!« Mit weit aufgerissenen Augen starrte er auf das langsam kreisende Insekt. »Ja, wie ist die denn da reingekommen?«

»Das möchte ich dich fragen«, sagte ich.

Der glücklose Infusionsspezialist begann zu zittern. Mit wackliger Stimme stieß er hervor: »Ja, aber was soll ich denn machen? Hier sind überall Ameisen!«

Ja, was sollte er machen? In unserem Krankenhaus lauern in jeder Ecke ein Dutzend mögliche Pannen und Katastrophen. Und wenn wir uns vor Augen führen, wieviele dieser möglichen Katastrophen *nicht* passieren, dann können wir nur staunen über die unsichtbare Hand, die schon so oft Unheil von uns abgewendet hat. Wenn jemand unter meinen Lesern sich schwer tut, an unsichtbare Hände zu glauben, dann soll er einmal zu uns kommen und ein paar Wochen im Krankenhaus Amp Pipal arbeiten; er wird bald merken, daß Gott hier nicht nur viel Unheil verhütet, sondern auch viel Schaden heilt und geradebiegt.

Unser Infusionsspezialist machte nach der Ameise keine größeren

Fehler mehr. Ich glaube, mir selbst wären mehr Pannen passiert als ihm. Wir können uns auf unsere Apotheker verlassen. Ich bezweifle, ob ein voll ausgebildeter Pharmazeut seine Arbeit besser versehen könnte als unser Pharmazietechniker. Und ein ähnliches Lob verdienen eigentlich alle unsere nepalischen Mitarbeiter, die oft nicht einmal acht Jahre zur Schule gegangen sind oder gar frisch von den Feldern zu uns kommen. Ich würde mich jederzeit mit vollem Vertrauen in ihre Hände begeben und habe das auch schon einige Male tun müssen. Gelegentliche Ausrutscher – ja. Hier und da ein Mitarbeiter, der pflichtvergessen oder unehrlich ist – ja, und solche Mitarbeiter sieben wir dann auch aus. Aber im ganzen kann ich die Arbeit und Motivation dieser jungen nepalischen Männer und Frauen nur wärmstens loben. Ich kann mir keine besseren Mitarbeiter wünschen.

Viele unserer kritischsten Augenblicke haben wir bei der Narkose erlebt. In den ersten acht Jahren unseres Krankenhauses hatten wir keinen Anästhesisten (Fachmann für Narkose). Die meisten der Rückenmarksnarkosen (Spinalanästhesie) erledigte ich selbst; wir benutzten sie für alles, was unter dem Zwerchfell lag, ausgenommen Kaiserschnitte, die wir mit örtlicher Betäubung ausführten. Für Schilddrüsenoperationen führte ich bei den Patienten eine sogenannte Plexusanästhesie (Blockade von Nervengeflechten) am Hals durch, für Handoperationen dasselbe in der Achselhöhle. Äther vermieden wir, wo immer es ging, denn wir hatten lange niemand, der sich damit auskannte. Selbst die Rückenmarksnarkosen waren nicht ohne Probleme. Vor ein paar Jahren passierte es bei drei Operationen hintereinander, daß die Narkose mitten in der Operation nachließ und die Patienten sich vor Schmerzen krümmten, bis wir sie wieder betäubt hatten. Einer der drei Unglücklichen war ausgerechnet die Frau unseres nepalischen Einkäufers, eines der wichtigsten Krankenhausangestellten. Eine schöne Werbung für das Missionshospital! Und schuld war wieder der arme Lal Bahadur (er war damals gerade erst eingearbeitet), der die zehnprozentige Traubenzuckerlösung, die wir der Rückenmarksnarkose beimischten, herzustellen hatte. Was immer er zusammengebraut hatte, es war kein zehnprozentiger Traubenzucker; die Flüssigkeit schmeckte sauer, nicht süß.

Es gibt natürlich Fälle, für die die Rückenmarksnarkose nicht besonders geeignet ist. Ich werde nie den 70 Jahre alten Mann vergessen, der mit Darmverschluß zu uns gebracht wurde. Er hatte seit zehn Tagen keinen Stuhlgang mehr gehabt, und sein Zustand war kritisch. Unsere beiden jungen Mechaniker fragten, ob sie bei der Operation zuschauen dürften (Operationen waren damals etwas Neues), und ich hatte keine Einwände. Ich gab dem Patienten die Rückenmarksnarkose, was auch glatt ging, hatte aber niemanden, der ihn während der Operation beobachten konnte. Bis auf meinen O.P.-Assistenten waren alle Mitarbeiter schon zum Wochenende nach Hause gegangen, und die junge Stationshilfsschwester, die am Kopf des Operationstisches stand, um den Mann zu beruhigen und bei Bedarf neue Infusionsflaschen an den Schlauch anzuschließen, konnte noch nicht einmal den Blutdruck messen. Die Narkose wirkte unterhalb des Bauchnabels gut, aber jedesmal, wenn ich meine Hand in den oberen Teil der Bauchhöhle führte, wollte der Patient vom Operationstisch klettern. Die beiden halbwüchsigen Mechaniker mußten ihn mit vier Armen festhalten, während die Schwester beruhigend auf ihn einredete. Es sah schlimm aus in seiner Bauchhöhle, und ich brauchte einige Zeit, bis ich die brandigen Stücke aus den Gedärmen entfernt und die Enden wieder zusammengenäht hatte. Dann hörte der alte Mann auf einmal auf, sich zu wehren, und die beiden Mechaniker, die nicht nur wegen ihrer Jugend grün hinter den Ohren waren, atmeten erleichtert auf. Der Patient nicht; er war tot, sein Kreislauf war unter der Narkose zusammengebrochen.

Jeder Unglücksfall in unserem Operationsraum ist mir so frisch in Erinnerung, als sei er gestern geschehen. Einer der schlimmsten passierte bei einem jungen Mann, der spät an einem Freitagabend, also wieder kurz vor unserem freien Tag, zu uns gebracht wurde. Er war von einem Felsen gestürzt und hatte sich das Kreuz gebrochen und offenbar auch Risse an Leber und Darm davongetragen. Er brauchte sofort eine Notoperation, und wegen seines Rückens konnten wir ihm keine Rückenmarksnarkose geben; er brauchte Äther.

Aber die einzige im Krankenhaus, die damals Äthernarkosen durchführen konnte, war Dr. Helen Huston, und die war ins Tal gegangen, um über das Wochenende eine Freundin zu besuchen. Was sollte ich machen? Ich versuchte doch eine Rückenmarksnarkose. Ich habe es nur zweimal erlebt, daß mir die Verabreichung einer Rückenmarksnarkose nicht gelang, und dies war eine von ihnen. Von Mitternacht bis drei Uhr morgens versuchte ich, das Narkosemittel in die verletzte Wirbelsäule des Patienten zu bekommen, dann gab ich es auf. Bei Sonnenaufgang schickte ich einen Verwandten des jungen Mannes mit einem Brief an Dr. Helen ins Tal, in welchem ich sie bat, so schnell wie möglich zurück ins Krankenhaus zu kommen.

Um zwölf Uhr mittags war Helen da, völlig erschöpft, und um ein Uhr begannen wir die Operation. Obwohl Helen nur zwei- oder dreimal pro Jahr Äther gab, ging die Narkose glatt von der Hand. Ich öffnete die Bauchhöhle und sah, daß der Dünndarm an zwei Stellen gerissen war, daß aber der Rest der Bauchhöhle intakt geblieben und überraschend sauber war. Ich hatte die Risse bald vernäht und begann die Bauchdecke wieder zu schließen. Die Verletzung war einfacher gewesen, als ich gedacht hatte. Der Junge würde es schaffen; sein Rücken würde von selbst verheilen.

Ich weiß noch, daß ich fast fröhlich war, als ich die Bauchmuskulatur wieder zusammennähte. Dies war einer der Tage, wo ich richtig glücklich war, ein Chirurg sein zu dürfen. Aus meinem Augenwinkel sah ich, wie Helen mit der Manschette des Blutdruckgerätes hantierte. Sicher war auch sie erleichtert. Sie war es nicht. »Komisch«, murmelte sie, halb zu sich selbst, »der Blutdruck fällt.«

Ein Blutdruckabfall? Das war eigentlich unmöglich, die Operation war ja fast abgeschlossen, ich nähte gerade die Haut zusammen, und den Äther hatten wir schon vor fünf Minuten abgedreht.

»Ist vielleicht die Manschette vom Blutdruckmesser lose?« fragte ich.

Nein, sie war nicht lose. Wir holten rasch ein anderes Blutdruckgerät, aber es zeigte das gleiche an: Der Blutdruck fiel und fiel. Dann zeigte es nichts mehr an. Entsetzt mußten wir mitansehen, wie der junge Mann ein dutzendmal nach Luft röchelte und starb. Versteinert beendete ich die letzten Nähte und und zog die Operationstücher zur Seite. Und dann sahen wir, woran der Patient gestorben war: Der Luftröhrenschlauch, durch den er geatmet hatte, war dort, wo er den Mund verließ, so abgeknickt, daß fast keine Luft hindurchkonnte. Der junge Mann war langsam erstickt.

Als ich nach draußen zu seinen Verwandten ging und ihnen erzählte, was geschehen war, nahmen sie es gelassen auf. Sie hatten sowieso nicht erwartet, daß jemand, dessen Eingeweide zerrissen waren, überleben würde. Helen schloß sich in ihr Büro ein und weinte.

Die nepalische Einstellung zum Tod stellt uns in unserer Arbeit immer wieder vor große Probleme. Sie ist so ganz anders als die europäische, und das bereits dort, wo es um den »Tod« eines einzelnen Körperteils geht, wie zum Beispiel einer herausoperierten Gallenblase oder eines amputierten Beines. Meine nepalischen Mitarbeiter verstehen einfach nicht, daß ich etwas, was ich operativ entfernt habe, anschließend noch untersuchen will – denn es ist doch tot, wozu also die Umstände? Wohl ein dutzendmal habe ich in einem Abfalleimer oder

Abfallhaufen herumgewühlt, weil meine Assistenten etwas zu voreilig weggeworfen haben. Einmal fischte ich eine schon angebrannte Gebärmutter aus dem Verbrennungsofen, die ich unbedingt im Labor in Kathmandu untersucht haben wollte. Das Labor schickte folgenden Bericht: »Ungewöhnliche Zellen-Anomalien.«

Für unsere nepalischen Angestellten, die ja Hindus sind, ist das Berühren von Leichen oder auch von toten Körperteilen etwas Unschickliches und Unreines. Gewöhnlich bleibt die Beseitigung der sterblichen Überreste bei den Verwandten des Patienten hängen, und die haben oft ihre eigenen Vorstellungen davon, wie man so etwas macht. Ein Verwandter eines frisch Beinamputierten nahm das Bein mit und deponierte es an einem der drei Hauptpfade zum Hospital, und zwar ausgerechnet dort, wo die Quelle liegt, die den Menschen in meilenweitem Umkreis als Hauptwasserstelle dient. Einen besseren Wegweiser zum Krankenhaus konnte man sich wahrlich nicht denken ... Ich erfuhr von der Sache erst nach vier Tagen, als mehrere führende Bürger mich besorgt beiseite nahmen und baten, doch etwas zu unternehmen.

Ganze Leichen schaffen noch größere Schwierigkeiten. Wenn ein Patient stirbt, legen wir ihn sofort in unser rattensicheres »Leichenhaus« und warten, bis seine Familie kommt und ihn abholt. Die Frage ist nur, ob sie kommt, denn der Tod eines Patienten bedeutet für die Hinterbliebenen nicht selten ein finanzielles Gewissensproblem. Sie wissen, daß sie für die Abholung des Leichnams einen gepfefferten Trägerlohn zahlen müssen, denn die Träger verlangen für das Tragen eines Leichnams, der ja rituell unrein ist, viel mehr als bei einem lebendigen Menschen. Dazu kommt noch die Krankenhausrechnung; solange sie nicht beglichen ist, lassen wir die Verwandten nicht ins Leichenhaus. Was Wunder, daß die Versuchung groß ist, das viele Geld zu sparen und die Leiche dort zu lassen, wo sie ist! Nur: Das wird wiederum von der hinduistischen Kultur verurteilt, denn die Sorge für die Verstorbenen gehört zu den heiligsten Pflichten der Familie.

Die meisten Familien holen den Leichnam ab. Die meisten, nicht alle. Und im letzteren Falle bekommen wir nach ein paar Tagen gewisse Probleme, besonders in der heißen Jahreszeit. Dann müssen wir den Bürgermeister um Erlaubnis ersuchen, den Leichnam zu begraben, bevor der Verwesungsgeruch unerträglich wird. Für einen Hindu ist ein Begräbnis eine der schlimmsten Erniedrigungen, die man einem Menschen antun kann; Hindus wollen verbrannt werden. Einmal passierte es uns, daß einen Tag nach dem Begräbnis die Verwandten doch noch erschienen und energisch verlangten, daß wir den Verstorbenen sofort wieder ausgruben, was wir auch taten. Zum Glück ist es uns noch nie so ergangen wie in einem anderen Hospital unserer Mission, das drei Tage lang wie die Pest stank, bis jemand auf den Gedanken kam, doch einmal in das Leichenhaus zu schauen.

Aber auch wenn die Verwandten prompt zur Stelle sind, sind damit noch nicht alle Probleme gelöst. Wir hätten es natürlich gern, wenn die Abholung des Leichnams möglichst diskret vor sich ginge; schließlich ist eine Leiche kein gutes Aushängeschild für ein Krankenhaus. Aber da machen die Verwandten nicht immer mit. Manche Nepalen nehmen den Todesfall buchstäblich auf die leichte Schulter, wie jener Mann, der seine tote Mutter ohne Umstände und ohne Dekke in einen Tragekorb stopfte, sich den Korb auf den Rücken schnallte und so durch das ganze Krankenhaus marschierte und die Kasse suchte. Andere betrachten ihn als ein öffentliches Ereignis; je mehr Menschen von ihm erfahren und an ihrer Trauer teilnehmen, um so besser. So setzen sich viele junge Mütter mit ihrem toten Kind unter den großen Pipal-Baum am Krankenhauseingang und lassen die vorbeigehenden Patienten eine ganze Stunde oder noch länger ihr lautes Klagegeschrei hören.

Noch unangenehmer war es bei einer fünfunddreißigjährigen Patientin namens Subadra Devkota. Wir hatten sie an einem geschäftigen Dienstagmorgen operiert; ich hatte ihr eine nur pampelmusgroße Eierstockzyste entfernt, eine unserer einfachsten und am wenigsten gefährlichen Operationen. Nach einer halben Stunde war ich schon fertig und konnte mich meiner nächsten Patientin widmen, die eine von der Blase zur Scheide verlaufende Fistel hatte. Ich war mitten in dieser zweiten Operation, da kam eine Hilfsschwester aus der Station und meldete, daß Subadras Blutdruck am Sinken und ihr Puls nur noch 52 war. Das war mir unverständlich, und ich wies die Schwester an, die Infusion zu verstärken und den Blutdruck genau zu beobachten. Zehn Minuten später kam eine andere Schwester und meldete, daß der Blutdruck auf 50 gefallen war und es der Patientin sehr schlecht ging. Ich bat sie, sich an Dr. Helen Huston zu wenden, denn warum sollte ich meine Operation unterbrechen, wenn noch ein anderer Arzt da war. Dann kam dreißig Minuten lang niemand mehr; ich wußte nicht, ob das ein gutes oder ein schlechtes Zeichen war.

Es ist nie schön, wenn ein Patient stirbt, aber bei Subadra hatte ich besonders viel Angst. Sie gehörte zu einer wohlhabenden Brahmanenfamilie in einem Nachbardorf. Ihre Verwandten hatten sie woanders operieren lassen wollen und sie sogar in die großen Missionskrankenhäuser in Tansen und Kathmandu gebracht. Aber Subadra wollte nicht so weit weg von zu Hause operiert werden. »In Amp Pipal oder nirgends«, hatte sie gesagt.

Noch am Abend vor der Operation hatte sie auf einmal Bedenken bekommen. »Ist die Operation gefährlich?« hatte sie gefragt.

»Nein«, antwortete ich. »Wir haben schon siebzig oder achtzig Eierstockzysten entfernt, und sie waren fast alle viel größer als Ihre; viele waren so groß (ich beschrieb mit meinen Händen die Umrisse eines Kürbisses), und bei allen hat es gut geklappt.«

»Und bin ich stark genug für die Operation?«

»Aber sicher«, beruhigte ich sie. »Sie sind jung und gesund, viel gesünder als die meisten anderen Frauen, die wir operiert haben. Einige waren über sechzig.«

»Wird es lange dauern?« wollte sie noch wissen.

»Weniger als eine Stunde«, sagte ich.

»Und werde ich sterben?«

Wohl kein Chirurg in der Welt hört diese Frage, ohne daß es ihm kalt über den Rücken läuft. »Nein«, antwortete ich.

Ich operierte weiter an der Blasen-Scheiden-Fistel. Die Zeit schien stillzustehen, es kam mir vor, als habe ich schon ein halbes Dutzend Fisteln repariert und dies sei die siebte. Und dann kam Helen und zerriß meinen Hoffnungsfaden. Jawohl, Subadra war tot. Helen wußte nicht, woran sie gestorben war. Zusammen mit den Schwestern hatte sie versucht, sie wiederzubeleben, aber ohne Erfolg. Kaum hatten sie aufgehört, da kam ein ganzer Trupp Verwandter, an ihrer Spitze ein hinduistischer Priester. Der Priester zog sich sofort bis auf das Lendentuch aus und begann ein kompliziertes Totenritual. Helen wollte die Tote ins Leichenhaus bringen lassen, aber davon wollten die Verwandten nichts hören. Helen gab schließlich nach, nachdem sie ihr versichert hatten, daß sie sofort nach dem Totenzeremoniell die Leiche mitnehmen würden; unsere Krankenhausordnung ließ es nicht zu, daß Leichen in den Stationsbetten lagen.

Subadra tot. Niedergeschlagen begann ich meine dritte Operation. Es folgten ein Dutzend chirurgische Untersuchungen. Dann war es ein Uhr – Zeit, rasch zum Mittagessen nach Hause zu gehen. Als ich durch den Haupteingang nach draußen trat, sah ich etwas auf dem Boden liegen – Subadras Leiche! Sie lag direkt vor der Tür, seit zwei Stunden schon, und war natürlich von einer ganzen Menschentraube Neugieriger umgeben. Wer an diesem Tag das Krankenhaus betrat und nicht haarklein wußte, daß Subadra am Morgen an den Folgen einer Operation gestorben war, der mußte taub und blind sein. Als ich vorbeiging, fühlte ich, wie aller Augen von der Leiche zu mir wanderten. Ich kam mir wie ein Mörder vor.

Ich aß mein Mittagessen ohne Appetit und ging zurück in die Klinik, diesmal durch einen Hintereingang. Spät am Nachmittag kamen endlich Subadras Verwandte und Freunde wieder, um sie zu holen. Es war eine lange Prozession, zwei in Weiß gekleidete Hornbläser gingen voran. Noch lange, nachdem die Prozession unseren Blicken entschwunden war, konnten wir die langezogenen Töne der Trauerhörner hören, wie sie ferner und ferner von den Bergen zurückhallten.

Wir wissen heute noch nicht, warum Subadra sterben mußte.

Können Sie sich eine Situation vorstellen, wo der Chirurg es am liebsten hätte, wenn der Patient gleich auf dem Operationstisch sterben würde? So ging es mir einmal, als ein gut dreißigjähriger Mann zu uns kam, der furchtbare Atemnot hatte. Er war buchstäblich in Todesangst, zerrte jeden, den er kriegen konnte, am Arm und keuchte: »Nehmt das Ding aus meinem Hals, bitte!« Das »Ding« war eine riesige Schilddrüse, die nicht nach außen gewuchert war wie sonst üblich, sondern nach innen, wo sie die Luftröhre des jungen Mannes immer mehr zusammendrückte. Hier war Eile geboten. Aber unglücklicherweise hatten wir gerade schon einen anderen Patienten anästhesiert, und bevor ich ihn nicht operiert hatte, konnte ich mich nicht dem neuen Patienten widmen. Ich bat Robert Johnson, unseren schwedischen Anästhesisten, solange nach ihm zu schauen und ihm notfalls, falls er gar keine Luft mehr bekam, einen Luftröhrenschlauch einzuführen.

Als ich mit der anderen Operation fertig war, war der junge Mann nur noch halb bei Bewußtsein und seine Atemnot war noch schlimmer geworden. Wir mußten ihn sofort notoperieren und ihm die Schilddrüse entfernen. Sicherlich – hoffentlich! – handelte es sich um einen gutartigen Tumor oder eine einfache Zyste, in die es geblutet hatte, was die rapide Verschlechterung des Zustands des Patienten erklärt hätte. Eine gutartig vergrößerte Schilddrüse auszuschälen war nicht weiter schwierig.

Robert führte geschickt einen Schlauch durch die zusammengedrückte Luftröhre ein, und bald war der Patient in Narkose. Wir konnten beginnen. Aber es war nicht die gutartige Wucherung, die wir erhofft hatten; es war Schilddrüsenkrebs. Die Schilddrüse war fest mit dem Hals- und Brustgewebe verwachsen, und ich konnte sie nur mit Mühe freibekommen. Als ich das letzte Stück Gewebe durchschneiden wollte, sah ich auf einmal, daß ich schon zu zwei Dritteln in die Luftröhre hineingeschnitten hatte. Der Tumor hatte auf etwa fünf Zentimeter Länge die vordere Wand der Luftröhre zerstört. Wollte ich ihn wirklich entfernen, dann mußte ich einen Teil der Luftröhre mit entfernen – und die Luftröhre wieder zu reparieren war ein hochkomplizierter Eingriff, wie man ihn allenfalls in einer Spezialklinik in Europa oder Amerika durchführen konnte, aber nicht in Amp Pipal.

Aus und vorbei. Wir schoben den Tumor zurück an seinen Platz, nähten die Haut wieder zusammen, drehten den Äther ab, zogen den Schlauch aus der Luftröhre heraus und – ja, hofften, daß der Patient sterben möge, bevor er aus der Narkose erwachte. Denn wenn er die nächsten Minuten noch überlebte, was stand ihm dann bevor? Ein langsamer, qualvoller Erstickungstod. Ich ließ seinen Vater, der ihn zu uns gebracht hatte, hereinrufen und erklärte ihm, daß sein Sohn unheilbar krank war und nur noch ein paar Minuten zu leben hatte und daß er sich darauf vorbereiten solle, ihn anschließend zurück nach Hause zu tragen.

Der Vater brach in Tränen aus. Es war doch sein einziger Sohn, sagte er. Seine Frau war vor kurzem gestorben, und er war ein alter Mann. Wer würde ihm einen anderen Sohn geben? Einen Augenblick war ich ärgerlich, daß er nur an sich zu denken schien, aber dann erinnerte ich mich daran, daß ja nichts in der Welt so wichtig für einen Hindu ist wie ein Sohn, der seine Familie und seinen Namen weiterführt und ihm den letzten Dienst erweist, wenn er gestorben ist. Dieser alte Mann mußte mit ansehen, wie seine Zukunft, seine Hoffnung, sein Alles im Sterben lag.

Wir standen alle um die Bahre herum, in dem kleinen Zimmer neben dem eigentlichen Operationsraum, und warteten auf das Ende. Ich hatte nicht den Glauben, Gott um die Genesung dieses Patienten zu bitten – nur um seinen Tod. Ich versuchte, ein stilles Gebet für den Vater zu sprechen, aber das war nicht viel einfacher. Der Patient atmete weiter. Er atmete erstaunlich frei. Er hörte nur dann auf, wenn wir seinen Kopf zur Seite drehten, aber den Kopf in dieser Position festzuhalten hätte natürlich an Mord gegrenzt. Wir taten also nichts – und hofften doch, daß er bald sterben möge, so daß er nicht noch einmal den furchtbaren Würgegriff des »Dinges« in seinem Hals durchmachen mußte.

Eine Stunde verging; die Wirkung der Narkose ließ nach. Ich weiß nicht genau, warum ich ziemlich abrupt den Vater bat, seinen Sohn wieder mit nach Hause zu nehmen, so wie er war, jetzt sofort. Vielleicht hatte ich Angst davor, dem jungen Mann unsere Diagnose sagen und dann seinen Todeskampf miterleben zu müssen. Vielleicht dachte ich auch an die Schlange der wartenden Patienten, die ja inzwischen immer länger wurde, und an den Berg von Arbeit, der auf mich wartete und nicht dadurch kleiner wurde, daß wir hier an dieser Bahre standen. Oder war es mir einfach peinlich, noch eine Leiche im Krankenhaus zu haben? Wie dem auch sei, der Vater nahm gehorsam seinen Sohn auf den Buckel, zog den *Naamlo* (Tragegurt) um seine Stirn und unter das Gesäß seines Sohnes und machte sich mit seiner traurigen Last auf den zwei Tage langen Heimweg. Wir gingen erschüttert zurück an unsere Arbeit und waren bald gnädig abgelenkt durch die vielen anderen Patienten dieses Tages, die jeder seine eigene kleine Welt von Leid und Schmerz mitgebracht hatten.

Eines Morgens einen Monat später kam ich gerade aus dem Operationsraum, als zwei Dinge gleichzeitig passierten: Ich wurde von der Polizei verhaftet (mehr darüber später), und ein Mann sprach mich an, der Vitaminpillen für seinen Sohn wollte. Ich fand das etwas viel auf einmal und sagte dem Mann kurz angebunden, er solle doch zur Ambulanz gehen und sich an einen der anderen Ärzte wenden.

»Nein, nein«, sagte er, »es ist für meinen Sohn. Vitamine.«

»Ich habe jetzt keine Zeit«, antwortete ich. »Sie müssen sich schon anmelden und untersuchen lassen, wie jeder andere auch. Ich kann für Sie hier nichts tun.« Meine Ungeduld war deutlich zu spüren.

»Sie verstehen nicht«, sagte er sanft und legte seine Hand auf meinen Arm. »Es ist doch für meinen Sohn.«

Und dann erkannte ich ihn. Es war der Vater des jungen Mannes mit dem Schilddrüsenkrebs!

»Vitamine?!« Ich schrie das Wort fast, die Polizisten hatte ich vergessen.

»Ja«, nickte der Vater.

»Was meinen Sie, Vitamine?« fragte ich ungläubig. »Ist Ihr Sohn etwa noch am Leben?«

»O ja, er lebt. Er ist nur ein bißchen schwach, und da wollte ich ihm Vitamine besorgen.«

Und er erzählte mir, wie sein Sohn auf dem Heimweg aufgewacht war und es ihm seitdem gut ging. Er hatte keine Atembeschwerden mehr. Die Operationsfäden hatten sie selbst herausgezogen. Der Vater schien es für das Selbstverständlichste von der Welt zu halten, daß sein Sohn wieder gesund war. Ich sagte ihm, daß ich unbedingt seinen Sohn untersuchen mußte, und da ich im Augenblick keine Zeit mehr hatte, gab ich ihm rasch ein kleines christliches Heft in die Hand, das ich dabei hatte.

»Ich kann nicht lesen«, sagte er.

»Dann lassen Sie es sich von Ihrem Sohn vorlesen«, sagte ich.

»Der kann auch nicht lesen.«

»Dann geben Sie es jemandem in Ihrem Ort, irgendeiner kann es Ihnen bestimmt vorlesen.«

Der Mann nahm das Heft zögernd an. Ich fuhr fort: »Hören Sie, Ihr Sohn müßte eigentlich längst tot sein. Daß er lebt, liegt nicht an der Operation oder am Arzt, es ist ein Wunder. Der lebendige Gott hat ihn gerettet, und ihm sollten Sie danken. Dieses Buch sagt Ihnen, wer dieser Gott ist.«

Der Vater schüttelte den Kopf. »Es war das *Karma* [Schicksal] meines Sohnes, noch nicht zu sterben.«

Vier Monate später kamen Vater und Sohn ein letztes Mal in unsere Klinik. Der Sohn war nicht mehr schwach, und das »Ding« in seinem Hals war weg. Der kartoffelgroße Schilddrüsentumor hatte sich aufgelöst. Nur ganz in der Mitte der Operationsnarbe war noch eine winzige fistelartige Öffnung. Einige unserer christlichen Mitarbeiter nahmen die beiden Männer beiseite und versuchten, ihnen die Augen dafür zu öffnen, was Gott für sie getan hatte. Wir haben sie jetzt über ein Jahr nicht mehr gesehen, und ich kann nur hoffen, daß dies bedeutet, daß der Sohn vollständig geheilt ist.

Ein letztes Beispiel soll genügen, mein Bild von den Launen und Wechselfällen im Operationsraum in Amp Pipal abzurunden. Einen Monat bevor wir unseren zweiten Heimaturlaub antraten, kam eine Frau in die Klinik, die im sechsten Monat schwanger war. Mehrere männliche Verwandte brachten sie, und sie erzählten, daß das Kind nicht mehr wuchs und sich seit Wochen nicht mehr bewegt habe und daß die junge Frau an Leib und Seele krank sei; ich solle sie doch bitte operieren und das Kind wegnehmen.

Cynthia und ich untersuchten die Patientin. Die Gebärmutter war so groß wie im sechsten Monat üblich. Die Herztöne des Kindes konnten wir beide nicht hören, was darauf schließen ließ, daß das Kind entweder tot war oder daß die Schwellung überhaupt keine Schwangerschaft war. Aber da ein toter oder sonstwie schwer geschädigter Fötus in aller Regel vom Körper durch eine normale Fehlgeburt abgestoßen wird, sagten wir der Patientin und ihren Verwandten, daß wir sie jetzt noch nicht operieren würden, daß sie aber zurückkommen sollten, falls sich in drei Wochen noch nichts geändert habe. (Viel länger als drei Wochen konnten wir nicht warten, da wir ja kurz vor unserem Urlaub standen und mein Vertreter noch zwei Monate lang verhindert war.)

Am Vormittag meines vorletzten Arbeitstages kam die junge Frau wieder. Es war alles wie beim letzten Mal. Die Gebärmutter schien nicht größer geworden zu sein, und wieder konnte ich keine Herztöne hören. Ob die Frau vielleicht eine sogenannte Mole (»Windei«,»Mondkalb«) hatte, also eine Art fleischiges, aus dem degenerierten Gewebe einen Fötus gebildetes Gewächs? Aber dann hätte sie Blutungen haben müssen. Wieder bat sie mich, sie doch zu operieren. Nun gut. Und da ich für den folgenden Tag, den letzten vor unserem Urlaub, schon drei Operationen auf meinem Terminkalender hatte, beschloß ich, die Patientin noch gleich am Nachmittag zu operieren. Und ich fuhr fort mit meinem Morgenpensum und dachte nicht weiter über die Sache nach.

Als ich von meiner Mittagspause zurückkam, hatte die Patientin schon ihre Rückenmarksnarkose bekommen und lag auf dem Operationstisch. Ich wusch rasch meine Hände, streifte meinen Kittel und die Operationshandschuhe über und machte den üblichen Querschnitt am Unterbauch. Die Gebärmutter war in der Tat vergrößert, sah aber ansonsten normal aus. Ich öffnete sie, und jawohl, da lag ein toter Fötus. Komisch, daß er nicht schon längst abgegangen war. Ich zog ihn heraus, durchtrennte die Nabelschnur, hielt ihn, meine Augen schon wieder auf den blutenden Rand der Gebärmutter gerichtet, mit meinem Arm über den Eimer auf dem Fußboden und wollte ihn gerade fallenlassen, als ich einen winzigen Schrei hörte. Er war kaum hörbar, aber er ging wie ein Stromschlag durch meinen Arm. Das war kein toter Fötus; das Baby war lebendig!

»Sie haben mich angelogen!« Ich ließ meinen Ärger und meine Verlegenheit an der Patientin aus. »Sie haben die ganze Zeit gewußt, daß das Kind lebte! Sie haben mich angelogen!«

Sie preßte ihre Lippen zusammen und starrte zur Decke hinauf. Später erfuhr ich, daß das Kind nicht von ihrem Mann war und daß sie und ihre Verwandten eine Abtreibung gewollt hatten. Ich mußte die Sache wohl als normalen Kaiserschnitt behandeln. Das Kind war eine ausgesprochene Frühgeburt und hatte wenig Überlebenschancen, aber wir mußten natürlich alles für es tun, was wir konnten.

Nur ein paar Augenblicke später kam Rigmor Hildershavn, unsere norwegische Oberschwester und Entbindungsspezialistin, die es meilenweit roch, wenn etwas nicht stimmte, ins Operationszimmer gestürmt. »Was ist hier los?« fragte sie erregt. »Warum hat man diese Frau nicht in die Entbindungsabteilung gebracht? Wie konnten Sie es wagen, sie direkt aus dem Sprechzimmer hierher zu bringen? Das ist ja unerhört!!« Und noch ehe ich mir eine Antwort überlegen konnte, war sie wieder hinausgestürmt.

Sie hat sich später entschuldigt. »Ich glaube, Sie waren auch ohne mich gestraft genug«, sagte sie. Nur zu wahr.

Das war das zweite Mal, wo ich einem Patienten lieber den Tod als das Leben gewünscht habe. Und es ist ein nur zu treffendes Beispiel für das, wovor wohl jeder Arzt Angst hat: eine Fehldiagnose. Nein, wir Ärzte sind nicht die großen Macher. Jeder Patient ist ein neues Abenteuer, das wir nur mit Furcht und Zittern beginnen können. Jeden Tag von neuem müssen wir in Gottes Hand legen und ihn über Erfolg und Niederlage entscheiden lassen.

Nur für Ärzte

Unser Rundgang durch das Missionshospital Amp Pipal und seine Geschichte wäre unvollständig, wenn ich nicht wenigstens einen kurzen Überblick darüber geben würde, was für Krankheiten wir in diesem Winkel der Dritten Welt antreffen. Manches in diesem Kapitel wird vielleicht nur Mediziner interessieren, aber der Laie braucht es trotzdem nicht zu übergehen; wer weiß, vielleicht entdeckt auch er Dinge, die er nicht für möglich gehalten hätte ...

90 Prozent unserer Patienten haben natürlich ganz »gewöhnliche« Krankheiten, wie die anderen Menschen in den Entwicklungsländern auch: Darmparasiten, Lepra, alle möglichen Arten von Tuberkulose und bakteriellen Infektionen, die üblichen Verletzungen und vieles andere mehr. Diese Beschwerden sind oft schon sehr weit fortgeschritten, wenn die Patienten zu uns kommen, aber an und für sich sind sie nichts Besonderes.

Aber dann kommen die nicht etwa seit sechs Stunden, sondern seit Wochen ausgerenkten Kiefer, Ellbogen und Hüften; die total verfaulten und vereiterten Zähne, deren Abszesse sich bereits über das halbe Gesicht und den Hals ausgebreitet haben; schlimmste Unterernährung; durchgebrochene Darmgeschwüre; wassermelonengroße Eierstockzysten (einmal entfernte ich einer gerade 100 Pfund wiegenden schmächtigen Frau eine 55 Pfund wiegende Zyste, worauf sie sich fast vom Wind nach Hause pusten lassen konnte); Blindheit bei Kindern (durch Vitamin A-Mangel); amöbische Leberabszesse (bei einem Mann war ein solcher Abszeß nicht nur durch sein Zwerchfell und seine Lunge nach oben durchgebrochen, so daß er große Mengen Eiter hustete, sondern auch nach unten zum Nabel, wo er schließlich ins Freie trat und somit eine bronchopleuroperitoneokutane Fistel bildete, was selbst für einen Arzt ein langes Wort ist); sodann Plazenten (Mutterkuchen), die zwei bis drei Monate, in einem Fall sogar vier Jahre nach der Geburt immer noch im Unterleib der Mutter liegen; oder fußballgroße Hydrozelen (»Wasserbrüche«, Flüssigkeitsansammlungen im Hodensack). Und das sind nur einige Beispiele. Die Ursache ist immer die gleiche: Die Patienten kommen nicht rechtzeitig zu uns.

Warum kommen sie nicht? Nun, für die meisten bedeutet der Weg zum Krankenhaus einen ganzen Tagesmarsch. Mindestens. Es ist einfacher, von München nach Hamburg zu fahren, als vom übernächsten Tal zu unserer Klinik zu kommen. Die steilen Bergpfade sind schon für einen kerngesunden Menschen anstrengend genug – wieviel mehr für einen kranken; falls er überhaupt noch laufen kann.

Dutzende von Krankheiten, die man in Europa nur noch aus den Lehr- und Geschichtsbüchern der Medizin kennt, gehören in vielen Ländern der Dritten Welt zum ganz normalen Alltag des Arztes. Tetanus und Diphtherie, im Westen durch Schutzimpfungen so gut wie ausgerottet, begegnen uns in Amp Pipal fast täglich. Typhus ist eine der Geißeln Nepals und tritt in ganzen Epidemien auf.

Hin und wieder bieten wir fortgeschrittenen Medizinstudenten aus dem Westen die Gelegenheit, ein sechs- bis achtwöchiges Praktikum bei uns zu absolvieren, um die Diagnose und Behandlung solcher für sie »exotischer« Krankheiten kennenzulernen. Ein besonders eifriger Student aus Neuseeland legte eine Liste an, in der er alle Krankheitsbilder eintrug, die er von zu Hause nicht kannte. Nach zwei Wochen hatte er mehrere Dutzend beisammen; für uns waren es lauter Routinefälle.

Nicht weniger interessant indessen ist, was für Krankheiten unser Praktikant in Amp Pipal *nicht* vorfand: Herzinfarkte; Bluthochdruck; oder die drei im Westen häufigsten Krebsarten, nämlich Lungenkrebs, Brustkrebs und Darmkrebs. Warum bekommen die Nepalen keine Herzinfarkte und keinen Bluthochdruck? Weil sie weniger essen und sich mehr bewegen als die Europäer. Vielleicht bleiben ihnen auch andere Geißeln der Wohlstandsländer erspart, auf die wir noch gar nicht aufmerksam geworden sind. Warum bekommen sie keinen Lungenkrebs? Weil die meisten gar nicht rauchen und die übrigen nur sehr mäßig (obwohl das Rauchen in letzter Zeit zunimmt). Warum gibt es so wenig Brustkrebs? Weil die nepalischen Mütter ihren Kindern nicht die Flasche, sondern die Brust geben, so wie Gott (aber leider nicht die Säuglingsnahrungsindustrie) es in seiner Weisheit vorgesehen hat. Und warum kein Darmkrebs (in zwölf Jahren kein einziger Fall)? Wegen der anderen Ernährung der Nepalen.

Hartgesottene Verfechter des Rechtes auf eine ungesunde Lebensweise mögen sich damit herausreden wollen, daß die Menschen in Nepal halt nicht alt genug werden, um Krebs oder Herzinfarkte zu bekommen. Aber dieses Argument sticht nicht. Die Nepalen werden durchaus ihre sechzig oder siebzig Jahre alt; lediglich die Kindersterblichkeit ist hoch, aber das hat nichts mit Bluthochdruck oder Krebs zu tun. Nein, die großen Krankheitsgeißeln des Westens sind in Nepal so gut wie unbekannt.

Bisher habe ich nur über unsere Routinefälle gesprochen. Aber fast täglich werden wir mit Krankheitsbildern konfrontiert, die selbst für uns wirkliche Probleme sind und unseren Erfindungsreichtum und unser Improvisationstalent arg strapazieren. Viele unserer Patienten haben zum Beispiel schlimme Verbrennungskontrakturen. Meist haben sie sich im Säuglings- oder Kleinkindalter schwer verbrannt (gewöhnlich am Küchenherd, der in Nepal einfach eine flache Grube im Fußboden ist, in die ein Kind leicht hineinrollen kann) und sind anschließend nie behandelt worden, so daß die verbrannten Flächen sich zusammenzogen und verformt haben. Manche dieser Kontrakturen sind so stark und grotesk, daß sie aus einem Gruselkabinett stammen könnten. Wir haben Patienten gesehen, bei denen ein ganzer Arm, bis hinunter zu den Fingerspitzen, in sich zusammengekrümmt und als Narbenklumpen mit der Schulter verwachsen war. Oder bei denen das Ohr mit der Schulter oder die Ferse mit dem Gesäß verwachsen war. Die meisten Patienten haben nicht die Zeit für die ganze Serie von Operationen, die nötig wäre, um ihnen ein halbwegs normales Aussehen zurückzugeben, und wir können nur versuchen, ihnen in einer oder höchstens zwei Operationen so viel Linderung wie möglich zu verschaffen.

Oder nehmen wir Infektionen, die operative Eingriffe verlangen (nicht zu verwechseln mit den sogenannten postoperativen Infektionen, also Entzündungen, die im Anschluß an eine Operation entstanden sind). Abszesse, die literweise Eiter enthalten, gehören zum täglichen Brot für uns. Ein Mann hatte fünf riesige Abszesse. Wir mußten acht 15 Zentimeter lange Einschnitte machen, um sie zu dränieren, und hatten anschließend zehn Liter Eiter in unseren Eimern, wobei ich den Eiter, der auf den Fußboden geflossen war, gar nicht mitgezählt habe. Und das waren *einfache* Abszesse. Einmal waren in einer Niere über drei Liter Eiter. Und ein Patient, den ich wegen einer Pseudozyste der Bauchspeicheldrüse operieren wollte, hatte in Wirklichkeit einen Leberabszeß mit viereinhalb Litern Eiter.

Ein Kapitel für sich sind Knocheninfektionen. Manche Patienten kommen mit Knochenmarksentzündungen zu uns, die so weit fortgeschritten sind, daß der Knochen – gewöhnlich das Schienbein, der Oberschenkelknochen oder das Oberarmbein – buchstäblich in Eiter schwimmt. Wir saugen den Eiter ab, gipsen den Knochen ein und schicken den Patienten wieder heim; nach zwei oder drei Monaten, wenn er den Gestank nicht mehr aushalten kann, kommt er zurück, und wir wechseln den Gips. Und die Patienten werden geheilt! Mehr als drei oder vier Gipswechsel sind in der Regel nicht nötig. Nur bei einigen wenigen Patienten müssen wir eine Nachoperation vornehmen, um das restliche abgestorbene Knochengewebe zu entfernen. Bei Patienten mit starken Verbrennungen der Kopfhaut und nachfolgender Entzündung des Schädelknochens haben wir schon ganze Teile des Schädels entfernen müssen. Und einmal hatte ich, als ich bei einem neunjährigen Mädchen einen Eiterfistelgang in der Schulter untersuchte, plötzlich das ganze Schlüsselbein in meiner Pinzette; es liegt seitdem in meinem Schrank.

Es müssen nicht immer Infektionen sein. In unserem ersten Jahr in Amp Pipal brachte man uns ein dem Tode nahes Kind, das eine Invagination hatte, also eine teleskopartige Einstülpung eines Darmabschnitts in einen anderen, wie bei einem Ärmel, den man beim An- oder Ausziehen aus Versehen nach innen dreht. Die Invagination war so weit fortgeschritten, daß dem Kind an die 15 Zentimeter Dünndarm buchstäblich aus dem After heraushingen. »Operiere das Kind bloß nicht«, sagten meine Kollegen, »es wird die Operation nicht mehr überleben, und dann sind wir schuld daran gewesen.« Aber ich ließ mich nicht abhalten, zumal ich wußte, daß die Operation eigentlich recht einfach war. Die Operation glückte, und das Kind wurde der erste Patient, dem wir durch eine dramatische Operation das Leben gerettet hatten. Unsere Mitarbeiter waren tief beeindruckt, vor allem die einheimischen, die bislang unseren Patienten unter der Hand davon abgeraten hatten, sich operieren zu lassen. Ich habe seitdem noch viele Fälle von Invagination operiert. Keiner war so schlimm wie damals der erste, obwohl mindestens die Hälfte sogenannte kombinierte Invaginationen waren, bei denen das eingestülpte Stück Darm sich anschließend noch einmal in die nächste Darmwindung einstülpt. Wie oft habe ich schon während einer Operation, die wieder einmal schwieriger war als erwartet, gesagt: »Wann kriegen wir endlich einmal einen normalen Patienten in diesen Laden?«

Die Gedärme können sich nicht nur in sich selbst hineinstülpen, sie können sich auch verdrehen, das heißt, um ihre eigene Achse oder um eine andere Darmschlinge drehen – die sogenannte Darmverschlingung (Volvulus). Bei drei Vierteln unserer Darmverschlüsse (über vierzig Fälle) war eine Dünndarmverschlingung die Ursache, und jeder dieser Fälle hätte in der amerikanischen Fachwelt für Schlagzeilen gesorgt. Wir haben auch ein halbes Dutzend Fälle von Blinddarmverschlingung (zökaler Volvulus) erlebt und einen bizarren Fall von Magenverschlingung bei einem sechsjährigen Mädchen. Dagegen scheint es die im Westen so häufige Dickdarmverschlingung (sigmoider Volvulus) in unseren Bergen nicht zu geben.

Fast alle diese Patienten hatten eine primäre Darmverschlingung, also eine Verschlingung, die durch mangelhafte Lagerung der Gedärme in der Bauchhöhle entsteht. Aber es gibt auch exotischere Ursachen. Einmal hatten wir eine ältere Patientin mit einem frisch eingeklemmten Bruch in der Leistengegend (Hernia fermoralis), aber die Ursache für die Einklemmung war nicht der Bruch selbst, wie sonst fast immer, sondern eine Verschlingung des gesamten mittleren Darmes um zwei Punkte: die Basis des Mesenteriums (Gekröse des Dünndarms) und, kaum zu glauben, die Bruchstelle.

Ein ganz ähnliches Phänomen fanden wir bei einem anderen Patienten, bei dem ein Meckel-Divertikel, eine selten vorkommende Ausstülpung im Übergang vom Dünn- zum Dickdarm, sich entzündet und mit der unteren Bauchdecke verbunden hatte, mit ähnlichen Folgen. Ein dritter Patient bekam im Anschluß an einen geplatzten Blinddarm eine Blinddarmverschlingung. Doch den Vogel schoß ein bekannter nepalischer Geschäftsmann ab, der auf einer Reise in unsere Gegend plötzlich eine Verschlingung des gesamten Dünndarms bekam. Der Druck der Verschlingung war so stark, daß auf dem Weg zum Krankenhaus auch noch sein Dünndarmgeschwür durchbrach, was uns in den ersten Augenblicken der Operation nicht wenig Verwirrung bereitete. Aber er überstand die Operation gut und konnte eine Woche später das Krankenhaus auf seinen eigenen Beinen verlassen.

Auch die Tierwelt Nepals verschafft uns so manchen Patienten. Oft war der Übeltäter ein Bär. Weniger gefährlich, dafür aber häufiger sind Verletzungen durch die Hörner von Bullen oder Wasserbüffeln. Es kommt vor, daß ein gereizter Bulle einen Mann oder eine Frau, die gerade im Reisfeld über ihre Arbeit gebückt stehen, von hinten in der Scheide oder dem After aufspießt und anschließend zwei oder drei Meter hoch in die Luft schleudert. Muß das ein Schock sein!

Dann Schlangen. Eines Tages saß Tony, unser eher phlegmatischer britischer Labortechniker, nichtsahnend in seinem Haus und las ein Buch, als er auf einmal aus dem Augenwinkel sah, wie eine an die acht Zentimeter dicke schwarze Schlange an seinem Fuß vorbei zur gegenüberliegenden Wand kroch. Das Buch war spannend, und so registrierte Tony in seinem Gehirn »Große schwarze Schlange auf dem

Weg zum anderen Ende des Zimmers« und las weiter. Als die Schlange dann jedoch umdrehte und zurückzukriechen begann, direkt auf ihn zu, wurde er quicklebendig, sprang auf, schrie: »Eine Schlange, eine Schlange!!« und raste zur Tür hinaus, als ob der Teufel hinter ihm her sei. Einige Freunde kamen und halfen ihm, die Schlange zu töten. Es war bloß eine mittelgroße Rattenschlange, ganze zweieinhalb Meter lang.

Eines Tages sprach mich unser Röntgentechniker an und beschwerte sich heftig über »die untragbaren Zustände in diesem Krankenhaus«. (Da ich der medizinische Leiter war, wurden Beschwerden meist an mich gerichtet.) Er war gerade in der Dunkelkammer gewesen, als er auf einmal in einem der Gefäße mit Entwicklerflüssigkeit eine Schlange fand. Ich begann zu lachen. Je plastischer ich mir vorstellte, wie unser gezierter, immer so vornehm tuender Röntgentechniker da im Dunkeln stand und plötzlich eine glitschige Schlange in der Hand hielt, um so komischer fand ich es. Der Techniker wartete meine Antwort nicht mehr ab, sondern brummte meinen Assistenten ein wütendes »Dem ist ja alles egal!« zu und stapfte hinaus.

Ich konnte gut lachen, denn die meisten Schlangen in unserer Gegend sind nicht giftig und ihre Bisse harmlos. Weniger harmlos ist das übliche Hausmittel für Schlangenbisse: Man bindet dem Opfer einen Strick oder ein Stück Kleiderlumpen wie eine Aderpresse ganz fest um den gebissenen Arm oder das Bein, und diesen Verband muß der Patient tagelang tragen. Der Arm oder das Bein schwillt, derart abgeschnürt, natürlich unterhalb des Druckverbandes schmerzhaft an, aber das betrachtet der Patient lediglich als Beweis dafür, wie stark das »Gift« der Schlange ist. Oft legt man, wenn die Schmerzen beginnen, gleich noch einen zweiten Verband an. Wenn der Patient endlich zu uns ins Krankenhaus kommt, ist das so behandelte Gliedmaß bereits ganz blau und blasig. Diese gefährliche Sitte ist nur schwer auszurotten, denn je schlimmer der Arm oder das Bein aussieht, um so erleichterter ist der Patient, daß es dem Rest seines Körpers besser geht – dank des Druckverbandes, der die weitere Ausbreitung des »Giftes« verhindert ... Wir haben bereits drei mit solchen Druckverbänden behandelte Arme und zwei Beine amputieren müssen. Der Schlangenbiß selbst brauchte fast nie behandelt zu werden.

Manche unserer Fälle sind so ungewöhnlich, daß es zunächst zu Fehldiagnosen kommt. Ich erinnere mich an ein sechsjähriges Mädchen, das zwei Blasensteine hatte, die auf der Röntgenaufnahme so groß wie Taschenlampenbatterien aussahen. Aber als ich die Blase öffnete und hineinschaute, waren die Steine fort. Sie waren durch die Blasenwand in die Scheide gewandert, und ich hätte sie herausholen können, ohne auch nur einmal mein Messer zu benutzen. (Aber wer denkt schon daran, die Blasensteine eines sechsjährigen Mädchens in der Scheide zu suchen!) Mit rotem Gesicht zog ich die Steine aus der Scheide heraus und vernähte den Operationseinschnitt. Meine Verlegenheit legte sich erst, als das Kind wieder gesund war und die Fistel sich von selbst geschlossen hatte.

Nicht weniger verblüffend war einer unserer Kaiserschnitte. Kaum hatten wir die Bauchhöhle geöffnet, da sahen wir das Baby – aber es lag nicht in, sondern neben der Gebärmutter! Ich ließ unsere beiden anderen Ärzte und ein paar unserer nepalischen Mitarbeiter holen, um ihnen diesen höchst seltenen Fall einer bis zum neunten Monat ohne Komplikationen fortgeschrittenen Bauchhöhlenschwangerschaft zu zeigen. Alle waren tief beeindruckt – bis wir das Kind (es war tot) herausgeholt hatten und im unteren Teil der Gebärmutter ein klaffendes Loch entdeckten, durch das Kind, Plazenta und alles andere gerutscht waren. Womit die Sache »nur« noch eine geplatzte Gebärmutter war. Wir verschlossen den Riß, und die Mutter konnte bald wieder aufstehen. Unerklärlich, daß die Frau keine besonderen Beschwerden im Unterbauch, dafür aber nach dem Gebärmutterriß noch Wehen gehabt hatte! Unmöglich? Nicht in Amp Pipal.

Bei einigen unserer Patienten bekommen selbst ganz alltägliche Beschwerden den Reiz des Besonderen. So wie bei dem achtzigjährigen Mann aus dem Gurung-Stamm, der eine gutartig vergrößerte Prostata hatte und sich lange Jahre damit behalf, daß er sich von einem Freund durch ein in den Penis eingeführtes Bambusröhrchen Luft in die Blase pusten ließ. Wenn sein Freund genug geblasen hatte, kam der Urin heraus. Bis er eines Tages nicht mehr kam. Der Mann hatte ein neues Lebensgefühl, als er seine Prostata los war.

Ein anderer Mann mit Prostatavergrößerung »löste« sein Problem dadurch, daß er sich Injektionsnadeln in die Blase stach, um den Urin abzuziehen. Diese Methode bewährte sich nicht so gut wie das Röhrchenpusten, denn die Einstichlöcher leckten natürlich, und als der Patient endlich zu uns kam, war sein Bauch voller Urin und es ging ihm jämmerlich. Ähnliche, wenn auch weniger originelle Versuche zur Selbstbehandlung treffen wir fast täglich an.

Ich könnte noch stundenlang weiterplaudern aus unserer täglichen chirurgischen Arbeit – über Duplikaturen (angeborene Doppelbildungen) im Darmbereich, riesige mit Blut gefüllte Darmzysten, fehlenden Anus bei Säuglingen. Einmal mußte ich an ein- und demselben Nachmittag zwei kompliziert ausgekugelte Ellbogen behandeln, ein anderes Mal behandelten wir am gleichen Morgen zwei Frauen, die keine Gebärmutter hatten. Und dann die furchtbaren Tollwutanfälle ... Aber hören wir lieber auf, sonst meinen Sie noch, Sie hätten Dr. Grausams Buch der schwarzen Rekorde in der Hand. Aber ich hatte Sie ja gewarnt – dieses Kapitel ist nur für Ärzte.

Und es sind eigentlich auch gar nicht die Sensations- und Museumsstücke, die uns aus unseren ersten zwölf Jahren in Amp Pipal am meisten in Erinnerung geblieben sind. Auch nicht die vergeblichen Mühen und vielen Frustrationen. Nein, was uns am meisten beeindruckt, ist die Tatsache, daß so viele todkranke und schwerverletzte Patienten in unserem primitiven kleinen Krankenhaus gesund geworden sind. Ich sage dies ganz nüchtern, als Arzt und Wissenschaftler. Und in der gleichen Eigenschaft möchte ich die einzige plausible Erklärung für diese erstaunliche Tatsache weitergeben: nämlich, daß betende Freunde in aller Welt an unserer Arbeit mitgewirkt haben – und damit Gott selbst.

Ein ganz normaler Tag

Wohl jeder von uns hat seine Alltagsroutinen, also ein mehr oder weniger regelmäßiges Schema, nach dem er seinen Tagesablauf gestaltet. Ich bin da keine Ausnahme; etwas Ordnung braucht der Mensch, sogar in Amp Pipal. Ohne meine Routinen würde ich in dem Berg meiner Arbeit ersticken; mit ihnen kann ich wenigstens so tun, als sei der Berg zu bewältigen. Meine Routinen schützen mich auch vor Überraschungen – vielleicht nicht ganz so, wie eine Sonnenbrille vor Regen schützt, aber immerhin. Sie haben es schon erraten: Wenn man der einzige Chirurg für eine halbe Million Menschen ist, ist es mit den Routinen wie mit den guten Vorsätzen; kaum hat man sie gemacht, muß man sie schon wieder brechen.

Trotzdem möchte ich meine Leser jetzt in einen Routinealltag mitnehmen, der sich zu Beginn unserer Jahre in Amp Pipal ereignete. Damals hielt ich diesen Tag für schier unglaublich, aber unsere stetig wachsende Patientenflut hat uns seitdem noch viele solcher »unglaublichen« Tage beschert und einige noch unglaublichere.

Der Tag begann wie immer um vier Uhr morgens mit einer Stunde Gebet und Bibellesen, gefolgt von drei Stunden nepalischem Sprachstudium. Fünf Jahre lang behielt ich dieses Morgenprogramm bei, danach ersetzte ich das Sprachstudium durch Predigt- und Bibelstundenvorbereitungen sowie Verwaltungsarbeiten.

Nur nebenbei möchte ich an dieser Stelle bemerken, daß wohl das Unromantischste am Leben des Missionars das Erlernen der fremden Sprache ist, besonders wenn man so langsam lernt wie ich. Es kostete mich fünftausend Stunden mühseligen Büffelns, um Nepali zu lernen. Cynthia brauchte ein Zehntel dieser Zeit und spricht besser als ich. Der Gedanke macht mich ganz verrückt. Ich werde nie vergessen, wie eines Tages, als wir schon fünf Jahre im Land waren, ein junger, intelligenter nepalischer Lehrer mich besuchte. Geschlagene drei Stunden lang unterhielt ich mich mit ihm über verschiedene anspruchsvolle Themen – Religion, Politik, Ökologie, Erziehung –, und als wir fertig waren, war ich ganz stolz auf meine Sprachfertigkeit und meinen gewaltigen Wortschatz. Da sollte noch einer sagen, Nepali sei zu schwer für Tom Hale ... Kurz bevor er ging, verabschiedete sich mein Besucher noch kurz von Cynthia, die er flüchtig kannte. Cynthia sagte ihm ein lächelndes Dankeschön für die gute Milch, die seine Mutter uns immer brachte. Darauf sah er sie voll Bewunderung an und sagte: »Wie schön Sie sprechen, da hört man gerne zu. Es ist ein Genuß, jemanden zu hören, der so gut Nepali spricht.«

Sie hatte nur einen Satz gesagt. Ich hätte ihm einen Tritt in den Hintern geben können ...

Frustrierend, nicht wahr? Aber wir Missionsärzte kommen um das Grammatiklernen und Vokabelpauken nicht herum. Wie soll man einen Patienten behandeln, mit dem man kein Wort reden kann? »Tut Ihnen Ihr Regenschirm weh?« ist immer noch besser als gar nichts.

Aber zurück zu meinem Routinetag. Um acht Uhr verließ ich also das Haus und begann mein eigentliches Tagwerk. Zwei Minuten Fußweg brachten mich zum Krankenhaus, wo ich zuerst Visite auf der Station machte; etwa zwanzig Patienten waren es heute. Im ersten Bett der Frauenstation lag ein junges Mädchen mit weit fortgeschrittener Hakenwurmanämie. Hakenwürmer sind in Nepal die häufigste Ursache für Anämie (Blutarmut). Die Larven des Wurmes bohren sich in die Füße des Opfers, das barfuß durch die Felder läuft, und erreichen über den Blutkreislauf die Lunge, von wo sie hochgehustet und anschließend hinuntergeschluckt werden. Im Dünndarm wachsen die Larven zu Würmern heran, beißen sich in der Darmschleimhaut fest und saugen, wie Blutegel, das Blut ihres unfreiwilligen Wirtes. Dieses Mädchen hatte so viel Blut verloren, daß es dem Tod nahe war; sein Hämoglobinspiegel war nur noch 15 Prozent vom Normalwert.

Im nächsten Bett lag eine sterbende Typhuspatientin mit über 40 Grad Fieber. Danach kamen eine im dritten Monat Schwangere mit Harnblasenverschluß und eine Frau mittleren Alters mit einem blokkierten Tränengang, bei der ich vor zwei Tagen eine Dakryorhinostomie vorgenommen hatte – zu deutsch: ich hatte ihren Tränengang durch eine Operation geöffnet. Es war meine erste Operation dieser Art, aber meine Handbücher hatten mich zum Glück nicht im Stich gelassen. In den beiden letzten Betten lagen eine frisch an grauem Star operierte Frau und ein vielleicht fünfzehnjähriges Mädchen mit einem gebrochenen Bein.

In der Männerstation lag ein Patient mit Wirbelsäulentuberkulose; weiter ein frisch an der Harnröhre operierter Mann, der auf einem großen Baum mehrere Meter abgerutscht und mit dem Schritt zuerst voll auf einen tieferen Ast gestürzt war, der ihm Harnröhre und Becken zerrissen hatte; dann ein Junge mit einer honigmelonengroßen tuberkulösen Hand, ein junger Mann mit beiderseitigem Oberschenkelknochenbruch und einer ausgerenkten Schulter, ein Patient mit Lungenentzündung, ein weiterer mit Enzephalitis (Gehirnentzündung), ein rätselhafter Fieberfall, ein frischoperierter Hydrozelen-Patient und ein ebenfalls operierter Mann mit einer Mastdarmfistel.

Aber daß ich nicht den interessantesten Patienten vergesse, den ich damals hatte: einen Bauern mittleren Alters, der seit drei Wochen in dem Bett in der Ecke lag. Er hatte einen höchst ungewöhnlichen Unfall gehabt: Er kniete fröhlich und guter Dinge in seinem Feld (das wie alle Felder in unserer Gegend eine Terrasse an einem steilen Berghang war) und jätete, als plötzlich ein Wasserbüffel, der auf der nächsthöheren Terrasse herumlief, den Halt verlor und drei Meter tief herunterfiel, dem armen Mann genau ins Genick. Als man den Bauern bei uns ablieferte, war er unterhalb des Halses fast völlig gelähmt. Fast völlig, aber nicht ganz. Die winzigen neurologischen Reaktionen, die ich bei der Untersuchung feststellte, ließen mich noch nicht alle Hoffnung aufgeben. Wir bohrten zwei Löcher in den Schädel des Patienten und befestigten in ihnen ein zweizackiges Gebilde, das wie ein kleiner Eishaken aussah, wie ihn Bergsteiger zum Erklimmen von Felswänden verwenden. An diesem Haken wiederum befestigten wir ein Seil, das über eine Art Flaschenzug führte und hinter dem Bett von Sandsäcken gespannt wurde. Mit diesem Streckapparat konnten wir auf den Kopf des Mannes eine Zugkraft von 25 Pfund ausüben und damit seinen gebrochenen Nacken strecken und den Druck auf das Rückenmark mildern.

Der Patient betrachtete diese Apparatur mit dem größten Mißtrauen. Sollte er sich noch foltern lassen, wenn er ohnehin schon unter dem Hals tot war? Und er befahl seinen Verwandten, ihn auf der Stelle zu befreien und mit nach Hause zu nehmen, damit er in Ruhe sterben konnte. Zum Glück gelang es uns, seine Angehörigen davon zu überzeugen, daß er in seinem Zustand bei uns besser aufgehoben war als zu Hause, und sie erfüllten seinen Wunsch nicht.

Und siehe da, schon bald ging es ihm besser. Aber kaum war wieder etwas Leben in seine Gliedmaßen eingekehrt, als er wieder energisch wurde und verlangte, sofort nach Hause entlassen zu werden. Als das nicht geschah, verbrachte er lange Stunden damit, über den Arzt zu schimpfen, seiner Familie bittere Vorwürfe wegen ihrer Lieblosigkeit zu machen und überhaupt jedem, der es hören wollte, sein unverdientes Leid zu klagen. Nichtsdestoweniger machte seine Genesung gute Fortschritte, und schließlich war er wieder ganz gesund. Er verließ uns zwar immer noch etwas eher, als es uns lieb gewesen wäre, aber er verließ uns als dankbarer und fröhlicher Patient und als Freund. Noch Jahre danach besuchte er mich alle paar Monate, und jedesmal brachte er mir als Geschenk zwei Eier mit – genau zwei, nicht mehr und nicht weniger.

Von der Männerstation ging ich zur Kinderstation. Hier schaute ich nach zwei oder drei Verbrennungsfällen, einigen kleinen Ruhr-Patienten, einer operierten Hasenscharte, zwei Kindern mit Knochenmarksentzündung und zwei Kindern mit Marasmus, einer besonders schweren Form von Unterernährung. Weiter ging es in eines der Privatzimmer, wo ein junges Ehepaar lag; beide hatten Gonorrhöe (Tripper) in weit fortgeschrittenem Stadium. Beim Mann war eine galoppierende Infektion von der Harnröhre in Becken und Hodensack durchgebrochen, und der größte Teil des Hodensackinhaltes war bereits zerstört. Im zweiten Privatzimmer war eine vermögende junge Frau aus einer Stadt in Südnepal, der ich die Gallenblase operiert hatte. Sie war bei Ärzten in Kathmandu, ja sogar in Indien gewesen, und niemand hatte die richtige Diagnose gestellt. Und dann hörte sie – vom wem, weiß ich nicht mehr – von diesem primitiven Missionshospital am Rande der zivilisierten Welt und kam zu uns. Als wir sie entließen, hatte sie zum ersten Mal nach vielen Jahren keine Schmerzen mehr. Und als sie zu Hause ihren Freunden erzählte, daß sie jetzt geheilt war, begannen bald andere Patienten aus ihrer Gegend, zu uns zu kommen; im Laufe der Zeit sind es immer mehr geworden.

Die letzte Etappe meiner Morgenvisite war die Tuberkulosestation, ein separater Anbau, in dem die schweren TB-Fälle lagen, die wir nicht ambulant behandeln konnten. Auf dem Weg dorthin kam ich an dem Quarantäneraum vorbei, der gewöhnlich für die allerschlimmsten TB-Fälle reserviert war; heute war er leer.

Einen ganzen Monat lang, bis zum letzten Abend, hatte in diesem Quarantänezimmer ein bildhübsches Gurung-Mädchen gelegen. Phul Maya (der Name bedeutet »Liebesblume«) war 21 Jahre alt. Viele Monate lang hatte sie zu Hause ihre Tuberkulose-Medizin eingenommen und stand kurz vor der Genesung; sie war wieder kräftig und frisch, und ihr munterer Charme kam zurück. Aber dann, wie so viele unserer TB-Patienten, hörte sie auf, ihre Medizin zu nehmen. Sie fühlte sich ja wieder gut, warum dann noch die Pillen schlucken? Mehrere Monate lang kam sie nicht mehr in unsere Sprechstunde.

Aber dann begann Phul Maya eines Tages, Blut zu husten. Viel Blut. Ihre Krankheit war wiedergekommen. Sie kam sofort zu uns, voller Angst und sehr kleinlaut; sie erinnerte sich nur zu gut, wie oft wir sie davor gewarnt hatten, vorzeitig mit der Einnahme aufzuhören. Sie sah noch erstaunlich robust und gesund aus, nur etwas blaß. Wir nahmen die Behandlung wieder auf, aber die Medizin wollte nicht mehr wirken. Das überraschte uns nicht. Wenn man die Tuberkulosebehandlung zu früh abbricht und es zu einem Rückfall kommt, sind die »neuen« Tuberkulosebakterien unweigerlich resistent gegen das bislang verwendete Medikament. Wir mußten ein anderes Medikament nehmen. Nur: Die Ersatzmedikamente, die Phul Maya jetzt gebraucht hätte, konnten wir uns nicht leisten. Sie kosteten dreißig- bis vierzigmal so viel wie das Standardpräparat – viel zuviel für Phul Maya, viel zuviel auch für das Krankenhaus. Unter den finanziellen Bedingungen, wie wir sie in Nepal haben, bedeutet der Einsatz eines so teuren Medikamentes bei einem Patienten, daß wir dreißig andere TB-Patienten, bei denen die Standardmedizin reichen würde, gar nicht erst behandeln können. Wir haben es uns in Amp Pipal zur Regel gemacht, daß wir die teuren Tuberkulosemedikamente, wenn überhaupt, nur bei solchen Patienten einsetzen, die nicht eigenmächtig die Behandlung abgebrochen haben, die also, mit anderen Worten, schon von vornherein resistent gegen das Standardmedikament waren. Aber solch ein Fall war Phul Maya ja nicht; wir konnten ihr das lebenrettende teure Medikament also nicht geben. Und so nahm ihre Krankheit ihren Lauf, ihre Kräfte verfielen mehr und mehr, und der Bluthusten wurde schlimmer und schlimmer. Wir gaben ihr ein oder zwei Bluttransfusionen in der vagen Hoffnung, daß das alte Medikament vielleicht doch noch wieder wirken würde, wenn sie nur lange genug am Leben blieb. Aber die Blutungen selbst stoppen konnten wir nicht. Und so, gerade in der vorigen Nacht, hatte sie einen massiven Blutsturz in ihre Lunge bekommen und war buchstäblich in ihrem eigenen Blut erstickt. Ich stand neben ihrem Bett, als sie starb, hielt hilflos ihre Hand und betete stumm zu Gott, der in dieser Nacht woanders zu sein schien.

Und heute war das Zimmer also leer. Es war, als schrie es, als ich vorbeiging.

Meine Kollegin Dr. Helen machte ebenfalls ihre Runde; auch sie hatte etwa zwanzig Patienten, allerdings keine chirurgischen Fälle. Cynthia hatte in jenen früheren Jahren in Amp Pipal keine eigenen Stationspatienten; sie war voll damit beschäftigt, zwei kleine Lausejungen zu erziehen.

Für neun Uhr stand eine Augenoperation auf dem Programm. Ich mußte einer alten Frau den grauen Star entfernen. Ich hatte sie erst letzte Woche kennengelernt, in einer meiner regelmäßigen »Dorfsprechstunden«, bei denen ich mit einigen Mitarbeitern in die umliegenden Dörfer ging und dort an Ort und Stelle Untersuchungen durchführte und medizinische und hygienische Ratschläge und Aufklärung gab. Durch diese Dorfsprechstunden erreichen wir so manchen Patienten, der nie im Leben aus eigenem Antrieb zu uns nach Amp Pipal gekommen wäre. So auch bei dieser Frau. Es war nicht einfach gewesen, sie davon zu überzeugen, daß sie eine Staroperation brauchte. Erst nachdem ich ihr mehrmals versichert hatte, daß sie nach der Operation wieder sehen können würde, ließ sie sich dazu erweichen, ins Krankenhaus zu gehen. Und dann mußte ich natürlich auch noch ihre Verwandten überzeugen, daß die Operation sich lohnte; schließlich mußten sie die Träger für die zweitägige Reise nach Amp Pipal bezahlen und dafür sorgen, daß sich während des einwöchigen Krankenhausaufenthaltes jemand um die Patientin kümmerte. Nun, auch sie ließen sich überzeugen, und so war die alte Frau am Tag zuvor eingetroffen, mit vier Trägern und sechs Verwandten, die jetzt alle im Flur standen und gespannt waren, ob die Operation glücken würde.

Die Operation ließ sich gut an. Ich betäubte das erste Auge und entfernte den Star. Dann fing ich mit dem zweiten Auge an. Ich wollte gerade darangehen, auch den zweiten Star herauszuschneiden, als die bis jetzt sehr ruhige Patientin plötzlich anfing, merkwürdige Laute von sich zu geben. Sie schluckte, würgte und begann mit dem Kopf zu wackeln. Ich bat sie, still zu sein, dies sei eine schwierige Operation, und wenn sie nicht still liegen bliebe, könne ihr Auge verletzt werden. Unglücklicherweise sprach sie fast nur ihren Gurung-Dialekt und verstand kaum Nepali. Wir merkten schließlich, daß sie uns etwas sagen wollte, aber nicht sprechen konnte. Die Luft kam wohl, aber nicht die Worte. Um Himmels willen, hatte die Frau am Ende einen Schlaganfall? Sie wurde immer unruhiger, und ich mit. Bald war sie ganz außer sich, würgte, hustete und wand sich. Vier nepalische Assistenten versuchten sie festzuhalten und schrien sie an, doch still zu sein. Meine Nervosität stieg, das war doch lächerlich, nur noch fünf Minuten und die Operation wäre zu Ende. Warum konnte die Frau sich nicht beruhigen? Aber eine halbe Stunde verging, und der Anfall wurde immer schlimmer. Es hatte keinen Zweck, weiterzumachen.

Ich brach die Operation ab. Ich fühlte mich müde und zerschlagen. Schlaganfall. Sicher hatte die Frau für den Rest ihres Lebens einen

Gehirnschaden davongetragen, da war es denn auch egal, ob sie auf dem zweiten Auge etwas sehen konnte – oder auf dem ersten.

Während meine Assistenten aufräumten, ging ich hinaus und trank eine Tasse Tee. Was sollte ich bloß den Verwandten sagten, denen ich diese Operation in den hellsten Tönen empfohlen hatte?

Dann ging ich in den Operationsraum zurück, um wieder nach der Patientin zu sehen – und sah gerade noch den zwanzig Zentimeter langen, kugelschreiberdicken Wurm, der sich aus ihrem Mund und auf ihre Brust ringelte. Die Patientin setzte sich auf und bat um ein Glas Wasser. Das also war des Rätsels Lösung! Ein paar Minuten, und sie hatte sich von ihrem »Schlaganfall« erholt.

Offenbar war der Wurm aus ihrem Magen durch die Speiseröhre heraufgekrochen, bis er ihren Schlund erreichte und sie zu würgen begann. Darauf war er ein Stück zurück in die Luftröhre gekrochen, was den Husten und den Ausfall der Stimme verursacht hatte. Warum dieser Wurm nach monatelangem ruhigen Leben in ihrem Darm beschlossen hatte, mitten in einer Staroperation sein Quartier zu verlassen, werde ich wohl nie erfahren. Jedenfalls war es eine Staroperationskomplikation, wie sie in keinem Lehrbuch steht. Ich operierte das zweite Auge am nächsten Tag fertig.

In der Ambulanz warteten neunzig Patienten auf Helen und mich. Also an die Arbeit – Tuberkulose, Abszesse, Lungenentzündungen, vereiterte Zähne, Armbrüche. Bis zum Mittagessen. Ein neuer Patient mit grauem Star (der kriegt vor der Operation eine Wurmmedizin!) und der Sohn unseres *Pradhan Panch*, der schlimm an Typhus erkrankt war. Außerdem die üblichen Kontrolluntersuchungen bei TB- und Leprapatienten, verschiedene Ruhr- und Darmparasitenfälle. Der letzte Patient dieses Morgens war ein Kind mit einem Retinoblastom, einer bösartigen Netzhautgeschwulst, dessen Auge wie eine große Tomate aus seiner Höhle hervorquoll.

Nach der Mittagspause, in der mir ein Lehrer aus der Nachbarschaft Sprachunterricht in Nepali gab, warteten immer noch dreißig Patienten auf mich. Der erste war eine rüstige Brahmanenfrau, die laut schnüffelnd in mein Sprechzimmer kam. Sie ließ sich auf den Hocker plumpsen, legte ihren schmutzigen Regenschirm auf meinen Schreibtisch und schielte mich an ihrer Nase vorbei und immer noch schnüffelnd an. Wir saßen einander genau gegenüber, unsere Knie berührten sich fast.

»Was haben Sie für Beschwerden?« fragte ich in meinem üblichen freundlichen Sprechzimmerton.

»Warten Sie«, sagte sie, »ich werde es Ihnen zeigen.«

Sie begann, heftig zu schnüffeln und zu schnauben und sich zu räuspern, daß ihr Nasenschmuck auf- und abtanzte, und dann, hast du nicht gesehen, beugte sie sich nach vorne und spuckte einen ganzen Mund voll gelben Schleims auf den Fußboden, zielsicher zwischen meine Knie. Der Schleim landete genau zwischen meinen Fersen, die kaum drei Zentimeter voneinander entfernt waren. Donnerwetter, die Frau hatte Übung!

»Das«, verkündete sie zufrieden, »sind meine Beschwerden.«

Aha. Chronische Sinustitis (Entzündung der Nasennebenhöhlen) mit Rücklauf in den Rachen. Ich gab ihr ein Rezept. Sie schien nicht besonders glücklich darüber zu sein, gerade so, als wolle sie ihre Beschwerden lieber noch ein Weilchen behalten. Wahrscheinlich hatten ihre Verwandten sie zu uns geschickt, weil ihnen ihre Spuckerei auf die Nerven ging.

Der nächste Patient war ein Mann mit einer großen Zyste im Gesicht. Ich gab unserem Operationsteam Bescheid, daß wir ihn gegen Abend operieren würden. Wenig später war ich gerade dabei, einem Mann mit Harnröhrenverschluß einen Katheter einzuführen, als eine Assistentin kam und mir zuflüsterte, daß der Nationalratsabgeordnete unseres Distrikts da war und seine Frau gebracht hatte. Wir hatten ihr Kommen nicht bemerkt, und sie warteten schon seit einigen Stunden. Ich ging in den Flur, verschwitzt und blut- und gipsbefleckt wie ich war, und begrüßte sie in dem Tohuwabohu der rufenden und stöhnenden Patienten und ihrer Verwandten. Nachdem ich die Frau des Abgeordneten untersucht hatte, lud ich die beiden ein, doch zu unserem Haus zu gehen, damit Cynthia ihnen wenigstens eine Tasse Tee anbieten konnte. Sie auch zum Abendessen einzuladen, schien mir nicht besonders geschickt, denn da kamen bereits unser nepalischer Pastor, seine Frau und zwei Krankenschwestern. Aber Cynthia lud sie natürlich trotzdem ein, und sie nahmen die Einladung an. Nun ja, mehr Gäste, mehr Abwechslung. Zwei nepalische Oberschullehrer, die wir gut kannten, schlossen sich der Runde schließlich auch noch an.

Meine Zeit wurde knapp. Der nächste Patient war ein sechzigjähriger Mann mit Phimose (Vorhautverengung). Unter der zu engen Vorhaut hatten sich im Laufe der Zeit nicht weniger als zweiundvierzig Steine angesammelt, die erbsen- bis rosenkohlgroß waren. Seit zwei Jahrzehnten schon trug er diesen unförmigen Sack an der Spitze seines Penis mit sich herum! Mit einem raschen Schnitt befreite ich ihn von seiner Last, und er wurde der glücklichste Beschneidungspatient, den ich je gesehen habe. Er tanzte fast aus dem Sprechzimmer hinaus.

Es war jetzt halb fünf, und im Flur warteten nur noch ein paar Patienten, Helen war in der Station, um bei einer schweren Geburt zu helfen. Ich ließ dem Operationsteam sagen, daß wir um fünf den Mann mit der Gesichtszyste operieren würden. Wenn alles glatt ging, würde ich noch rechtzeitig zur Begrüßung der Gäste zu Hause sein. Ich machte rasch weiter (was immer ein Fehler ist), und um zehn Minuten vor fünf hatte ich richtig nur noch drei Patienten zu behandeln – drei junge, kichernde Teenagermädchen, die von einem älteren Mädchen gebracht worden waren.

Na, dachte ich, *mit denen bin ich in ein paar Minuten durch*. Das war mein zweiter Fehler. Ich rief das erste Mädchen herein – meine Sprechstundenhilfe war leider nicht da, sie hatte Hepatitis – und fragte es nach seinen Beschwerden. Die Antwort dauerte fünf Minuten. Die junge Dame war krank von Kopf bis Fuß: Der Kopf tat ihr weh, die Augen brannten, im Mund war ein komischer Geschmack, der Atem ging zu schwer und das Herz klopfte zu stark, der Magen drückte, die Menstruation war nicht richtig, die Gelenke schmerzten und die Fußsohlen brannten und der Stuhl war nicht in Ordnung. Als ich sie fragte, inwiefern ihr Stuhl nicht in Ordnung sei, gab sie die Standardantwort: *paheelo* (»gelb«), was alles oder nichts bedeuten kann. Und als ob all das nicht ausreichte, fühlte sie sich auch noch schlapp und schwindelig, genau wie ich.

Was konnte ich machen? Ich begann, sie systematisch zu untersuchen, um der Sache auf den Grund zu gehen. »Aha, Sie sind kurzatmig? Dann atmen Sie jetzt einmal langsam ein und aus, ein und aus...« Und so weiter. Das ältere Mädchen, das die drei jüngeren schwesterlich betreute und mit ins Sprechzimmer gekommen war, wiederholte und erläuterte jede meiner Fragen, und dann wiederholte und erläuterte sie jede der Antworten meiner Patientin.

Ich hätte diesen Dienst vielleicht sogar zu schätzen gewußt, wenn sie nicht nach jedem Symptom, über das wir sprachen, auch noch gefragt hätte: »Wie kommt das denn, Herr Doktor?« Worauf ich natürlich nach einer halben Sekunde eine niet- und nagelfeste Anwort geben mußte. Die Zunge der Patientin brannte, weil sie ihr Essen zu scharf gewürzt aß; die Füße schmerzten, weil sie Vitaminmangel hatte. – »Wie kommt das, Herr Doktor?« – Weil die Würmer in ihrem Bauch die Vitamine aufaßen, und so weiter und so weiter. Über ein Dutzend Fragen lang ging das so. Sie ließ mir keine Ruhe. Dann machte ich meinen nächsten Fehler: Ich fragte die Patientin, was denn mit ihrer Menstruation nicht in Ordnung sei. Das tue ich bei jungen Mädchen, die hundert Symptome gleichzeitig haben, immer, denn hier liegt gewöhnlich ihr eigentliches Problem: Sie haben Blutungen, bekommen keine Kinder oder haben sonstige Frauenbeschwerden, trauen sich aber nicht, offen darüber zu reden. Hier hätte ich mir die Frage besser gespart, denn die Menstruation kam alle zwei Monate. »Wie kommt das denn, Herr Doktor?« Ich murmelte etwas über eine Störung des Stoffwechsels. – »Wie kommt das, Herr Doktor?« – Ich murmelte etwas anderes. »Wie ist ihr Blutdruck, Herr Doktor?« Er war in Ordnung. »Sind Sie ganz sicher, daß sie Würmer hat, Herr Doktor?« Ich verbiß mir, zu sagen, daß ich einen siebten Sinn für Würmer hatte, und ordnete einen Stuhltest an; was tut man nicht alles, um seine Patienten zufriedenzustellen.

»Warum tun ihr denn die Knie weh, Herr Doktor?« Ja, warum? Und dann mußte ich die Antwort auch noch auf Nepali geben!

»Nun«, begann ich, »das ist halt manchmal so.«

»Und wie kommt das, Herr Doktor?«

»Von gar nichts.« Schweigen. Aha, diesmal war es die richtige Antwort.

In diesem günstigen Augenblick kam das Ergebnis des Stuhltestes aus dem Labor: Schlauchwürmer und Hakenwürmer. Ich räusperte mich und verkündete mit feierlicher Miene, daß alle Beschwerden der Patientin durch diese kleinen Darmparasiten verursacht wurden und daß sie jetzt im Nu gesund werden würde. Ein Stuhlgangtest zur rechten Zeit erspart dem Arzt viel Peinlichkeit.

Um viertel nach fünf war ich mit dem Wurmmädchen fertig. Was würde jetzt kommen? So wie die beiden anderen Mädchen draußen im Warteflur saßen, sicher nichts Gutes; bestimmt hatten sie dieselbe Leidensgeschichte zu erzählen. Richtig. Nummer zwei ging es gerade so wie Nummer eins, nur daß ihr nicht die Knie wehtaten, sondern der Rücken. »Wie kommt das, Herr Doktor?« Und ihre Menstruation kam nicht alle zwei Monate, sondern alle zwei Wochen. »Wie kommt das, Herr Doktor?« Ja, wie kam das? Zu wenig Vitamine? Zu wenig Vitamine hatte schon die erste gehabt. Vielleicht zu viel Vitamine? Aber so lächerlich wollte ich mich auch wieder nicht machen. Was ich wirklich antwortete, weiß ich nicht mehr, aber es wird sehr gelehrt geklungen haben.

Das dritte Mächen fragte ich vorsichtshalber nicht nach seiner Periode. Aber seine Schulterschmerzen waren auch nicht uninteressant.

»Wie kommt das, Herr Doktor?« Ich begann einen kurzen Vortrag über Arthritis, was mir schneller und einfacher zu sein schien als ein langer Vortrag darüber (und dann auch noch auf Nepali), daß die Patientin lediglich nervös und verspannt war. Also Arthritis. »So ähnlich wie bei den Knien Ihrer ersten Freundin und dem Rücken Ihrer zweiten, Sie verstehen? Eine Art Gelenkentzündung, und die Schulter ist ja ein Gelenk, nicht wahr?« Wenn der Patient zu viel fragt, dann überrolle ihn mit deiner Gelehrsamkeit, heißt die Devise für den gestreßten Arzt. Es ist ein recht bewährter Trick, auch in Amp Pipal.

Er schien auch jetzt zu klappen. Ich beendete meine Rede mit dem tröstlichen Hinweis, daß die Schulterschmerzen eigentlich gar keine richtige Ursache hatten, sie waren halt da, Punkt. Und dann machte ich einen furchtbaren Fehler: Ich fügte noch völlig unnötigerweise hinzu, daß es zwei Arten von Schmerzen gab, die die Ärzte sich nicht erklären konnten, nämlich Gelenkschmerzen und Kopfschmerzen, und daß sie eigentlich nichts anderes tun konnten, als Aspirin zu verschreiben. Das »Wie kommt das, Herr Doktor?«-Mädchen sah mich interessiert lächelnd an und sagte: »Oh, kennen Sie sich auch mit Kopfschmerzen aus? Ich habe nämlich auch welche!«

Sie war noch nicht einmal als Patientin angemeldet. Ich war zu erschöpft, um ihr vorzuschlagen, doch einfach ihren Kopf dreimal täglich abzuschrauben, und so verbrachte ich die nächsten zehn Minuten damit, mir ihre Lebensgeschichte anzuhören. Nun gut, es mußte wohl sein; ich begann meinen Vortrag über Nervosität und Verspannung, verpatzte den Hauptteil natürlich völlig und schloß mit der Bemerkung, daß der Kopf nicht wirklich wehtat, sondern sich nur so anfühlte. Als sie damit nicht zufrieden war, sagte ich ihr, daß sie halt herausfinden müsse, wo die Ängste, die ihre Verspannung verursachten, herkamen. »Wie mache ich das denn, Herr Doktor?« Ich antwortete, daß ich das auch nicht wüßte, und – o Wunder – damit war die Diskussion beendet. Hätte ich ihr diese Antwort gleich vor einer Stunde auf die erste Frage gegeben, hätte ich für die drei Mädchen und sie keine zehn Minuten gebraucht. Man lernt nie aus.

Mit eineinhalb Stunden Verspätung begab ich mich in den Operationsraum, wo der Patient und meine Assistenten geduldig warteten. Während ich die Zyste entfernte, kam ein junger Mann mit einem böse verletzten Fuß an, und während ich den Fuß versorgte, brachte man einen Mann, der mit seinem Gewehr hantiert und sich dabei die eine Hand halb abgeschossen hatte. Wir operierten bis neun Uhr abends, zuletzt beim Schein einer Taschenlampe und Petroleumleuchte, denn unser Stromgenerator funktionierte seit zwei Wochen nicht richtig.

Endlich war die Hand repariert, und ich konnte nach Hause. Wie waren die Gäste wohl ohne mich ausgekommen? Prächtig; man schien mich noch gar nicht vermißt zu haben. Alle waren in eine angeregte Unterhaltung vertieft, allen voran der sehr redselige Nationalratsabgeordnete. Als es spät wurde, spielte Cynthia ein paar Stücke auf dem Klavier; die Gäste ließen es sich, wie immer, höflich gefallen.

Dann erhob sich plötzlich der nepalische Pastor und sagte: »Jetzt möchte ich uns noch etwas aus dem Wort Gottes vorlesen.« Er war eigentlich der Hauptgast des Abends, alle anderen waren später dazugekommen. Er war ein einfacher und bescheidener Mann, wenig gebildet und aus einer niedrigen Kaste. Die Kinderlähmung hatte seinen rechten Arm verkrüppelt und das rechte Bein teilweise gelähmt. Aber trotz dieser Behinderung – und trotz der Gesetze des Landes, die die offene Mission verbieten – verbrachte er den Großteil seiner Zeit als reisender Evangelist und humpelte mit einer Energie die steilen Berge hinauf und hinunter, daß seine Begleiter kaum mithalten konnten. Er hatte einen tiefen und festen Glauben, war aber keine besondere Führungspersönlichkeit und kein großer Redner. Aber an diesem Abend stand er also auf, nahm seine Bibel in seine gesunde Hand und las, während seine Frau ihm mit der Taschenlampe leuchtete und die Seiten umblättern half, langsam mehrere Abschnitte aus dem Neuen Testament vor. Dann sprach er fünf Minuten lang mit ungekünstelter Autorität darüber, was das Evangelium bedeutete – für ihn und für alle Menschen. Er schloß mit einem kurzen Gebet und sagte dann (es war inzwischen halb elf geworden): »Und jetzt ist es Zeit, daß wir uns von unseren Gastgebern verabschieden.« Wir hatten gar nicht gewußt, daß unser Pastor so geschickt sein konnte. Und so war dieser Tag endlich zu Ende.

Der Gesundheitsrat kommt!

Der nächste Tag war kein normaler Tag, sondern ein besonderer. Wir erwarteten nämlich sieben staatlich ausgebildete »Gesundheitsassistenten« zu Besuch. Diese Assistenten – man könnte sie auch »Hilfsärzte« nennen – sollten die Leitung der neu eingerichteten staatlichen »Gesundheitsposten« in unserem Distrikt übernehmen, die den Menschen in den entlegeneren Dörfern zumindest für die einfacheren Fälle eine gewisse medizinische Grundversorgung bieten sollten. Die nepalische Regierung hatte vor, das ganze Land mit einem Netz aus solchen Gesundheitsposten zu überziehen.

Unsere sieben Gesundheitsassistenten hatten ihre zweijährige Grundausbildung absolviert und dabei ohne Zweifel gute theoretische Medizinkenntnisse erworben, sie hatten jedoch noch so gut wie keine Erfahrung in der Arbeit vor Ort: der konkreten Diagnose und Behandlung von Patienten. Und so hatte unser Krankenhaus, das den Regierungsplan nach Kräften unterstützen wollte, beschlossen, diesen Gesundheitsassistenten ein einwöchiges Praxisseminar in Amp Pipal anzubieten. Der *Panchayat* von Amp Pipal hatte unseren Plan gutgeheißen, und unser politsch recht ehrgeiziger *Pradhan Panch* hatte gesagt: »Überlassen Sie die Organisation nur mir, Sie brauchen nur den Unterricht zu besorgen, alles andere erledige ich.«

Und so war der Stein ins Rollen gekommen. Unser *Pradhan Panch* hielt Wort. Er war ein ebenso ehrgeiziger wie kontaktfreudiger Mensch, der es wie kaum ein anderer verstand, die Herzen seiner Mitmenschen für neue Projekte zu begeistern. Als erstes marschierte er die sechs Stunden zur Distrikthauptstadt Gorkha und begeisterte den Distriktvorsteher und verschiedene andere Beamten, die alle versprachen, bei den Eröffnungsfeierlichkeiten unseres Seminars zugegen zu sein. Danach lud er die Bürgermeister der sechs oder sieben Nachbar-*Panchayats* von Amp Pipal sowie andere interessierte *Panchayat*-Mitglieder ein. Und noch viele andere – Angestellte des staatlichen Krankenhauses, andere medizinische Mitarbeiter aus dem Distrikt, kurz: so ziemlich jeden, den er zu fassen bekam. Kein geringer Aufwand für sieben Medizinstudenten und ein einwöchiges Seminar.

Die Vorbereitungen ließen sich gut an, und unser *Pradhan Panch* war gerade im Nachbardistrikt unterwegs, um auch dort die Werbetrommel zu rühren, als auf einmal das Gesundheitsministerium in Kathmandu auf den Plan trat. Wie es überhaupt von unserem Seminar gehört hatte, ist mir ein Rätsel, aber es beschloß jedenfalls, die Sache in seine eigenen Hände zu nehmen. Erstens schickte es einen eigenen Beamten nach Amp Pipal, der die Leitung des Seminars übernehmen sollte, womit wir aus Dozenten zu Zuschauern wurden. Zweitens wies es den Gebietsgesundheitsrat an (also den Beamten, der der medizinischen Versorgung in der gesamten Verwaltungszone »Zentralnepal« mit ihren elf Distrikten, darunter unserem, vorstand), als Schirmherr der Praxiswoche zu fungieren. Und einen oder zwei Tage später verordnete es aus unerfindlichen Gründen, daß das Seminar einen Tag eher als geplant beginnen sollte, was an und für sich kein Problem war, aber mindestens der Hälfte der geladenen Gäste und Akteure, darunter auch unserem immer noch fleißig reisenden und einladenden *Pradhan Panch* und dem so unerläßlichen Gebietsgesundheitsrat, nicht rechtzeitig zu Ohren kam.

Der zweite Ehrengast nach dem Gebietsgesundheitsrat war der erst vor kurzem ernannte neue Distriktvorsteher. Er wollte den Eröffnungsfeierlichkeiten der Seminarwoche beiwohnen, das Krankenhaus besuchen und ganz allgemein die Gegend um Amp Pipal kennenlernen – eine ebenso lobenswerte wie kluge Idee, denn so viele Bürgermeister und *Panchayat*-Mitglieder aus seinem Distrikt auf einmal würde er so bald nicht mehr versammelt finden. (Leider sollte sich herausstellen, daß die meisten von ihnen nicht wußten, daß der große Tag vorverlegt worden war, so daß sie den Distriktvorsteher überhaupt nicht zu Gesicht bekamen.)

Dr. Helen und ich begrüßten die Gelegenheit, mit all diesen wichtigen Distrikt- und Regierungsbeamten über die Zukunft unserer medizinischen Arbeit sprechen zu können, denn es ging schon einige Zeit das Gerücht um, daß die Zentralregierung in Kathmandu unser Krankenhaus verstaatlichen wolle. Auch unser *Pradhan Panch*, der das Gerücht ebenfalls kannte, war sehr an der Zukunft des Krankenhauses interessiert, denn je wichtiger das Krankenhaus war, um so wichtiger war auch er, wie diese Seminarwoche ja zeigte. Als er am Vorabend des Eröffnungstages endlich von seiner Werbetrommelreise zurückkehrte, war er nicht wenig erstaunt, daß die Hälfte der geladenen Gäste bereits da war und ungeduldig die Verpflegung und die Nachtquartiere verlangte, die er so sorgfältig für den *nächsten* Abend arrangiert hatte.

Am Morgen des großen Tages quirlte und pulsierte es in unserem friedlichen kleinen Dorf. Um ein Uhr mittags sollte der feierliche Empfang stattfinden, doch schon mehrere Stunden vorher war der Platz vor der Klinik dicht gefüllt mit Schaulustigen, die sich zeitig die besten Plätze reserviert hatten. Zur Feier des Tages hatte einige unserer nepalischen Angestellten einen prachtvollen Torbogen aus Bambusstücken, Bananenblättern und Blumengirlanden errichtet, unter dem die hohen Gäste auf dem Weg zu ihren Ehrenplätzen hindurchschreiten sollten. Doch so lange mochten einige Kühe, die sich gerade in der Nähe aufhielten, nicht warten, und ehe man es sich versah, hatten sie die Hälfte des Triumphbogens aufgefressen. Ihn zu reparieren war keine Zeit mehr, und wir konnten nur hoffen, daß die Gäste den symbolischen Wert des Bogens höher einschätzen würden als seinen äußeren Zustand. Tröstlich immerhin, daß dies nicht der erste Ehrenbogen war, der von Kühen oder Ziegen aufgefressen wurde.

Um zwei Uhr, also so gut wie pünktlich, begann die Feierstunde. Das Startsignal gab unser *Pradhan Panch*, indem er Blumensträuße an den Bildern des nepalischen Königspaares befestigte. (Wir hatten die Bilder erst vor zwei Tagen in aller Eile gekauft und gut sichtbar am Krankenhauseingang angebracht, wo sie eigentlich schon seit Jahren hingehört hatten.) Ein nepalisches Krankenschwesterntrio sang ein Begrüßungslied für den Gebietsgesundheitsrat (der noch gar nicht eingetroffen war) und den Distriktvorsteher. Dann begannen die Ansprachen.

Alle schienen das Bedürfnis zu verspüren, zum Gelingen des festlichen Ereignisses durch ein Grußwort beizutragen. Der *Pradhan Panch,* die Distriktbeamten, Lehrer, Ladenbesitzer und andere angesehene Bürger – jeder hielt eine Rede, mancher sogar zwei, der *Pradhan Panch* vier. Während dieser Reden kamen immer wieder neue Ehrengäste an, die nichts anderes gewußt hatten, als daß die Feier erst am nächsten Tag stattfand. Schließlich kam auch der Gebietsgesundheitsrat, matt und schweißtriefend von den 25 Kilometern Bergwanderung in der sengenden Hitze. Mit seinem schwarzen Zwirbelschnurrbart, dem sonnenverbrannten dunklen Gesicht und dem mächtigen Strohsombrero auf den verschwitzten Haaren sah der kleine, würdevolle Mann wie ein Doppelgänger des mexikanischen Revoluzzers und Volkshelden Pancho Villa aus. Jemand reichte ihm rasch ein Glas Wasser, und dann bat man ihn, ein Grußwort zu sagen. Er ging zu seinem Platz, direkt neben dem Bild des Königs, und fing an.

Die Rede war erstaunlich temperamentvoll und bestand aus drei Teilen. Erstens: Warum hatten die Idioten im Gesundheitsministerium das Datum für das Seminar in letzter Minute geändert, ohne den Gästen im allgemeinen und ihm im besonderen das mitzuteilen? Zweitens: Hatten seine Zuhörer auch nur die geringste Vorstellung davon, welche Mühe ihn der lange, steinige, staubige, steile, heiße Marsch durch die unwirtlichen Berge gekostet hatte und was für eine Zumutung es war, ihn dann auch noch, kaum daß er hier war, um eine Rede zu bitten? Wollten sie ihn etwa umbringen? Drittens: Konnte ihm jemand sagen, warum um alles in der Welt ihm befohlen worden war, seine wertvolle Zeit zu opfern und in dieses gottverlassene Nest zu kommen?

Es war eine wunderbare Rede, die Zuhörer waren begeistert. Auch die anderen zwanzig Reden waren wunderbar. Ein Staatsempfang in einem Präsidentenpalais hätte nicht feierlicher sein können. Und als alles vorbei war, durften alle Gäste und Teilnehmer feierlich überlegen, wie es weitergehen sollte: Sollten sie hierbleiben und übernachten oder nicht? Wo sollten sie übernachten? Wo sollten sie essen? Es dauerte eine ganze Stunde, bis jeder wußte, was er wollte (oder es wieder vergessen hatte). Mindestens eine Stunde, ich übertreibe nicht. Der Distriktvorsteher beschloß dreimal, wieder nach Hause zu gehen, und dreimal, zu bleiben, was unter anderem mit dem Regen zusammenhing, der zweimal anfing, aber nur einmal wieder aufhörte. Und bevor die anderen sich entscheiden konnten, mußten sie natürlich wissen, wie der Distriktvorsteher sich entschieden hatte.

Irgendwie gelang es uns, allen, die dablieben, Kost und Logis zu besorgen. Einige der wichtigeren Gäste, einschließlich Pancho Villa, fanden Herberge im Hause der Hales. Der Rest der Seminarwoche ergab sich von selbst. Spätabendliche Diskussionen über die Zukunft unseres Krankenhauses, die Dr. Helen fest schlafend verbrachte. Frühmorgendliche Diskussionen über die Zukunft des Krankenhauses, die Pancho Villa fest schlafend verbrachte. Seminare, die an dem einen Ort stattfanden, während die Teilnehmer an dem anderen warteten. Exkursionen, auf die niemand ging. Das Missionspersonal wartete mehr oder weniger hinter den Kulissen, allzeit bereit, mit einem Vortrag, einer Kanne Tee, einer Mahlzeit oder ein paar Filmen auszuhelfen. Seppo, unser Baumeister aus Finnland, verbrachte zehn Stunden damit, unseren Filmprojektor zu reparieren, damit wir einige Filme über Gesundheitsfürsorge und Landwirtschaft zeigen konnten. Der Filmabend kam, aber keiner der wißbegierigen Gesundheitsassistenten; sie hatten es sich in der letzten Minute anders überlegt und wollten die Filme erst am nächsten Abend sehen. Sie wurden würdig vertreten durch etliche Dutzend Dorfbewohner, die sich ebenfalls weiterbilden wollten, und wir machten aus dem einen Filmabend deren zwei.

Für den Abschlußabend hatten Cynthia und ich die sieben Gesundheitsassistenten und ihre Lehrer nebst einigen der leitenden nepalischen Krankenhausmitarbeiter zu einem gemütlichen Essen eingeladen. Im ganzen waren es einundzwanzig Gäste. Der Abend sollte unseren Mitarbeitern Gelegenheit geben, einmal in ganz ungezwungener Atmosphäre die »Staatlichen« kennenzulernen, und umgekehrt. Was passierte? Unsere Leute ließen sich auf der einen Seite unseres Wohnzimmers nieder, die »Staatlichen« auf der anderen, und so blieben sie den ganzen Abend lang sitzen. Die Amp-Pipal-Seite sprach kein Wort mit der staatlichen, und die staatliche kein Wort mit der Amp-Pipal-Partei. Mit größter Anstregung brachte ich es fertig, wenigstens ein paar verbindende Sätze zu sagen. Es hätte genausogut eine Konferenz zwischen Arabern und Israelis am ersten Tag des Yom-Kippur-Krieges sein können.

Am nächsten Morgen reisten alle ab, und die Tortur war vorbei.

Kein Gott im weißen Kittel

Der Beruf des Chirurgen ist von einem Schleier des Geheimnisvollen umgeben, und manchen Chirurgen ist es gerade recht so. Da steht der große Mann am Krankenbett, umgeben von ängstlichen Verwandten und schüchternen Krankenschwestern, legt seine Hand einen Augenblick auf den Bauch des Patienten und verkündet mit schicksalsschwerer Stimme: »Heute abend operieren wir.« Ein Schauer der Ehrfurcht läuft um das Bett, alle halten den Atem an. Selbst der Hausarzt kann nur schweigend dastehen vor der unergründlichen Entscheidung. Und dann schieben die fleißigen Helfer das Bett des Patienten in den Flur und durch die magischen Pendeltüren hinein in die unbekannte Welt des Operationssaales, der im britischen Englisch nicht unpassend »Operationstheater« genannt wird. Ja, das ist der Nimbus der Chirurgie!

Der geheimnisvolle Schleier wird noch verstärkt dadurch, daß der Chirurg gewöhnlich ein Mensch von wenigen Worten ist. Er ist dies weniger aus Absicht denn aus Notwendigkeit. Wie soll jemand auch sprachgewandt sein, der die besten Jahres seines Lebens mit einer Maske über seinem Mund und einem aktiven Wortschatz von vielleicht zehn Wörtern (wie »Saugen«, »Schneiden«, »Ziehen« und »Tupfer«) verbracht hat?

Aber es gibt eine unfehlbare Methode, den Schleier zu zerreißen und den Nimbus zu erschüttern: Man lasse den Mächtigen ein paar Monate lang als Gastchirurg in einem ihm unbekannten Krankenhaus arbeiten. Das ist ungefähr so, als wenn man ihn ohne Betäubung operiert.

Vor ein paar Jahren trat ein anderes Missionskrankenhaus mit einer Bitte an mich heran: ob ich nicht für eine Chirurgin einspringen könne, die gestürzt war und sich ein Bein gebrochen hatte. Ich sagte zu, und Cynthia kam gleich mit, um in der Frauenambulanz auszuhelfen. Das Hundertbettenhospital war eines der Paradepferde der Mission und nahm Patienten aus der gesamten Westhälfte Nepals auf. Das war etwas anderes als unsere Wellblechbude in Amp Pipal! Ehrfürchtig packten wir unsere Koffer.

Und in der Tat: Dieses Krankenhaus hatte Niveau. Wir merkten das sofort daran, daß wir neue Namen bekamen: Wir waren nicht mehr »Dr. Tom« und »Dr. Cynthia«, oh nein, wir waren »Herr Dr. Hale, T.« und »Frau Dr. Hale, C.«. Allerdings nicht lange, denn schon bald wurde daraus »Dr. Teal« und »Dr. Seal«, zu deutsch: »Dr. Schnatterente« und »Dr. Seehund«. Wir trösteten uns damit, daß man Clara, die Oberschwester, »Schwester Cholera« nannte.

Mein erster Operationspatient war ein Mann mit einem Blasenstein, also ein einfacher Fall und genau das Richtige für jemanden, der sich gerade einarbeitet. Nicht ganz so einfach war die Diagnose gewesen. Ein Patient mit Blasensteinen hat unweigerlich Blut in seinem Urin, aber die Urinuntersuchung im Labor hatte keine Blutzellen ergeben. Erst als der Patient darauf bestand, geröntgt zu werden, entdeckte man den Stein, der so groß wie ein Golfball und sehr stachelig war. Später erfuhr ich, daß das Labor dieses Krankenhauses Urinproben nicht zentrifugierte, wie das (soviel ich weiß) im Rest der Welt eigentlich üblich ist; es konnte also gar keine roten Blutzellen entdekken, da konnte ich so viele Urinproben von Blasensteinpatienten schicken wie ich wollte. Aber dafür konnte es andere Sachen – zum Beispiel nachweisen, daß Männer schwanger waren.

Man versicherte mir, daß in diesem Hause die Operationsvorbereitung des Patienten ganz in den Händen der Assistenten lag und daß ich nichts weiter zu tun brauchte, als einfach in den Operationssaal zu gehen und zu operieren. Na, wenn das nicht einfacher war als das Chaos in Amp Pipal!

Trotzdem machte ich mich zeitig auf den Weg zum Operationssaal, was kein Fehler war. Als erstes mußte ich feststellen, daß man den Raum nur betreten durfte, wenn man vorher ein Paar spezielle Gummilatschen anzog, die sehr ordentlich auf einem Gestell neben den Pendeltüren lagen und, wie man mir erzählte, jeden Abend in einer Desinfektionslösung sterilisiert wurden. Sterile Arbeitssandalen – ich war tief beeindruckt. Dumm nur, daß ich solche Sandalen nicht mochte und daß ich es auch nicht mochte, wenn mir während der Operation Blut, Eiter und alles mögliche andere auf die Zehen tropfte. Aber zum Glück hatte ich in unserer Wohnung ein Paar brandneue Turnschuhe, und ich fragte, ob ich nicht die anstelle der Gummilatschen tragen dürfte. Ich durfte, und so ging ich rasch noch einmal zurück und holte sie.

Man führte mich in den Umkleideraum. Irgend jemand hatte gerade den Fußboden geputzt (einen so sauberen Fußboden gab es in Nepal so schnell nicht noch einmal), und hier und da waren noch ein paar kleine Pfützen. Als ich mich bückte, um meine schmutzigen Schuhe auszuziehen, fielen prompt mein Notizbuch und meine Brille in eine dieser Pfützen. Ich wischte sie ab und steckte sie in meine Hosentasche. Dann sah ich mich nach passenden Operationskleidern um. An einer Wand stand ein Schrank, und in dem Schrank lagen auf drei Regalen fein säuberlich gestapelt und nach Größen (»klein«, »mittel«, »groß«) geordnet die grünen Operationshosen und Operationshemden. Man klärte mich darüber auf, daß sie autoklaviert, also unter Hochdruck sterilisiert waren. Alle Wetter! Sterile Fußböden, sterile Sandalen, sterile Kleider. Soviel Mühe machten wir uns in Amp Pipal nicht. Wir gingen in unseren normalen Alltagsschuhen in den Operationsraum, trugen unter dem OP-Kittel unsere gewöhnliche Kleidung und kümmerten uns nicht weiter um die Fußböden. Und trotzdem gab es bei uns so gut wie nie Infektionen. Allerdings konnten die Bakterien in Amp Pipal nicht springen; vielleicht war das hier anders. Trotzdem: Es war beruhigend, all diese Vorsichtsmaßnahmen zu sehen, auch wenn sie überflüssig waren.

Ich nahm mir eine Hose aus der »Mittel«-Abteilung. Sie reichte knapp bis über meine Knie. Ich versuchte es mit drei anderen; sie waren genauso klein. Nachdem ich den ganzen Schrank durchsucht hatte, fand ich endlich die richtige Größe – in der Abteilung für »kleine Hemden«. Dann sah ich mich nach einem Hemd um. Im Regal für »große Hemden« lagen nur kleine Hosen. Wieder ging ich alle Stapel systematisch durch, bis ich endlich ein Hemd fand, das mir immerhin bis zur Taille ging. Unter den Achseln spannte es etwas, aber eine Blasensteinoperation dauerte ja nicht lange.

Die Operationshauben waren alle für wesentlich größere Häupter als meines gedacht. Ich zog also aufs Geratewohl eine aus dem Stapel heraus und rollte sie an den Seiten hoch, so daß sie mir nicht über die Augen rutschen konnte. Ein Mundschutz vervollständigte meine Ausrüstung, und ich war bereit, die Arena zu betreten. Sicher lag der Patient inzwischen schon nach Einleitung der Narkose auf dem Operationstisch; mein Suchen und Finden hatte ja seine Zeit gebraucht.

Aber der Patient war noch gar nicht im Operationsraum! Dafür kamen Stimmen aus dem Vorraum. Ich steckte meinen Kopf durch die Pendeltüren und sah, wie mein Patient gerade von einer fahrbaren Bahre auf eine andere umgeladen wurde.

»Ist die andere Bahre kaputtgegangen?« fragte ich unschuldig.

»Bahren von draußen dürfen bei uns nicht in den Operationssaal«, erwiderte ein flotter junger Assistent. »Im Operationssaal muß alles sauber sein.«

Nicht übel! Geradezu vorbildlich. Aber was sollte der Katheter, der da ganz offen zwischen den Beinen des Patienten lag, ohne Urinflasche, ohne alles, und langsam vor sich hintropfte?

Man klärte mich auch darüber auf. Selbst Urinflaschen und Drainageschläuche von »draußen« durften die Schwelle des Operationssaales nicht passieren. Der Patient würde im Operationssaal neue bekommen.

»Aber«, meinte ich, »Sie haben den Katheter doch erst vor einer halben Stunde eingeführt, das ist doch alles noch ganz frisch!«

»Das kann schon sein, aber wir müssen uns schon an unsere Regeln halten.«

Ich schaute noch einmal hin und bemerkte, daß der Katheter nur Größe 16 hatte, während ich doch Größe 22 angeordnet hatte. Ich murmelte etwas, das wie eine Beschwerde klingen sollte, und man versicherte mir, daß Größe 16 hier üblich sei und daß es nie Probleme gegeben habe; außerdem hatten sie Größe 22 nicht.

Während die Assistenten den Patienten in den OP-Saal schoben, setzte ich mich auf einen Schemel, um zu warten, bis der Patient seine Rückenmarksnarkose bekommen hatte. Zu spät bemerkte ich, daß die Putzfrau auch auf meinem Hocker eine Wasserpfütze hinterlassen hatte. Nach ein paar Minuten stand ich wieder auf, um nachzuschauen, wie weit man mit der Narkose war. Der nepalische Anästhesist war gerade dabei, den Rücken des Patienten zu waschen. Es war deutlich zu sehen, daß er auf der Station nicht gewaschen worden war, die Tücher wurden schwarz vor Dreck. Aha, daß man den Patienten auf der Station den Rücken wusch, war hier also nicht üblich. Und wie ich bald entdecken sollte, wusch man auch die Operationsstelle nicht. In diesem Krankenhaus wuschen die Patienten sich nämlich selbst – ein wohlgemeintes, aber leider störanfälliges System, vor allem wenn, wie in diesem Hause, die Wasserhähne selbst in der Monsunzeit oft den ganzen Tag abgestellt waren, um Wasser zu sparen.

Jemand stellte fest, daß wir keinen Strom hatten. Der Strom wurde von einem kleinen Elektrizitätsunternehmen geliefert, dessen Generatoren mal an- und mal abgeschaltet waren; heute waren sie abgeschaltet. Das Krankenhaus hatte für solche Fälle zwei Notstromaggregate; keiner von ihnen funktionierte. Wollte ich trotzdem operieren, ohne Operationslampe und ohne Saugapparat? Ich überlegte. Das Tageslicht, das durch die Fenster kam, war ziemlich stark, und eine

Blasensteinoperation ist nicht weiter kompliziert. Also gut. Ein Assistent schleppte noch einen Akkustrahler herbei, aber der ging auch nicht, weil jemand vergessen hatte, ihn rechtzeitig wieder aufzuladen.

Ich ging in den Waschraum und begann meine Hände zu waschen. Der Wasserhahn war viel tiefer im Becken angebracht, als ich es von Amp Pipal gewohnt war, so daß ich mich nicht waschen konnte wie sonst, also mit den Händen direkt unter dem Hahn und den Ellbogen weiter unten, so daß das Wasser von den Händen zu den Ellbogen lief. Meine Assistenten waren geschickter, obwohl es auch ihnen passierte, daß schmutziges Wasser von ihren ungewaschenen Ellbogen herunter auf die Hände lief. Als ich fertig war, berührte ich aus Versehen mit einer Hand die Seite des Wasserhahns, bekam Schmutzwasser auf die Hände und mußte von vorne anfangen. Zweimal ging das so. Sicher fragten sich meine nepalischen Assistenten, warum dieser Ersatzchirurg so lange brauchte, um sich die Hände zu waschen.

Als ich wieder in den Operationssaal trat, war mein Assistent gerade dabei, den Unterleib des Patienten für die Operation vorzubereiten. Man gab mir ein postkartengroßes Handtuch für meine Hände. Dann reichte man mir den OP-Kittel. Er war so steif, schwer und warm, als sei er aus dem Zelt einer Nordpolexpedition hergestellt worden – und dabei war es gerade August, die heiße Sonne brannte durch die Fenster, und mein Rücken war naß vor Schweiß. Und die Operation hatte noch gar nicht begonnen!

Als nächstes reichten meine Helfer mir das Talkumpuder, mit dem sich der Chirurg die Hände einreibt, um die Operationshandschuhe aus Gummi besser überstreifen zu können. In Amp Pipal pudern wir uns die Hände, *bevor* wir den OP-Kittel anziehen, damit kein Talkum auf die Ärmel kommt, doch das war in diesem Krankenhaus nicht üblich. Und es war auch nicht nötig, denn das Talkum hatte sich zu einer klumpigen, bröckeligen Masse verhärtet, die alles andere als ein Puder war. Hatte man wenigstens die Handschuhe eingepudert? Nein, ebenfalls Fehlanzeige. Wir verbrachten mehrere Minuten damit, das zähe, klebrige Gummi über meine Finger zu ziehen. Die Ärmel des Nordpolzeltes erschwerten das Unternehmen zusätzlich, indem sie sich weigerten, sich in die Handschuhe stopfen zu lassen, und sich statt dessen störrisch auseinanderspreizten. Zweimal zerrissen mir die Handschuhe, erst das dritte Paar war gefügiger und ließ sich fertig anziehen. Was übrigens guter Durchschnitt war, denn es waren Einweghandschuhe, die jetzt bereits zum fünften oder sechsten Mal benutzt wurden. Endlich war ich fertig.

Ich bat den Operationsassistenten, den Nabel des Patienten mit einem Tupfer zu säubern. Der Assistent sah mich an, als habe ich eine Portion Erdbeereis bestellt. Aha, wieder etwas, das hier nicht üblich war. Nach fünf Minuten brachte jemand einen passenden Tupfer, und wir begannen den Nabel auszuwischen. Es ist erstaunlich, was man in Bauchnabeln alles finden kann. Diesesmal war es Kohle; der Fußboden war zehnmal sauberer als der Nabel dieses Patienten. Ich schickte eine Schwester in die Station, um mehr Tupfer zu holen.

Endlich war der Nabel sauber, und wir konnten die Operationstücher auflegen. Zuerst kamen die vier kleinen. Aber was war das? Eines von ihnen hatte mehrere große Löcher. Ich hielt es hoch und schaute es an. Dann schaute ich das Operationsteam an. Keine Reaktion, bis auf ein paar besorgte Blicke in meine Richtung. Vielleicht wußte der Doktor nicht, was für ein Tuch das war?

»Das kann ich nicht benutzen«, sagte ich. Sie sahen beleidigt aus, schickten aber jemanden los, um ein neues Tuch zu holen. Eines der drei anderen Tücher hatte ebenfalls Löcher, aber die ließ ich durchgehen, denn sie waren kleiner.

Plötzlich zuckte die Hand des Patienten auf die Tücher zu; ein Assistent konnte sie gerade noch festhalten.

»Ja, binden Sie hier die Patienten nicht fest?« fragte ich. Nein, das war nicht üblich. »Also, dann fangen Sie bitte mit diesem hier an«, verlangte ich. Schon mehr als einmal hatte ich es erlebt, wie mitten in einer Operation auf einmal die bloße Hand des Patienten unter den Tüchern hervorkam und in die Wunde greifen wollte; so etwas bedeutet höchste Infektionsgefahr.

Meine Helfer banden die Hände des Patienten fest. Sie brauchten mehrere Minuten für die ungewohnte Prozedur. Wenn es in diesem Tempo weiterging, würden wir dem Patienten gleich noch eine Narkose geben müssen!

Ich fragte den Anästhesisten, ob ich beginnen könne. Er nickte. Da begann der Patient sich zu räuspern. Er räusperte sich gründlich und lange. Ich wußte, was jetzt kommen würde, und bemerkte mit Schrekken, daß der Anästhesieschirm – eine Art dünne Trennwand, die das Gesicht des Patienten von der Operationsstelle abschirmt – zu niedrig und zu tief auf der Brust angebracht war. Wie ein Geschoß segelte die Spucke über den Schirm; zum Glück verfehlte sie ihr Ziel weit und landete harmlos auf einem Regal mit Infusionsflaschen. Ich seufzte erleichert auf. Einmal war es mir passiert, daß ein Patient (es war auch einer mit Blasensteinen) direkt in die Operationswunde gespuckt hatte. Nein, mir war nicht zum Lachen zumute!

Die Operation ging glatt vonstatten, und als sie vorbei war, hoben wir den Patienten auf die fahrbare Bahre, um ihn in den Aufwachraum zu schieben. Einer der Assistenten nahm die Urinflasche und legte sie zwischen die Beine des Patienten, worauf der Urin promt durch den Katheter wieder in die Blase zurückzulaufen begann. Wie das?? Klemmte man in diesem Krankenhaus den Urinschlauch nicht ab, wenn man den Patienten in ein anderes Zimmer schob? Nein, das war nicht üblich. »Dann fangen Sie ab heute damit an!« sagte ich.

Leichter gesagt als getan! Erst einmal mußte man eine Klemme auftreiben. Während wir auf die Klemme warteten, sah ich den Katheter genauer an und bemerkte, daß das kleine Glasverbindungsstück zwischen Katheter und Drainageschlauch nicht viel weiter als eine Augenpipette war. Wußte in diesem Hause niemand, daß das Durchflußvolumen einer Röhre proportional zu ihrem Durchmesser im Quadrat war? Ich bat um ein größeres Verbindungsstück. Vier Schachteln mußten geöffnet werden, bis ich endlich die richtige Größe fand. Das Stück war schön weit und aus bestem dünnem Glas, und als ich es in den Katheter schob, zerbrach es in tausend Stücke. Die nächsten fünf Minuten verbrachten wir damit, die Splitter aus dem Katheter zu holen; wir gaben es schließlich auf und wechselten den Katheter. Dann wurde der Patient aus dem Operationssaal geschoben, und ich mußte denken: *Und das war erst die erste Operation!*

Die zweite Operation war eine Gebärmutterausschabung. Das ist ein Eingriff, mit dem wohl die meisten Frauen in Europa und Amerika irgendwann in ihrem Leben Bekanntschaft machen und der nach fünf Minuten und einigen wenigen Handgriffen vorbei ist. Nach dem Blasensteinfall war eine Gebärmutterausschabung genau das Richtige, um mein lädiertes Selbstvertrauen wiederherzustellen. Was konnte bei einer Gebärmutterausschabung schon schiefgehen? Besonders wenn man, wie ich, schon über vierhundert Fälle erfolgreich hinter sich gebracht hatte...

Ich führte Gebärmutterausschabungen immer in Vollnarkose durch. Aber das war in diesem Krankenhaus nicht üblich, man verabreichte statt dessen eine Parazervikalanästhesie (örtliche Betäubung im Umfeld des Muttermundes). Die Patientin war bereits anästhesiert und wartete im Operationssaal. Ich bestand meinen nächsten Kampf mit dem Handwaschbecken, dann half man mir in den OP-Kittel, der diesmal so klein war, daß man ihn hinten nicht zubinden konnte und die Ärmel nicht bis zu den Handschuhen reichten. Ich trat an den Operationstisch und führte den mit Gewichten beschwerten Spreizer in die Scheide der Patientin ein. Die Operationstücher waren schon ausgelegt. Ich brauchte nur noch den Gebärmutterhals mit einer Faßzange zu fassen und die Dehnung zu beginnen. Ich führte gerade das Dehninstrument in den Gebärmutterhals ein, da bäumte sich die Patientin steil nach oben. Der Spreizer flog wie ein Geschoß heraus, die Hälfte der Tücher mit sich reißend, und landete klirrend auf dem Fußboden. Ich sah, wie der rechte Fuß der Patientin auf meine Schläfe zuschnellte, und dann sah ich Sterne.

Es dauerte etwas, bis Patient und Arzt wieder einsatzbereit waren. Eine Taschenlampe und vier Assistenten, die die arme Frau festhielten, halfen mir, den Eingriff hinter mich zu bringen. Weniger hilfreich, ja sogar ausgesprochen lästig war die viel zu kleine Curette (Schabinstrument), die eher für eine Katze als für einen Menschen gedacht schien. Immerhin hatte sie den Vorteil, daß ich so den Gebärmutterhals nicht allzustark zu dehnen brauchte, was das eigentlich Schmerzhafte bei der ganzen Operation war, und das war, im ganzen gesehen, kein geringer Vorteil.

Der nächste Tag bescherte mir ein Kleinkind mit einem Bruch und einen Mann, dem ein Bein unterhalb des Knies amputiert werden mußte. Alles war wie bei der Blasensteinoperation: der erstickend warme Operationsmantel, das klumpige Talkum, das winzige Handtuch, die Löcher in den Operationstüchern. Doch halt, etwas war neu: Heute gab es Strom. Das war buchstäblich ein Lichtblick!

Doch das Licht war schwach – das der Lampe über dem Operationstisch nämlich. Sie war eher eine Funzel zu nennen und wurde von dem durch die Fenster hereinströmenden Sonnenlicht um Längen geschlagen. Es wäre schön gewesen, wenn das Sonnenlicht auch die Operationsstelle in der Leistengegend des kleinen Patienten beleuchtet hätte, aber das war die einzige Stelle im Raum, die es nicht erreichen konnte.

Nachdem ich eine Viertelstunde lang im Halbschatten herumhantiert hatte, kam mir eine Idee. Vielleicht konnte man ohne Sonnenlicht mehr sehen? Ich bat das Operationsteam, die Fenster zu verdunkeln, und richtig, jetzt weiteten sich meine Pupillen und konnten mit dem Licht der Operationslampe etwas anfangen. Endlich! Ein paar Minuten arbeitete ich flott weiter, und dann – fiel der Strom aus. Die schwarzen Vorhänge erfüllten tadellos ihre Pflicht, der Raum war stockdunkel. Wie vom Donner gerührt standen wir da, keiner sagte etwas. Dann begann das Kind sich zu bewegen, es wollte aufwachen. Wir hielten es mit Ketamininjektionen in Narkose, und diese Injektionen mußten alle zehn bis fünfzehn Minuten wiederholt werden. Der Anästhesist tastete zwischen seinen Flaschen herum; eine fiel zu Boden. Eine der Schwestern tastete nach der Taschenlampe, aber niemand wußte, wo sie zuletzt gelegen hatte. Jemand stieß gegen eine Infusionsflasche und sie fiel klirrend aus dem Regal. Das Kind begann zu schreien. Dann begann es zu strampeln, und mehrere Instrumente segelten auf den Fußboden. Der Notgenerator, warum lief der Notgenerator nicht? Ach so, erst mußte man den Generatortechniker finden. Wo war er? Schließlich nahm sich jemand ein Herz, holte sich blaue Ellbogen am Instrumententisch, der damit die längste Zeit steril gewesen war, und nahm die Verdunkelung von den Fenstern. Endlich wieder Licht! Der Raum sah aus, als hätten hier die Furien operiert. Ich beendete die Operation so gut es ging, und das Kind, das wieder friedlich schlief, wurde hinausgeschoben. Der Nächste, bitte.

Beinamputationen sind Routineangelegenheiten. Sie erfordern keine besondere Beleuchtung und keine besonderen Kenntnisse. Buchstäblich jeder kann Beine absägen, wie die Feldschere schon auf den Schlachtfeldern des Mittelalters demonstriert haben. Nur eines muß er haben: etwas, mit dem er den Knochen durchschneiden kann. Hat er das nicht, nützt ihm alle Gelehrsamkeit nichts: er kann das Bein nicht amputieren.

Ich schnitt mich ohne Schwierigkeiten zum Knochen durch und bat um eine Knochensäge. Ob Sie es glauben oder nicht: Nach drei Minuten war ich keinen Millimeter in den Knochen hineingekommen. Hilflos schaute ich in die Runde der Augen, die mich über ihre Operationsmasken hinweg ansahen. Ich wußte, was sie dachten: Taugte die Säge nichts oder vielleicht der Chirurg?

Jemand bemerkte, daß sie irgendwo noch eine Säge hatten, und nach ein paar Minuten fand er sie. Sie war besser als die erste; nach zehn überaus anstrengenden Minuten hatte ich ein Viertel des Schienbeins durchgesägt. In meinen Handschuhen schwamm der Schweiß, von meinem OP-Kittel ganz zu schweigen.

»Haben Sie vielleicht eine Gigli-Säge?« keuchte ich. Fünf Augenpaare starrten mich an. Jemand ging hinaus, um sich zu erkundigen.

Ich sägte weiter. Ein Assistent kam mit einem fröhlichen »Bitte, eine Gigli-Säge!« hereingetrabt und gab mir ein kleines Paket mit einer Gigli-Säge. Ich mag Gigli-Sägen; mit ihnen kann man einen Knochen in einer halben Minute durchtrennen. Sie sind klein, aber fein: ein

Draht, um den ein anderer, mit Zacken versehener Draht gewickelt ist, der das Schneiden besorgt. Ich schob die Säge unter den Knochen, brachte die beiden Griffe an und begann, hin- und herzusägen, wobei ich die Säge gleichzeitig fest nach oben zog. Nichts. Die Säge hätte genausogut ein Bindfaden sein können. Ich mußte wohl noch stärker ziehen. Ich zog, und – erraten! – die Säge riß entzwei, daß die Stücke durch die Luft flogen. Fast wäre der Chirurg ebenfalls in die Luft gegangen. Ich erledigte den Rest des Knochens mit Hammer und Meißel. Ich kann immer noch nicht glauben, daß ich damals in zwei Monaten acht Amputationen überlebte; und die Patienten auch.

Der nächste Tag brachte mir den ersten Notfall, einen Mann, der seit einer Woche einen Darmverschluß hatte. Sein Bauch sah aus wie ein aufgeblasener Ballon, und es ging ihm jämmerlich; es würde nicht einfach sein, ihn durchzubekommen. Ich legte persönlich Hand an bei den Operationsvorbereitungen, und als man ihn in den Operationsraum fuhr, war sein Zustand einigermaßen stabil.

Wieder waren Pfützen im Umkleideraum, wie fast immer, wenn ich hineinging; es schien fast, als putze man den Fußboden extra für mich. Ich fand eine Hose in der passenden Größe und zog sie an, aber die als Gürtel dienende Kordel fehlte. Ich suchte mir eine andere Hose, aber wieder fehlte die Kordel. Weitere Hosen in meiner Größe gab es nicht. Ich zog schließlich eine kleinere an; sie spannte etwas am Bauch, aber wenn ich sie nicht zu fest zuband, ging es. Wo war ein passendes Hemd? Ebenfalls Fehlanzeige. Ich kam mir vor wie der Darsteller der glücklosen Konkurrenz in einer Fernsehwerbung für einlaufsichere Kleider. Operationshauben gab es heute keine; man besorgte mir schließlich eine nasse aus der Wäscherei.

Ich ging in den Waschraum, um den Kampf mit dem Wasserhahn zu beginnen. Es war keine Seife da. Jemand besorgte welche, und mein Assistent und ich wuschen uns die Hände.

Die Gedärme des Patienten hatte sich ineinander verschlungen und waren an einer Stelle perforiert (durchgebrochen). Die Operation verlief ohne Probleme, bis es Zeit war, die Operationswunde wieder zu verschließen. Das muskelerschlaffende Mittel, das der Anästhesist dem Patienten verabreicht hatte, war alt (neuer Nachschub war noch nicht gekommen) und wirkte nicht mehr. Soviel wir uns auch abmühten, wir schafften es nicht, den Darm zurück in die Bauchhöhle zu schieben.

»Warten Sie, da kenne ich einen Trick«, sagte ich meinem Assistenten. Und ich begann, die Wunde von oben nach unten zu vernähen, während die Gedärme noch halb heraushingen. Der Assistent sah skeptisch zu, die anderen auch.

Ich erklärte: »Wir fangen einfach an, die Wunde zu verschließen, und schieben dabei nach und nach die Gedärme zurück, bis sie alle drin sind und die Wunde ganz verschlossen ist. Schauen Sie mal zu !«

Es war nicht einfach, den oberen Teil der Bauchdecke zu schließen, obwohl ja die Gedärme noch gar nicht in ihr lagen. Wir zogen und arbeiteten und kämpften. Die Wundfäden, die ich gewohnt war, hatte das Krankenhaus nicht; ich nahm schließlich Nylonangelschnur, die sehr fest ist. Nach einer halben Stunde hatten wir zwei Drittel der Wunde geschlossen, und es war Zeit, das erste Stück Darm zurückzuschieben.

Aber der Darm wollte sich nicht zurückschieben lassen, weder nach und nach noch in einem Stück. Ich hatte die Wunde schon zu weit verschlossen. Sollte ich die so mühsam erkämpfte Naht wieder öffnen? Aber dazu konnte ich mich nicht durchringen. Ich ging den umgekehrten Weg und vergrößerte einfach das untere Ende des Einschnitts. Ich war drauf und dran, zu sagen, daß das ein zweiter Trick war, denn je tiefer eine Operationswunde am Bauch liegt, um so leichter kann man sie schließen; aber ich ließ es bleiben, denn mir war nicht zum Scherzen zumute. Ich hatte allmählich Angst, daß wir die Gedärme überhaupt nicht mehr zurückschieben könnten. Selbst mit einem funktionierenden muskelerschlaffenden Mittel ist das Wundvernähen nach einer Darmverschlußoperation ein Kapitel für sich.

Nun, wir schafften es schließlich doch, und der Zustand des Patienten war nach wie vor überraschend stabil. Nur der Magenschlauch, den man ihm vor der Operation eingeführt hatte, machte mir Sorgen, denn er drainierte nicht richtig. Ich hatte einen großen Schlauch beantragt, aber meine Assistenten hatten einen kleinen eingeführt; große, so hieß es, hatten sie nicht. Ich nahm ihn heraus und ersetzte ihn durch einen Rektalschlauch, die einzige Art Schlauch, die weit genug war, um den Kot abzusaugen, der sich bis hinauf in den Magen des Patienten aufgestaut hatte. Wir versuchten, den Schlauch an den elektrischen Saugapparat anzuschließen, aber wir konnten nicht das richtige Verbindungsstück finden. Als ich den Ausgang des Rektalschlauchs mit Klebeband an der Nase des Patienten befestigen wollte, mußte ich hören, daß das Klebeband ausgegangen war. Die Hauptstraße nach Kathmandu war während der Woche überschwemmt gewesen, und der Missions-Lkw war nicht durchgekommen.

Man schob den Patienten in den Aufwachraum, und ich ging daran, meine Anweisungen für die weitere Behandlung aufzuschreiben. Nach zwei Minuten merkte ich, wie meine Mitarbeiter ungewöhnlich schnell mit Sauerstoffflaschen, Saugapparaten, Beatmungsgeräten und Sonstigem zwischen dem Operationssaal und dem Aufwachraum hin- und herrannten. Was war da los? Ich ging in den Aufwachraum und schaute nach. Mein Patient hatte den Inhalt seines Magens erbrochen und in die Luftröhre bekommen, und als Folge davon hatte er jetzt einen Herzstillstand. Wir hatten mit dergleichen Komplikationen gerechnet und zur Vorbeugung extra den Luftröhrenschlauch im Hals des Patienten belassen; aber die junge Schwester im Aufwachraum hatte nicht bemerkt, daß das Ventil des Ballons, der den Schlauch in der Luftröhre festhielt, sich gelöst hatte, so daß das Erbrochene in die Luftröhre hinabfließen konnte.

Der Leser wird sich bereits denken können, daß Wiederbelebungsversuche bei Herzstillstand in diesem Krankenhaus nicht gerade einfacher waren als Blasenstein- oder Gebärmutteroperationen. Spritzen, Ventile, Verbindungsstücke – fast nichts funktionierte so, wie es funktionieren sollte, und der Strom fiel natürlich auch wieder aus. Daß unser Patient dennoch überlebte, kann ich nur als ein Wunder bezeichnen. Es gelang uns, seine Lunge und seinen Magen zu leeren und den Ballon des Luftröhrenschlauches wieder aufzublasen, und nach einer Stunde war er über den Berg. Etwas später hatte er zur großen Freude des Chirurgen, wenn auch nicht der Schwestern, in seinem Bett eine gewaltige Stuhlentleerung, die sich mit kurzen Unterbrechungen über die nächsten 24 Stunden fortsetzte.

Am Abend dieses Tages machte ich meine ersten größeren Erfahrungen mit den Verhältnissen auf den Stationen. Ich hatte angeordnet, den Magen meines Darmverschlußpatienten ständig über den Schlauch, der durch die Nase ins Freie trat, abzusaugen, aber als ich an sein Bett kam, um nach ihm zu sehen, hing die handbetriebene Saugmaschine zwar da, aber das Ventil war abgedreht. Nanu, warum das? Damit der Druck nicht zu sehr sank, sagte die diensthabende Nachtschwester. Ich öffnete das Ventil und wollte gerade zu einer Standpauke darüber ansetzen, wie nutzlos ein Saugapparat mit abgedrehtem Ventil ist, als es laut zischte. Zwei Sekunden später war der Druck auf Null gesunken. Ich untersuchte das Gerät und fand, daß das Verbindungsstück zwischen Saugpumpe und Drainageflasche nicht paßte; der ganze Apparat war nutzlos. Gab es vielleicht irgendwo einen anderen? Doch, aber der war gerade defekt.

Ich bat die Schwester, mir einen Absaugschlauch für die Lunge des

Patienten zu holen. Sie brachte mir einen winzigen roten Gummikatheter.

»Damit kann ich nichts anfangen«, sagte ich. »Haben Sie denn keinen richtigen Endotrachealschlauch zum Absaugen der Luftröhre?«

Sie eilte geschäftig durch die Station, kam aber unverrichteter Dinge zurück. Nein, sie konnte keinen Absaugschlauch finden.

»Kein Absaugschlauch? Das gibt's doch nicht in so einem großen Krankenhaus. Rufen Sie doch bitte mal die diensthabende Stationsleiterin an.«

Es war gegen zehn Uhr abends, und es dauerte einige Zeit, bis die Stationsleiterin ans Telefon kam. Dem Klang ihrer Stimme nach zu urteilen, war sie über die Störung nicht sehr erbaut.

Die Nachtschwester brachte ihr mein Anliegen vor: »Wir brauchen einen Absaugschlauch.«

»Einen was?«

»Einen Absaugschlauch. Für intertracheales Absaugen.«

»*Endo*tracheales Absaugen«, verbesserte ich.

»Intertrachealse Absaugen«, wiederholte die Schwester.

»Was für ein Absaugen?«

So ging es eine Minute hin und her, bis die Stationsleiterin ahnte, worum es ging. »Solche Schläuche haben wir nicht«, schnappte sie. »Benutzen Sie einen normalen Katheter. Und rufen Sie mich in Zukunft nicht mehr wegen so einer Kleinigkeit an!« Und die nächsten zwei Minuten schimpfte sie die arme Schwester aus, daß der das Wasser in die Augen kam.

»Lassen Sie mich mal mit der Stationsleiterin sprechen«, sagte ich. Ich sagte es so laut, daß man es auch ganz bestimmt am anderen Ende der Leitung hören konnte.

Die Stationsleiterin hörte auf zu schimpfen. Einen Augenblick lang sagte sie gar nichts. Dann fragte sie: »Wer ist denn das, der diesen Schlauch will?«

»Einer der Ärzte«, antwortete die Schwester.

Wieder Schweigen. Dann frage die Leiterin: »Welcher Arzt?«

Die Nachtschwester sah mich fragend an; ich war neu, und sie kannte mich noch nicht.

»Dr. Hale«, sagte ich.

»Dr. Hell [Hölle].«

»Dr. Hale«, widerholte ich.

»Dr. Horle«, sagte die Schwester.

»Dr. Who?« fragte die Stationsleiterin.

»Nein, Dr. Horle«, sagte die Schwester.

Wieder eine Pause.

»Also, sagen Sie ihm, daß wir solche Schläuche nicht haben.« Und sie hängte auf.

In diesem Augenblick kam eine Hilfsschwester auf die Station und zeigte mir einen Schlauch, den sie in irgendeiner Schublade gefunden hatte. Es war ein Endotrachealschlauch zum Absaugen. Ich sagte »Dankeschön«, ging zurück zu meinem Patienten und saugte seine Lunge ab, was ihm eine fast sichere Lungenlappenentzündung ersparte.

Was mir von den Stationen dieses Krankenhauses am deutlichsten im Gedächtnis haften geblieben ist, sind die Bettvorhänge, die auf Ordnung und Sitte bedachte Missionsschwestern in den frühen Jahren des Hospitals eingeführt hatten. Die Nepalen selbst legen ja im allgemeinen keinen großen Wert darauf, für sich zu sein. Im Gegenteil: Sie mögen es, wenn der Rest der Welt an ihren Schmerzen und Wunden Anteil nimmt, und wollen ihrerseits genauestens wissen, was im Nachbarbett vor sich geht. Aber die Schwestern hatten im Männer- wie im Frauensaal der Chirurgiestation ein sinnreiches Netz von Drähten unter die Decke gespannt, die als Schienen für die Vorhänge dienten, und mit diesem System konnten sie jederzeit mit zwei, drei Handgriffen den Patienten von Luft, Licht, Freunden und seinen zwölf Zimmernachbarn abschließen.

Die Vorhänge hingen jeweils neben dem Bett an der Wand, sahen unschuldig aus und dienten die meiste Zeit als Staubfänger sowie als Hand- und Taschentücher für schmutzige Hände und Nasen. Ich war bald mit den beiden großen Vorhanggesetzen vertraut: Erstens: Der Arzt darf den Patienten nur hinter geschlossenen Vorhängen untersuchen. Zweitens: Bereits das Betasten des Bauches ist eine Untersuchung. Kaum legte ich meine Hand auf den Bauch des Patienten, kam auch schon das energische *Ratsch-Ratsch-Ratsch*, der Staub wirbelte auf, und ich war auf drei Seiten von Vorhängen und auf der vierten von der Wand umgeben und stand im Dunkeln.

Die Schwestern benötigten drei Tage, um zu merken, daß ich es nicht mochte, wenn man mir Vorhänge über den Kopf zog, und daß ich meine Patienten gern bei ausreichender Beleuchtung untersuchte. Wie die Schwestern es fertigbrachten, hinter diesen Vorhängen Katheter einzuführen, ist mir heute noch ein Rätsel. Und dabei hätten sie die Vorhänge nur einen Spalt zu öffnen brauchen, um zu sehen, was sie taten. Aber die Macht der Gewohnheit ist groß, vor allem wenn es eine Gewohnheit aus dem Westen ist.

Mein Kampf gegen die Vorhänge war wenigstens teilweise von Erfolg gekrönt, aber dem Drahtverhau, an dem sie hingen, war ich machtlos ausgeliefert. Die Drähte waren so angebracht, daß die zierlichen Krankenschwestern sie erreichen konnten, ohne sich auf die Zehenspitzen zu stellen, und daß Dr. Hale nicht mit dem Hals, sondern mit der Nase gegen sie rannte. Um alle dreizehn Patienten auf der Frauen- und Männerstation untersuchen zu können, muße ich mich vierzigmal ducken. Vergaß ich es auch nur einmal, machte es laut *Twong*!, worauf das ganze Drahtlabyrinth zu vibrieren und die Schwestern zu kichern begannen. Jeden Morgen begann ich mit dem festen Vorsatz, heute aber ganz bestimmt aufzupassen. Und dann stellte mir jemand eine Frage, ich drehte mich um, um zu antworten, und – *Twong*! Ich fragte die Schwestern, was denn die Ärzte machten, die noch größer waren als ich. »Ach, die gewöhnen sich dran«, war die Antwort. Ich gewöhnte mich nicht.

Eine andere Besonderheit der chirurgischen Station waren die vielen Patienten mit Oberschenkelknochenbrüchen. Sie lagen alle in komplizierten Streckapparaten mit Rollen und Gewichten und Nadeln im Schienbein. Ob ich hier nicht besser die »vereinfachte« Behandlung einführte, die wir in Amp Pipal in über dreihundert Fällen so erfolgreich angewendet hatten?

Meine große Chance kam ein paar Tage später, als ein achtzehnjähriges Mädchen mit einem Oberschenkelknochenbruch und einer Gehirnerschütterung zu uns gebracht wurde. Ich erklärte den Schwestern, was für einen Streckapparat ich wollte, und zeichnete eine Skizze der beiden Teile, die ich dazu benötigte: der Wadenschlinge und der Holzstütze für den Oberschenkel. Die müsse man in der Werkstatt anfertigen lassen, sagte man mir.

Das Anfertigen dauerte eine ganze Woche, die die Patientin damit verbrachte, sich wie wild im Bett hin- und herzuwerfen – eine Folge der Gehirnerschütterung. Als wir sie endlich in den Streckverband legen konnten und sie ruhiger wurde, hatte sich an der Bruchstelle ein riesiger Bluterguß gebildet und ein pampelmusengroßer Kallus (das neue Knochengewebe zwischen den Bruchenden) kündigte sich an. Ein komplizierter Anfang für die vereinfachte Behandlung.

Ich bekam in den folgenden Wochen noch zwei weitere Chancen, die Vorteile der vereinfachten Behandlung unter Beweis zu stellen. Die erste war ein Mann, der sich bei einem Einbruch in einen Laden ein Bein gebrochen hatte. Er lag gerade eine Woche im Streckverband, als der Ladenbesitzer das Krankenhaus besuchte und ihn wiedererkannte. Worauf der zu Tode erschrockene Einbrecher sich schleunigst von seinen Kumpanen forttragen ließ, denn wer möchte schon gerne im Streckverband von der Polizei verhaftet werden!

Das Ende des zweiten Patienten war noch unangenehmer: Er starb. Allerdings nicht an dem Amp Pipalschen Streckverband, sondern an Tuberkulose im letzten Stadium.

Blieb also nur die junge Dame mit der Gehirnerschütterung und der Pampelmuse. Nach zwei Monaten erklärte ich sie für geheilt. Sie stand prompt auf, fiel hin und brach sich das Bein gleich noch einmal. Worauf sie weitere sechs Wochen den vereinfachten Streckverband genießen durfte. Ich bin mir nicht sicher, ob meine Methode sich in diesem Krankenhaus durchgesetzt hat, aber berühmt geworden ist sie bestimmt.

Eines der Dinge, vor denen ich in diesem Krankenhaus am meisten Respekt hatte, waren die Geburtshilfefälle. Bis auf Kaiserschnitte habe ich von Geburtshilfe ungefähr so viel Ahnung wie ein Eisbär vom Rasenmähen. In Amp Pipal hatte ich immer Glück gehabt, denn da hatte ich Dr. Helen, und wenn sie nicht da war, sprang Cynthia ein. Aber jetzt kam ich nicht so gnädig davon; gleich in meiner ersten Woche bekam ich meinen ersten Geburtshilfefall.

Wie jeder Arzt weiß, kommen Kinder mit Vorliebe nachts zur Welt. Und in der vierten Nacht also holte man mich zu einer Patientin, deren Wehen mitten in der Geburt aufgehört hatten. Seit zwei Stunden schon war der Kopf des Kindes zu sehen – und seit zwei Stunden steckte er fest. Die Hebamme fand, daß ich vielleicht etwas unternehmen sollte, um das Baby herauszuziehen.

Ich sagte: »Dann drücken wir mal auf den Bauch.« Ich drückte, und heraus kam das Baby. Ich lächelte die Hebamme väterlich an und ging zurück ins Bett.

In der nächsten Nacht passierte genau das gleiche. Nur daß diesmal das Kind so schnell herausgerutscht kam, daß die Schwester noch nicht einmal Zeit hatte, sich die Handschuhe anzuziehen. Hmm. Vielleicht war Geburtshilfe doch nicht so schlimm.

Aber beim dritten Mal verließ mich mein Glück. Diesmal mußte ich wirklich »etwas unternehmen«, um das Kind herauszuholen.

»Was würden Sie denn tun?« fragte ich die Schwestern. Sie sollten sich ja nicht vorkommen, als ob ich sie bevormundete.

»Vielleicht klappt es mit der Saugglocke«, meldete sich eine.

»Hmm – ja, keine schlechte Idee«, sagte ich. »Wenn Sie mir bitte helfen würden, sie aufzubauen.«

Die Schwestern bauten die Vakuumpumpe auf und setzten die Saugglocke an den Kopf des Kindes an. Dann begannen sie zu pumpen. Ich sagte: »Sagen Sie mir, wenn ich ziehen soll.«

»Ziehen«, sagten sie.

Ich zog an der Glocke. Ein dumpfes Explosionsgeräusch, dann ein feuchtes Prasseln. Mein Gott, war die Maschine explodiert? Aber nein, es war nur das Klistier aus dem Darm der Patientin. Die Schwestern hielten sich die Bäuche und kreischten vor Lachen, es dauerte mehrere Minuten, bis sie sich beruhigt hatten. Ich zog das Baby heraus und verließ den Ort des Geschehens – pudelnaß, aber (jedenfalls in meinen Augen) unbesiegt.

Nach meinen ersten Erfahrungen in Operationssaal und auf der Station freute ich mich richtig auf meinen ersten Tag in der chirurgischen Ambulanz. Sicher würde hier alles viel einfacher sein! Man führte mich in die beiden winzigen Räume, in denen ich alle an mich überwiesenen Patienten untersuchen und kleinere ambulante Operationen durchführen sollte und die so ganz nebenbei auch als Notfallraum für die gesamte Ambulanz dienten. Die Räumlichkeiten in Amp Pipal waren fast großzügig dagegen. Es war ein ständiges Kommen und Gehen, daß einem schwindlig davon werden konnte. Da war ich mitten in einer Untersuchung, und schon ging wieder die Tür auf und zwei Pfleger kamen herein und stellten eine Krankenbahre mit einem Ruhrpatienten auf dem Fußboden ab. Ich konnte dann nur hoffen, daß bald wieder jemand kommen und dem Neuankömmling eine Infusion geben und ihn auf die Station bringen würde, damit ich wieder genügend Platz hatte, um einen Fuß vor den anderen setzten zu können. Personalmangel hatten wir auch.

Mein größtes Problem indessen war der Strom von Patienten, die meine gute Cynthia aus der allgemeinen Frauenambulanz an mich überwies. Als Kinderärztin hatte sie keine Erfahrung im Abtasten der Gebärmutter erwachsener Frauen, so daß sie die Patientinnen im Zweifelsfall sicherheitshalber zur mir schickte. Wir haben mehr als einmal herzlich gelacht über die fantasievollen Diagnosen, die sie bei Frauen stellte, die in Wirklichkeit schwanger oder schlicht gesund waren.

Normalerweise hätte ich nichts dagegen gehabt, so viele Überweisungspatienten von Cynthia zu bekommen, aber in dieser chirurgischen Ambulanz war ja nichts normal. Bevor ich eine Unterleibsuntersuchung überhaupt beginnen konnte, muße ich erst einmal die Menschenmenge, die sich im Untersuchungszimmer angesammelt hatte, wieder hinausbefördern. Zweitens stand der Untersuchungstisch so, daß der Arzt bei der Untersuchung unweigerlich mit dem Rücken zum Fenster und damit sich selbst im Licht stand und im Halbdunkel herumhantieren mußte. Dann die Instrumente: Wir hatten exakt *einen* Scheidenspiegel, einen Einmalartikel aus Plastik, der so klein war, daß er kaum bis zum Gebärmutterhals reichte; wir benutzten ihn so lange, bis er einen Sprung bekam und die Patientinnen zu kneifen begann. Die Zange, die wir zur Entnahme von Gewebeproben aus dem Gebärmutterhals benutzten, war ein 60 Zentimeter langes Monstrum, das eigentlich zum Abkneifen von Polypen im Dickdarm gedacht war und schon seit längerer Zeit seinen Biß verloren hatte. Als ich sie das erste Mal benutzte und nichts passierte, fragte ich die Schwester: »Was soll ich jetzt machen?« »Einfach ziehen«, sagte sie. Ich vergoß keine Tränen, als das Ding eine Woche später in meiner Hand entzweiging.

Die kleineren ambulanten Operationen fanden in dem winzigen Behandlungs-, Injektions- und Verbandsraum der chirurgischen Ambulanz statt. Wir sparten sie uns gewöhnlich für den Abend auf, wenn der Andrang der Behandlungs-, Injektions- und Verbandspatienten geringer war, aber selbst dann arbeiteten wir buchstäblich Ellbogen an Ellbogen. Eine lustige Abwechslung war es immer, die Größe der Öffnung in den Operationsschlitztüchern zu erraten – die Öffnung, die den Zugang zur Operationsstelle freigibt. Da wollte ich zum Beispiel einem Mann eine Warze von der Nase entfernen, und man gab mir ein Tuch, dessen Schlitz groß genug für den ganzen Kopf war. Danach kam ein Abszeß von der Größe einer Melone, und das Tuch hatte eine Öffnung, durch die noch nicht einmal ein Ei paßte. Wir betrachteten es als ein Spiel, aber es schien, daß ich immer verlor. Und wenn ich mich zuviel beschwerte, gab man mir eine sterilisierte Seite der Zeitung *Rising Nepal* und sagte: »Bitte sehr, schneiden Sie sich das Loch selbst!«

Das Arbeiten in dieser Ambulanz war eine Art Dauerkrieg, eine ununterbrochene Folge von Gefechten und Geplänkeln, deren Ergebnis absolut unberechenbar war. Das nachdrücklichste Beispiel erlebte ich gleich am ersten Tag. Ich hatte gerade sieben oder acht chirurgische Eingriffe in der drangvollen Enge des Behandlungszimmers hinter mich gebracht und den letzten Patienten, der noch in Narkose war, auf dem kleinen Operationstisch gelassen; sein Freund stand daneben, um aufzupassen. (Die Schwestern und Assistenten hatten schon Feierabend gemacht.) Ich war gerade dabei, im Nebenzimmer die letzten von Cynthias Patientinnen zu untersuchen, als ich auf einmal einen häßlicher dumpfen Schlag hörte, wie ihn nur ein Schädel macht, der auf Beton aufschlägt. Ich sauste ins Behandlungszimmer. Der Operationstisch war um 60 Grad nach oben gekippt; und der Patient lag auf dem Boden, noch ganz benommen von der Narkose und frisch betäubt durch den Schlag auf den Kopf. Sein Freund torkelte weiß wie eine Wand hin und her, und bevor ich ihn packen konnte, war auch er auf dem Boden zusammengesunken, direkt neben seinem gefallenen Kameraden. Ich untersuchte den Operationstisch und fand, daß er mit einem raffinierten Hebel versehen war, der ihn beim leichtesten Druck aus einer Liege in eine Wippe verwandelte. Als dem Freund meines Patienten schlecht wurde, war er mit der Hand an diesen Hebel gekommen, und die Kettenreaktion war nicht mehr aufzuhalten. Patient und Freund überstanden den Unfall gut, die Nerven des Arztes weniger.

Ein Geräusch dieses Krankenhauses ist mir unauslöschlich in Erinnerung geblieben, hartnäckig wie eine Marschmelodie aus einem Krieg. Auf dem Dach über der Ambulanz stand eine ehrwürdige alte Pumpe, die Wasser (falls vorhanden) in einen nahegelegenen Vorratstank pumpte. Wenn die Pumpe in Betrieb war, erschütterte ein stetiges *Dadadum, Dadadum, Dadadum* das Gebäude, das so laut war, daß es das Schreien, Stöhnen, Trippeln und Trappeln in der Ambulanz fast verschluckte. Die Pumpe war ein Museumsstück aus den vierziger Jahren, das Generationen sparsamer Missionare treu geflickt und repariert hatten. Ich weiß nicht, wieviel Wasser durch sie lief, aber dem Geräusch nach konnte sie ohne Mühe den Bodensee trockenlegen. Kein Wunder, daß Cynthia nie wußte, ob ihre Patientinnen schwanger waren; das *Dadadum* war einfach lauter als die Herztöne im Mutterleib.

Eines Abends gegen Ende unseres Gastspiels stand ich, wie an den meisten Abenden, draußen neben der Klinik und schaute zu, wie in dem goldorangenen Himmel über dem Tal die vertrauten schwarzen Punkte immer näher kamen. Die Punkte waren Hunderte von Vögeln, die in den hohen Bäumen um den Tempel des Nachbardorfes wohnten. Jeden Abend, wenn die großen Tempelglocken läuteten, flogen sie in einem großen Schwarm über das Krankenhaus und in die Berge, und die ganze Nacht hindurch bis zum frühen Morgen kamen sie nach und nach zurück.

An diesem Abend nun, als ich wieder da stand und den schwarzen Vögeln zusah, kam der fünfjährige Sohn eines der anderen Ärzte und stellte sich neben mich.

»Guck mal, die vielen Krähen«, sagte ich und kam mir wie ein guter Biologielehrer vor.

»Krähen?« entgegnete der Knabe. »Das sind keine Krähen, das sind doch Fledermäuse!«

Ich sah noch einmal hin. »Ach so, ja, richtig.« Ich hatte sie die ganzen Monate für Krähen gehalten. Es mußte wohl daran liegen, daß ich eine Meise im Kopf hatte.

Im Kampf für ein gesünderes Nepal

Gesundheitsarbeit

»Gesundheitsarbeit« ist ein langweiliges Wort für eine höchst wichtige Sache. Gesundheitsarbeit – das sind all die medizinischen und hygienischen Aktivitäten, die nicht im Krankenhaus oder in der Arztpraxis stattfinden, sondern »draußen« in den Dörfern, dort, wo die Menschen wohnen. In den meisten Entwicklungsländern kann man mit Krankenhäusern nur einen Bruchteil der Bevölkerung erreichen; es gibt einfach zu wenige Krankenhäuser, und sie sind zu teuer für den Patienten. In Nepal wohnen zwei Drittel der Bevölkerung einen ganzen Tagesmarsch oder noch weiter vom nächsten Krankenhaus entfernt! Aber was tun, wenn der Patient nicht zum Krankenhaus kommt? Klar: Das Krankenhaus muß zu ihm kommen. Und darum geht es bei der Gesundheitsarbeit.

Ein kluger Mann hat das Verhältnis zwischen dem traditionellen Krankenhaus und der Gesundheitsarbeit in folgendem Bild dargestellt: Da ist ein gefährlicher Steilhang, zum Beispiel eine Klippe am Meer, von dem schon viele Menschen abgestürzt sind. Am Fuße des Felsens stehen Kranken- und Notarztwagen geparkt, allzeit bereit, den Abgestürzten Hilfe zu bringen; das sind die Krankenhäuser. Man kann aber auch einen Schutzzaun am Rand des Steilhangs errichten; das ist Gesundheitsarbeit. Die Krankenwagen am Fuße des Felsens sind gewiß nicht schlecht oder überflüssig; aber es ist leicht zu sehen, daß der Zaun mehr Menschenleben rettet als sie – und viel weniger kostet. Und so ist Gesundheitsarbeit der Schlüssel zur Verbesserung des allgemeinen Gesundheitsniveaus in den Entwicklungsländern. Die Krankenhäuser sind ohne Zweifel notwendig, aber aufs Ganze gesehen zweitrangig.

Gesundheitsarbeit besteht im wesentlichen aus zwei Dingen: erstens, der *Behandlung* von Krankheiten zum frühestmöglichen Zeitpunkt, zum niedrigstmöglichen Preis und in möglichst großer Nähe zum Wohnort des Patienten; und zweitens der *Vorbeugung* von Krankheiten durch Gesundheitserziehung und einfache öffentliche Gesundheits- und Hygienemaßnahmen.

Das klingt trocken, nicht wahr? Eigentlich richtig langweilig. Was kann schon aufregend daran sein, in irgendeinem Hinterwäldlerdorf zu sitzen und Pillen zu verteilen oder Moskitos zu vergiften? Da ist doch das traditionelle, romantische Bild des hochkarätigen christlichen Missionsarztes viel attraktiver: Zuerst durchläuft man die allerbeste Ausbildung, und dann reist man aus und baut in irgendeiner entlegenen Gegend, wo »Medizin« ein Fremdwort ist, ein nagelneues Krankenhaus, und siehe da, nach drei Wochen schon strömen die dankbaren Patienten nur so herbei. So einfach ist das doch! Man importiert seine Ausbildung und seine Technologie (mit ein oder zwei Abänderungen, nun gut) in das Entwicklungsland, und hokuspokus eins, zwei, drei bekommt man die höchste berufliche und persönliche Erfüllung und obendrein jene beruhigende innere Gewißheit, daß man zu Gottes Ehre das Allerbeste weitergibt, was die moderne Medizin zu bieten hat.

Das Problem ist nur, daß die Entwicklungsländer *nicht* das Allerbeste brauchen. Sie brauchen vor allem das Einfache, das Erschwingliche, das, was die Menschen tatsächlich erreicht. Überall in der Welt findet man gutausgerüstete Missionshospitäler, die hervorragende Arbeit leisten, die aber die Lebenserwartung und die allgemeine Volksgesundheit in ihrer Umgebung kaum verbessert haben. Die meisten Menschen haben ganz einfach weder die Zeit noch das Geld, die Dienste dieser Krankenhäuser in Anspruch zu nehmen. Da steht das schöne Krankenhaus, jeder, der will, kann hin – und rund um es herum sterben die Menschen weiter an Unterernährung, an der Ruhr und anderen einfachen Krankheiten, gerade so, als sei es nie gebaut worden.

Ich weiß, was ich da sage, denn in genau so einem Krankenhaus arbeite ich. Wenn es ein Krankenhaus gibt, das von sich behaupten kann, daß es dort ist, »wo die Not ist«, dann doch wohl unseres in Amp Pipal, mitten in den Vorbergen des Himalaja. Aber den größten Teil der Not erreicht es überhaupt nicht. Die Menschen in den umliegenden Bergen und Tälern haben durchaus nicht den Eindruck, daß wir zu ihnen gekommen sind; schließlich müssen sie doch zu uns kommen, wenn sie etwas von uns wollen. Wohl 60 Prozent der etwa 500.000 Menschen in unserem »Einzugsgebiet« käme es nie in den Sinn, unser Hospital zu besuchen. Wir liegen meilenweit entfernt, und der Weg zu uns ist steil, heiß, mühsam und teuer. Nur drei oder vier Stunden von Amp Pipal entfernt findet man schon Hunderte Kranker und Unterernährter, die so gut wie überhaupt keine medizinische Betreuung haben.

Ich erinnere mich nur zu gut an die Abschiedsrede, die ich kurz vor unserer Ausreise nach Nepal in unserer Heimatkirche in den USA hielt. »Wir sind es Christus schuldig, den Menschen, zu denen er uns sendet, die allerbeste medizinische Hilfe zu geben. Für unseren Herrn nur das Beste!« rief ich aus, und meine Zuhörer klatschten begeistert Beifall. Weder sie noch ich hatten eine Ahnung davon, was »das Beste« wirklich bedeutet. Meine hohen Worte waren einfach eine Variante des alten Missionarsklischees: »Wenn du die Vielen nicht erreichen kannst, dann erreiche die Wenigen um so gründlicher.« Ein interessant und tiefsinnig klingender Satz, aber wohl kaum die richtige Grundlage für eine wirklich fruchtbare medizinisch-missionarische Arbeit. Wo Zeit, Geld und Personal so knapp sind, sollte man sie in erster Linie dazu einsetzen, die breite Masse der Notleidenden (vor allem auch die Armen) zu erreichen, die nie von sich aus in ein Krankenhaus gehen würden. Womit wir wieder bei der Gesundheitsarbeit sind.

Was gehört nun im einzelnen zur Gesundheitsarbeit? Zunächst einmal geht es darum, eine medizinische Grundversorgung direkt vor Ort aufzubauen. In Entwicklungsländern geschieht dies gewöhnlich nicht durch Ärzte, sondern durch Krankenschwestern und andere (meist einheimische) Hilfskräfte, und im Vordergrund der Bemühungen steht die möglichst frühe, einfache und billige Behandlung von Krankheiten.

Zur Krankheitsbehandlung kommt als zweites die Krankheits*vorbeugung*. Das ist der wichtigste, aber auch der schwierigste Teil der Gesundheitsarbeit. Einen Schwerkranken zu heilen und ihn anschließend mit einem herzenswarmen Lächeln seinen dankbaren Verwandten mit nach Hause zu geben ist relativ einfach. Wesentlich schwieriger ist es, uneinsichtige und skeptische Menschen dazu zu bringen, die eingefleischten Gewohnheiten zu ändern, die überhaupt erst zu Erkrankungen führen. Doch eben dies ist das eigentliche Ziel der Gesundheitsarbeit.

Um dieses Ziel zu erreichen, ist eine umfassende *Gesundheitserziehung* unumgänglich, und diese Gesundheitserziehung muß in erster Linie in den Schulen stattfinden. Ohne einen systematischen Gesundheitsunterricht für alle Schüler wird eine spürbare Verbesserung der Volksgesundheit in den Entwicklungsländern nicht zu erreichen sein. Wie auf anderen Gebieten, so ist auch hier die jüngere Generation der Schlüssel zum Erfolg; die Älteren haben gewöhnlich eine unüberwindbare Abneigung gegen alles »Neumodische«.

Noch viele andere Dinge gehören zu einer erfolgreichen Gesundheitsarbeit. So müssen für jedes Dorf Einheimische als medizinische Hilfskräfte ausgebildet werden. Es müssen Hausbesuche gemacht, Tuberkulose- und Leprapatienten betreut, Kinder geimpft, Latrinen gebaut, Fliegen und Ratten bekämpft, die Qualität von Trinkwasser und Nahrung verbessert und vor allen Dingen die Familienplanung gefördert werden.

Gesundheitsarbeit ist nicht einfach. Sie bedeutet, daß man mit ermüdenden Fußmärschen, schlaflosen Nächten und unverdaulichen Mahlzeiten leben muß. Sie verlangt, daß man die sicheren vier Wände der Arztpraxis mit schmutzigen Dorfstraßen vertauscht und die Menschen, die in diesen Straßen wohnen, dazu bringt, ihre Gleichgültigkeit und ihren Fatalismus zu überwinden und aktiv an ihrer Gesundheit mitzuarbeiten statt nur auf ein gelegentliches medizinisches Almosen zu warten. Und vor allen Dingen bedeutet sie viel Enttäuschung und Entmutigung, viel geduldige, harte Arbeit, die kaum sichtbare Ergebnisse zu bringen scheint – während gleichzeitig bei den Kollegen in den besagten sicheren vier Wänden die Schlangen der dankbaren Patienten immer länger werden.

Man ist als Mediziner leicht versucht, Gesundheitsarbeit als langweilig, reizlos und gewissermaßen unter seinem Niveau liegend zu betrachten. Die Bekämpfung von Rattenplagen, die Einführung von Aborten oder die Ausbildung von Bergbauern zu Hilfsärzten, so denkt man, ist doch wohl nicht so schwierig wie eine Gehirntumoroperation. Und sie ist auch nicht so schwierig. Sie ist viel schwieriger! Ganz zu schweigen von dem gigantischen Unternehmen, ganze Dörfer dahin zu bringen, endlich ihre Probleme selbst anzupacken. Wenn es gelingen soll, den Armen in dieser Welt die Segnungen der modernen Medizin und Hygiene zu bringen, dann muß die Gesundheitsarbeit an vorderster Stelle stehen; sie muß der Eckstein sowohl der staatlichen als auch der kirchlichen und missionarischen medizinischen Projekte sein.

Was für Missionare werden für diese Art Arbeit gebraucht? Zunächst einmal müssen es Leute sein, die nicht auf ein enges Fachgebiet spezialisiert sind und die ein offenes Ohr für die Anliegen der Gesundheitsarbeit haben. Wir brauchen Allgemeinmediziner, Schwestern, Pfleger, Lehrer, Sozialarbeiter, Ernährungsfachleute – um nur einige zu nennen. Zweitens darf bei diesen Missionaren der Wunsch nach beruflicher Erfüllung und Befriedigung nicht an erster, ja noch nicht einmal an zweiter Stelle stehen; sie müssen vielmehr bereit sein, sich beruflich zu »verschlechtern«, aus Lehrenden Lernende zu werden und auf sofortige Erfolgserlebnisse zu verzichten.

Es ist ohne Zweifel faszinierend, der Fahrer des am Fuße des Felsens geparkten Krankenwagens zu sein, Abgestürzte fachmännisch einzuladen und mit heulenden Sirenen durch die Straßen zu brausen. Und es ist denkbar prosaisch und unromantisch, einen Zaun auf dem Felsen zu bauen, damit niemand abstürzt. Aber wir brauchen nicht so sehr Krankenwagenfahrer (Krankenhausmitarbeiter) als vielmehr Zaunbauer (Gesundheitsarbeiter); und der Zaunbauer wiederum ist weniger wichtig als der Mann, der anderen beibringt, wie man Zäune baut. Nicht zu vergessen, daß es für Missionsgesellschaften (und Dritte-Welt-Regierungen), die ja gewöhnlich recht knapp bei Kasse sind, viel billiger ist, Zäune zu bauen, als Krankenwagen zu kaufen.

Meinen ersten Vorgeschmack auf die Tücken der Gesundheitsarbeit erhielt ich kurz nach unserer Ankunft in Nepal, in Kathmandu, als ich den Leiter der Gesundheitsarbeit der United Mission to Nepal (UMN) besuchte, einen japanischen Arzt namens Dr. Iwamura. Dr. Iwamura war genau der richtige Mann für diesen Posten. Er hatte alle 75 Distrikte Nepals persönlich bereist, um Daten über die Häufigkeit von Krankheiten zu sammeln und sich mit den medizinischen Bedürfnissen des ganzen Landes vertraut zu machen, und war nun dabei, für die verschiedenen Arbeitsgebiete der UMN Gesundheitsprogramme einzurichten. Und da wir gerade dem neuen Hospital Amp Pipal im Distrikt Gorkha zugeteilt worden waren, hatte uns Dr. Iwamura seine Hilfe bei der Ausarbeitung eines Gesundheitsprogramms speziell für unser Gebiet angeboten und mich sowie Valerie Collett, unsere Oberschwester für Gesundheitsarbeit, in sein Haus eingeladen. Nach einem ausgiebigen nepalisch-japanischen Essen begannen wir eine noch ausgiebigere Gesprächsrunde über Gesundheitspläne für den Distrikt Gorkha.

Sechs Stunden lang redeten, überlegten und palaverten wir. Es war schon Mitternacht, und wir hatten gerade eine komplizierte Diskussion über Fliegenbekämpfung beendet, als auf einmal ein lautes Klappern und aufgeregte Stimmen von der Haustür kamen. Dann ging die Tür auf, und ein japanisches Ehepaar, beides Ärzte unserer Mission, und ein japanischer Insektenforscher, der für kurze Zeit in Nepal zu tun hatte, kamen hereinspaziert, in ihrem Schlepptau mehrere andere Japaner, die fünf riesige Platten mit appetitlich dampfenden japanischen Köstlichkeiten, darunter zwei große gefüllte Karpfen, trugen. Unsere mitternächtlichen Gäste kamen frisch von einem eleganten Bankett im Haus des japanischen Botschafters und wollten eine kleine

Nachfeier bei ihrem Freund Iwamura halten, damit die Essensreste nicht verdarben.

Kein schlechter Gedanke. Aber wir hatten die leckere Überraschung kaum auf den Tisch gestellt, als Dutzende von Fliegen wie aus dem Nichts auftauchten und sich auf den Schüsseln und Tellern niederließen; besonders die Karpfen hatten es ihnen angetan. Ich weiß nicht, ob es an der späten Stunde oder an dem Aroma der Karpfen lag, aber die Fliegen waren ausgesprochen träge. Einmal in den diversen Soßen gelandet, blieben sie dort und dachten nicht daran, wieder herauszukommen. Hier war sofortige Fliegenbekämpfung gefragt, und wir gingen entschlossen unser ganzes Repertoire durch, um sie fortzuscheuchen: Wir schlugen in die Hände, wir pusteten, wie schrien sie an. Nichts half; wir mußten sie schließlich einzeln mit den Fingern herauspicken.

Aber für jede Fliege, die wir mit spitzen Fingern herausfischten, kamen zwei neue. Bald waren es über zweihundert, die um die Schüsseln herumschwärmten, auf die Teller krabbelten und genüßlich in die Soße sprangen. Dr. Iwamura fand diesen Zustand untragbar; immerhin war er der Leiter unserer Gesundheitsarbeit, und dies war sein Wohnzimmer. Und er holte eine Fliegenpatsche, gab sie dem Insektenforscher in die Hand und bat ihn, zur Tat zu schreiten. Der Insektenforscher krempelte die Ärmel hoch, nahm die »Friegenpatsche«, wie er sie nannte, fest in die Hand und begann, wie ein Wirbelwind durch den Raum zu hüpfen und gnadenlos auf die Feinde einzudreschen, daß der Putz von den Wänden und der Decke fiel. Seine japanischen Schlachtrufe hätten einen Tiger das Fürchten lehren können. Aber die Fliegen störten sich nicht daran. Nach zehn Minuten dieses Sturmangriffs waren sie immer noch nicht weniger geworden.

Ich werde diese Szene nie vergessen: die flinken Finger der Oberschwester für Gesundheitsarbeit, die im Akkord Fliegen aus der Karpfensoße fischten; das Knallen der Fliegenpatsche und das Kriegsgeschrei des Insektenforschers (»Dies ist nicht Friegenbekämpfung, dies ist Friegenauslottung!«); das ernst-entschlossene Gesicht des Leiters der Gesundheitsarbeit der UMN, der seinem Streiter mit vollem Mund Anfeuerung und Instruktionen gab... Einen besseren Anschauungsunterricht in Sachen Gesundheitsarbeit hätte ich mir nicht wünschen können. Um halb zwei morgens war auch der letzte Teller leer, und wir verabschiedeten uns von Dr. Iwamura.

Das Gesundheitsprogramm für den Distrikt Gorkha, das wir an jenem Abend in Dr. Iwamuras Haus entwarfen, hat sich jetzt schon lange Jahre bewährt. Kürzlich fand es eine unserer Gesundheitsarbeitsleiterinnen in Amp Pipal, als sie ihre Schubladen aufräumte. Es war schon ganz vergraben und vergessen gewesen unter dem Dutzend »Jahresplänen«, das ihm folgte, aber die Leiterin mußte verwundert feststellen, daß praktisch alles, was im Distrikt Gorkha an Projekten lief oder geplant war, auf dieses erste Programm zurückging. Die Fliegenschlacht im Haus von Dr. Iwamura ist nicht umsonst gewesen.

Das Gesundheitsprogramm Amp Pipal umfaßt mehrere Bereiche. Hier sind zunächst einmal die sogenannten *Dorfsprechstunden* zu nennen, die in Zusammenarbeit mit dem staatlichen Mütterberatungsprogramm angeboten werden. Diese Dorfsprechstunden sind Besuche von medizinischen Teams in den umliegenden Dörfern und sollen vor allem die Schwächsten der Schwachen, nämlich die Kinder unter fünf Jahren, erreichen. Da sie nur ein- oder zweimal pro Woche abgehalten werden, haben wir in jedem Dorf einige Bewohner zu medizinischen Hilfskräften ausgebildet, die in der Lage sind, einfachere Krankheiten zu behandeln und bei Notfällen erste Hilfe zu leisten.

Der zweite Bereich unseres Gesundheitsprogramms ist die *Gesundheitserziehung*. Sie dient der Krankheitsvorbeugung. Entsprechend ausgebildete Mitarbeiter erteilen in einigen der umliegenden Schulen, aber auch im Krankenhaus selbst (für ambulante wie für stationäre Patienten) Gesundheits- und Hygieneunterricht.

Der dritte Bereich sind die *Trinkwasserprojekte*. Für Ruhr, Amöbenruhr, Typhus und andere lebensgefährliche Krankheiten ist verschmutztes Trinkwasser die Hauptansteckungsquelle. Man gebe einem Dorf eine saubere Trinkwasserversorgung, und diese Krankheiten gehen drastisch zurück. Außer Trinkwasser gibt eine solche Wasserversorgung den Dorfbewohnern auch zusätzliches Brauchwasser; sie können sich jetzt zum Beispiel regelmäßig ihre Hände waschen oder ihr Geschirr säubern, was kein kleiner Fortschritt ist.

Um eine solche Wasserversorgung aufzubauen, muß man zunächst eine Wasserquelle finden (oft mehrere hundert Meter vom Dorf entfernt), sodann ein vor Verunreinigungen geschütztes Wasserreservoir bauen und schließlich eine Plastikleitung legen, die das Wasser ins Dorf führt, wo es mittels eines Wasserhahns aus einem Tank abgezapft werden kann. Die Dorfleute besorgen die Arbeit, während das Krankenhaus die Rohre für die Leitung, den Zement und die technischen Kenntnisse beisteuert.

Solche Dorfwasserprojekte sind ein Paradebeispiel für die Art von

Hilfe, die in den unterentwickelten Gebieten unserer Welt am nötigsten ist. Sie sind billig, werden unter Mitwirkung der Einheimischen durchgeführt und nutzen jedem – und der Nutzen ist beträchtlich.

Nicht selten kommt es noch zu Pannen. Die Installation und Unterhaltung selbst eines ganz einfachen Wasserversorgungssystems setzt ein Maß an Gemeinsinn voraus, das es in vielen Dörfern Nepals nicht ohne weiteres gibt. Da haben wir mit viel Planen und Schweiß die Wasserleitung fertig verlegt – und am nächsten Tag kommt kein Wasser mehr, weil irgendein findiger Mann ungeniert die Leitung angezapft und das Wasser auf seine eigenen Felder geleitet hat, denn daß so viel Wasser einfach an seinem Haus vorbeifließt und er nichts davon hat, das darf ja nicht sein ... Oder wir müssen feststellen, daß ein paar Frauen den Deckel des Wasserreservoirs mit vereinten Kräften abgenommen haben, weil man in diesem Behälter doch so gut seine Kleider waschen kann. Aber im ganzen gesehen haben solche unliebsamen Überraschungen den Erfolg der Trinkwasserprojekte nicht aufhalten können; Dutzende von Dörfern in unserer Umgebung und Hunderte im ganzen Land haben von ihnen profitiert. In Nepal ist Wasser keine Selbstverständlichkeit.

Der vierte Bereich unseres Gesundheitsprogramms ist *landwirtschaftliche Entwicklungsarbeit.* Verbesserte landwirtschaftliche Methoden führen zu besserer Ernährung, und eine gute Ernährung ist genauso wichtig für die Gesundheit wie sauberes Wasser.

Nicht minder wichtig sind *Hygiene* und funktionierende *sanitäre Anlagen,* womit wir zum fünften Bereich unseres Gesundheitsprogramms kommen. Hier haben wir unter anderem eine Kampagne zur Einführung von Aborten unternommen. Ich sage »Aborte« und nicht »Toiletten«, denn es handelt sich hier natürlich nicht um Toiletten im heutigen Sinne, mit Wasserspülung und allem Komfort, sondern um recht primitive Einrichtungen, die etwa dem guten alten »Plumpsklo« im Hinterhof unserer Urgroßeltern entsprechen. In Gebieten, die bisher *überhaupt keine* Toiletten kannten, sind solche Aborte durchaus ein Fortschritt. Leider ist unser Abort-Programm bisher ein ziemlicher Fehlschlag gewesen. Selbst unsere Krankenhausmitarbeiter haben sich nur mit Mühe und Not dazu überreden lassen, sich diesen modernen Schnickschnack anzuschaffen, von den übrigen Dorfleuten ganz zu schweigen. Die allgemeine Abneigung ist nur zu verständlich: So ein primitiver Abort ist nun einmal eine anrüchige Angelegenheit. Unter Umständen ist er sogar lebensgefährlich. Bei einer hochschwangeren Frau aus unserer Nachbarschaft begann just in dem Augenblick, als sie sich an diesem Ort aufhielt, die Geburt, und um ein Haar wäre das Kind nicht zur Welt, sondern jämmerlich in den Mist gekommen. Es läuft mir heute noch kalt den Rücken herunter, wenn ich an diesen Vorfall denke.

In unserer Klinik versuchten wir natürlich, mit gutem Beispiel voranzugehen, und errichteten in der Nähe des Haupteingangs Patientenaborte, die jeden Tag von unseren Fegern gesäubert wurden. Unsere Angestellten waren strikt angewiesen, die Patienten zur Benutzung dieser Aborte anzuhalten. Nun, eines Tages fand unsere Oberschwester Rigmor, daß es an der Zeit sei, das Gras um das Entsorgungshäuschen herum zu mähen, und schickte den Hausmeister mit seiner Sichel los. Als sie etwas später hinausging, um nachzuschauen, ob er auch gut gearbeitet hatte, entdeckte sie mit Entsetzen, daß das schmucke Häuschen von Hunderten von Kothaufen umgeben war, die das hohe Gras bisher dezent verdeckt hatte. Kein Wunder, daß es so gut gewachsen war ...

Unser Gesundheitsteam hat noch viele andere Aufgaben. Es macht Hausbesuche, besorgt die Nachbetreuung von alten TB- und Leprapatienten und die erste Diagnose von neuen, arbeitet mit den leitenden Männern in Dorf und *Panchayat* zusammen und unterstützt die Arbeit der staatlichen Gesundheitsposten. Nicht zuletzt wirkt es auch im staatlichen Familienplanungsprogramm mit, denn alle noch so gutgemeinte medizinische Mühe wird letztlich vergeblich sein, wenn es nicht gelingt, Nepals Bevölkerungsexplosion zu stoppen.

Die meisten Krankheiten in Nepal fallen in den Bereich der Gesundheitsarbeit, das heißt, sie können im frühen Stadium leicht zu Hause behandelt werden und sind zum großen Teil durch richtige Vorbeugung vermeidbar. Die meisten entstehen durch Unterernährung oder Infektion, nicht selten auch durch beides zusammen, denn Unterernährung schwächt die körpereigenen Abwehrkräfte und bereitet so den Infektionen das Feld. In diesem Bereich unserer Gesundheitsarbeit haben wir bisher die größten Erfolge zu verzeichnen gehabt.

Die häufigsten Krankheiten, die unsere Gesundheitsarbeiter antreffen, sind Wurmkrankheiten. Da gibt es Schlauchwürmer, Hakenwürmer, Madenwürmer, Peitschenwürmer und hin und wieder Bandwürmer. Die Übertragung dieser Würmer erfolgt über den Stuhl – man sieht. wie wichtig funktionierende Toiletten wären. Je nachdem, wie stark der Befall ist, können solche Würmer den Patienten sehr schwächen, unter Umständen sogar lebensbedrohend werden. Sie leben im wesentlichen von dem, was der Patient ißt; Hakenwürmer gehen noch direkter zu Werke und saugen das Blut aus den Gedärmen. Die meisten Würmer sind recht klein, aber ein ausgewachsener Schlauchwurm kann es auf 25 Zentimeter Länge bringen. Schlauchwürmer sind so verbreitet, daß unser Gesundheitsteam jedes Jahr in mehreren Schulen in der Nachbarschaft kostenlos Schlauchwurmmedizin verteilt und die Kinder, die anschließend die meisten Schlauchwürmer in ihrem Stuhl finden, mit kleinen Preisen belohnt. Die stolzen Sieger – manchmal schmächtige Erst- und Zweitklässler – bringen es nicht selten auf über hundert Würmer!

Die zweithäufigsten Krankheiten sind Ruhr und andere Durchfallerkrankungen. Auch hier erfolgt die Übertragung über den menschlichen Stuhl, und zwar meist indirekt über schmutzige Hände oder verschmutztes Wasser, das als Trink- oder Waschwasser benutzt wird. Bis auf die mildesten Fälle ist die Ruhr eine gefährliche, oft sogar tödliche Krankheit. Wenn ein Kind unter fünf Jahren stirbt, hat es meist die Ruhr gehabt. Überhaupt sind die ersten fünf Lebensjahre für die Menschen in Nepal die gefährlichsten; wer sie überstanden hat, hat recht gute Aussichten, ein normales Lebensalter zu erreichen.

Aber die Ruhrfälle und Ruhrepidemien sind natürlich mehr als bloße Zahlen in einer Statistik. Jeder einzelne Fall ist ein Stück persönliches Leid. Wohl ein dutzendmal ist es mir passiert, daß ich versuchte, einem frisch eingelieferten Ruhrpatienten, der keinen Blutdruck und keinen Puls mehr hatte, eine Infusion zu geben – aber es war schon zu spät. Hier hilft es auch nicht, zu sagen, daß man den Patienten halt früher hätte bringen müssen; vor allem wenn, wie so oft, die Eltern ihr Kind in aller Eile stundenlang über Berg und Tal getragen haben – und dann sind sie da, und ein paar Minuten später ist ihr Kind tot. Ein Vater, der in zwei Tagen zwei seiner Söhne verloren hatte, brachte uns am dritten Tag seinen dritten und letzten Sohn. Das Kind starb, während ich die Infusion vorbereitete. Wenn ich nur schneller gewesen wäre ...

An der dritten Stelle der Krankheitsstatistik stehen Lungeninfektionen, insbesondere Lungenentzündung und Lungentuberkulose. Die Übertragung erfolgt durch Husten und Spucken. Lungenentzündungen sind dabei, auch wenn sie tödlich verlaufen können, das kleinere Problem, denn sie sprechen meist sehr rasch auf die Medikamente an, so daß es nie zu Epidemien kommt. Dagegen hat sich Tuberkulose wie ein Flächenbrand ausgebreitet und zeigt sich immer häufiger gegen die üblichen Medikamente resistent. Sie ist heute das Gesundheitsproblem Nummer eins in Nepal.

Unsere Gesundheitsarbeiter haben auch viel mit Leprakranken zu tun. Lepra wird durch längeren engen Kontakt mit dem Kranken (in der Familie) sowie durch Nasensekrete übertragen. Regierung und Missionen haben gemeinsam großangelegte Programme zur Bekämpfung dieser Krankheit begonnen, und wir sind zuversichtlich, daß diese Projekte zum Erfolg führen werden. Aber der Erfolg kommt nur langsam.

Ich könnte die Liste der Krankheiten noch lange fortsetzen: Masern, Keuchhusten, Diphtherie und viele andere – sie alle wollen in einem Gesundheitsprogramm berücksichtigt werden.

Wie kann ein Gesundheitsteam aus nur einem Arzt, ein paar Schwestern und einer Handvoll Helfer ein Gebiet mit 500.000 Menschen (aber ohne Straßen) versorgen? Die Antwortet lautet natürlich: Eigentlich überhaupt nicht. Aber das heißt noch lange nicht, daß die Lage aussichtslos ist.

Zunächst einmal kann das Team sich auf ein kleineres geographisches Gebiet beschränken und dort exemplarisch vorführen, welchen Nutzen ein konsequent durchgeführtes Gesundheitsprogramm bringt. Es wird dann nicht lange dauern, und andere Dörfer werden diesen Nutzen bemerken und anfangen, eigene Projekte auf die Beine zu stellen.

Zweitens ist unser Gesundheitsteam nicht allein. Das staatliche Gesundheitsprogramm mit seinem Dutzend Gesundheitsposten in den wichtigeren Dörfern unseres Gebietes ist ein ebenfalls begrenzter, aber wertvoller Partner. In Ländern wie Nepal ist es am besten, wenn die Mission keine Alleingänge versuchen, sondern mit der Regierung Hand in Hand arbeiten. Gemeinsam erreicht man mehr.

Aber noch viel wichtiger als die Mittel und Möglichkeiten der Regierung sind die der Menschen selbst. Alle noch so großen Anstrengungen der Regierung, aber auch der Missionen, werden nicht ausreichen, um wirklich dem ganzen Land zu helfen. Erst wenn die Dörfer anfangen, selbst an ihren Problemen zu arbeiten, wird es bleibende Fortschritte geben. Die beste Hilfe ist Hilfe zur Selbsthilfe – das ist ein ehernes Gesetz der Entwicklungshilfe. Dieses Gesetz hat in den letzten Jahren zu einer gewissen Umorientierung der Gesundheits*arbeit* in der Dritten Welt geführt. Die Sicherung der Gesundheit wird nicht mehr rein als Sache der »Fachleute« betrachtet, also als etwas, das einige wenige Spezialisten der Bevölkerung gewissermaßen von oben herab geben, sondern als etwas, das alle angeht. Die Verantwortung für die Erhaltung der Gesundheit wird immer mehr den betroffenen Menschen selbst übertragen. Sie wird zur Gesundheits*arbeit* im aktiven Sinne. Es ist erstaunlich, wieviel die Menschen mit nur einem Minimum äußerer Hilfe selbständig erreichen können, wenn sie erst einmal begriffen haben, um was es geht, und bereit sind, sich einzusetzen. Drei Viertel aller Todesfälle in den Entwicklungsländern betreffen Kinder unter fünf Jahren, und die meisten dieser Todesfälle können durch die Mütter selbst verhindert werden – wenn sie einige wenige hygienische und medizinische Regeln gelernt haben. Die Menschen können durchaus Verantwortung für ihre eigene Gesundheit übernehmen, und das Hauptziel der »Profis« sollte sein, ihnen dabei zu helfen.

Auf Dauer gesehen hängt der Erfolg eines Gesundheitsprogramms keineswegs nur von den Bemühungen der Regierung oder der Missionen ab, sondern mindestens genauso stark von der Mitarbeit der Menschen. Es geht um ihre Gesundheit, und letztlich liegt es an ihnen, ob sie sie behalten oder nicht.

Landarzt auf Nepalisch

Unsere »Dorfsprechstunden« sind für Ärzte und Schwestern eine willkommene Abwechslung im Alltagstrott des Missionshospitals. Manchmal ist die Abwechslung recht anstrengend, aber willkommen ist sie eigentlich immer.

Außer den Sprechstunden für Mutter und Kind, die wir in einem halben Dutzend Nachbardörfern von Amp Pipal abhalten, haben wir in den vergangenen Jahren auch verschiedene allgemeine Sprechstunden für alle Altersgruppen abgehalten, so zum Beispiel in Lapsibot, einem 25 Kilometer nördlich von Amp Pipal in einem fruchtbaren Terrassenfeldtal am Fuße des fast 8000 Meter hohen Himalchuli gelegenen Dorf. Lapsibot liegt genauso hoch wie Amp Pipal, etwa 1200 Meter über dem Meeresspiegel, aber der Weg dorthin ist alles andere als eben. Zunächst steigt man 700 Meter tief ins nächste Tal, dann 800 Meter wieder hoch auf den nächsten Bergrücken, und so weiter, auf und ab, auf und ab. Sechs Stunden braucht der durchtrainierte Wanderer für diesen Berg-und Tal-Marsch, zwölf Stunden der weniger trainierte, und er bewegt sich dabei ähnlich wie eine Ameise, die ja auch, wenn sie eine Reihe von Steinen vor sich sieht, nicht um diese herumläuft, sondern geradewegs über sie hinwegklettert.

Doch die Mühe hat ihren Lohn. Blühende Bäume und bunte Vögel erfreuen das Auge, hier und da tanzen Affen über den Weg. Links und rechts ziehen friedliche Landszenen vorbei: weiß und orange leuchtende strohgedeckte Häuser, die sich zwischen die Felder ducken; vor den Türen alte Frauen, die sich gegenseitig Läuse aus den Haaren zupfen, und alte Männer, die gemütlich dasitzen und ihre großen tönernen Wasserpfeifen rauchen; junge Frauen, die ihre Kinder stillen oder in großen irdenen Krügen Wasser tragen, mit uralten Mahlsteinen Korn mahlen oder sich an einer Quelle waschen; junge Männer, die mit schwerfälligen Ochsen ihre schmalen Terrassenfelder pflügen und die Tiere laut rufend und schimpfend antreiben; Kinder, die Wasserbüffel oder Ziegenherden hüten oder ihre kleinen Geschwister auf der Hüfte tragen oder Futter für ihre Tiere suchen. Und hoch über all dem die weißen Wolken, und über den Wolken die majestätischen Gipfel der Sieben- und Achttausender.

Aber auch auf dem Pfad selbst ist Leben, denn die Pfade sind die Verkehrsadern der Berge. Immer wieder begegnet der Wanderer schwerbepackten Trägern. Sie schleppen Reis, Kartoffeln oder Mandarinen, die sie im nächsten Dorf verkaufen wollen. Oder Steine, Bambusstäbe, Holzbalken und anderes Baumaterial. Andere tragen Petroleumkanister, Zigaretten und Räucherstäbchen, für die winzigen Läden in den größeren Dörfern. Wieder andere sind fast unsichtbar unter dem riesigen Heu- oder Blätterberg auf ihrem Rücken. Die meisten haben sich ihre Lasten mit dem *Naamlo* (Tragegurt) umgeschnallt, der um die Stirn gespannt wird und das Gewicht gleichmäßig über den Rücken verteilt.

Doch nicht nur Träger sind unterwegs. Wir treffen große Trupps fröhlicher Kinder, die auf dem Weg zur eine Stunde entfernten Schule sind; Gurkha-Soldaten, die auf Urlaub nach Hause kommen oder gerade wieder auf ihren Posten zurückkehren; festliche Hochzeitsgesellschaften, bestehend aus den fröhlich singenden und lachenden Verwandten des Bräutigams, die die weinende und klagende sechzehnjährige Braut in ihr neues Heim bringen; reiche Brahmanen oder Beamte mit einem ganzen Gefolge von Verwandten und Dienern, die auf dem Weg von oder nach Kathmandu sind; kleine Gruppen von Händlern aus Tibet und den Bergstämmen im Norden. Und immer wieder Kranke und Verletzte, begleitet von Verwandten und Freunden, auf dem Weg zu unserem Krankenhaus; die einen werden auf dem bloßen Rücken, in Körben oder in Hängematten getragen, die anderen gehen oder humpeln selbst.

Die meisten sind gesprächig. Sie laufen nicht stumm oder mit einem kurzen »Guten Tag« vorbei, nein, sie wollen gleich wissen, wer wir sind, woher wir kommen, wohin wir unterwegs sind und warum, wie alt wir sind und wie viele Kinder wir haben. Verstehen wir ihre Sprache, ist es gut, verstehen wir sie nicht, macht es auch nichts. Reden und reden lassen.

So malerisch der Weg ist, so schwierig ist er zu finden. Kreuz und quer laufen die Haupt- und Nebenpfade, machen Umwege und Schleifen, enden im nächsten Dorf oder am nächsten Haus oder im nächsten Nirgendwo. Wegweiser gibt es keine, Wanderzeichen auch nicht, und die Auskünfte, die der vorsichtige Reisende von dem gesprächigen Einheimischen bekommt, sind herzlich ungenau. Ob dies der Weg nach Lapsibot ist? Aber ja doch, kein Problem, immer der Nase lang. Zu spät merken wir, daß ein anderer Weg zwei Stunden kürzer gewesen wäre. Der Umgang mit Zeit und Entfernung ist unbekümmert in diesen Bergen, die keine Stechuhr und keinen Terminkalender kennen. Zeit braucht man nicht; Zeit hat man. Ich lernte rasch, daß ich auf meinen dienstlichen Wanderungen keine spontanen Abstecher machen durfte, wenn ich mein Ziel pünktlich erreichen wollte. Wenn jemand uns anspricht und bittet, doch eben einmal die kranke Mutter zu untersuchen, die »dort drüben, eine Minute weg« wohnt, dann kann die »eine Minute« alles bis zu drei Stunden bedeuten.

Bei unseren Sprechstunden in Lapsibot bildete gewöhnlich ein Team aus drei oder vier Schwestern und Hilfsschwestern eine Art Vorhut, die ein oder zwei Tage vor dem Doktor eintraf und persönlich den Beginn der Sprechstunde ankündigte (in Nepal glaubt man erst dann, daß jemand kommen wird, wenn man seine Nasenspitze sieht), etwas Gesundheitsunterricht in den umliegenden Schulen erteilte, Impfungen durchführte und schon einmal die ersten Patienten untersuchte.

Glücklicherweise machten die Dorfbewohner keinen großen Unterschied zwischen Ärzten und Schwestern. Unsere Schwestern und selbst manche der Hilfsschwestern konnten genauso gut Furunkel schneiden, Zähne ziehen, Wurmkrankheiten diagnostizieren und die richtige Medizin verordnen wie der Doktor selbst. Ein guter Teil der Arbeit war bereits erledigt, wenn der Doktor auf der Bildfläche erschien, um die schwierigeren Fälle zu behandeln und allgemein mit Rat und Tat zur Verfügung zu stehen.

Unsere »Praxis« in Lapsibot war ein kleines Lehmhaus. Das Obergeschoß diente uns als Dienstwohnung und Nachtquartier, während das Erdgeschoß eine winzige, fensterlose »Apotheke« und einen ebenso winzigen Kuhstall beherbergte. Man hatte in Lapsibot schon oft darüber diskutiert, ob man dem Gesundheitsteam nicht endlich ein besseres Quartier besorgen solle, aber da jeder der verschiedenen Bürgermeister in der Umgebung die Ambulanzstation natürlich in seinem eigenen Dorf haben wollte, hatte man sich nie einigen können. Wir hätten natürlich einfach selbst ein geeignetes Gebäude errichten können, aber dann wären wir wieder die großen Almosengeber aus dem Ausland gewesen. Den Grundsatz, daß die Dörfer auch ein Stück eigene Verantwortung und Arbeit in die Gesundheitsprogramme einbringen sollten, wollten wir nicht aushöhlen.

Die Sprechstunden in Lapsibot fanden einmal im Monat statt, und wir behandelten etwa hundert Patienten. Viele von ihnen erfuhren erst in allerletzter Minute, daß wieder Sprechstunde war, und kamen erst am letzten Morgen, wenn wir bereits am Packen waren, um pünktlich vor Einbruch der Dunkelheit zurück in Amp Pipal zu sein. Die Krankheiten waren meist die allgemein üblichen, wenn auch nicht so ausgeprägt wie bei den schweren Fällen, die wir im Krankenhaus zu Gesicht bekamen. Ausgesprochen typisch für Lapsibot war jedoch die große Zahl der unterernährten Kinder aus Brahmanen-Familien. Sie litten alle an starkem Eiweißmangel – eine Folge der religiösen Speisegesetze der Brahmanen, die den Verzehr nicht nur von Fleisch, sondern auch von Eiern verbieten. Es war eine merkwürdige Ironie, daß ausgerechnet die reichsten und gebildetsten Glieder der Gesellschaft auch die am meisten unterernährten waren.

Wir untersuchten die Patienten auf einer eigens zu diesem Zweck auf den Lehmfußboden gelegten Strohmatte. Die Untersuchungen fanden im Halbdunkel statt, denn die einzigen Lichtquellen – die Tür nach draußen und die in den Kuhstall – waren regelmäßig durch ganze Scharen ängstlich dreinblickender Neugieriger blockiert. Zähneziehen und Abszesseschneiden besorgten wir draußen in der Sonne, wo wir sehen konnten, was wir taten. Für die Zuschauer waren das jedesmal Höhepunkte. Sie drängten sich noch dichter herbei und sahen mit angehaltenem Atem zu, und wenn dann der Eiter endlich hochspritzte oder der blutige Zahn in der Zange der Schwester erschien, gab es ein »Ooh!« und »Aah!« wie bei einer Raubtier-Nummer im Zirkus.

Einmal hatte die Besitzerin des Hauses Zahnschmerzen. Keine gewöhnlichen natürlich, sondern richtige, mit einem großen Wurzelabszeß. Und sie war auch kein gewöhnlicher Patient. Sie kreischte und brüllte, und wenn sie nicht brüllte, wurde sie steif wie ein Brett, gerade so, als säße sie auf dem elektrischen Stuhl. Ihr Schreien ging mir so auf die Nerven, daß ich ihr schließlich ein Tuch in den Mund stopfte. Die Erleichterung war nur vorübergehend, denn jetzt sprangen sofort die Zuschauer auf und begleiteten jede Bewegung meiner Hand mit einem vielstimmigen Stöhnen. Es war ein erlösender Augenblick für uns alle, als der Zahn endlich draußen war. Die Patientin strömte über vor Dankbarkeit und bot uns spontan ihr Haus als Praxisgebäude für ewige Zeiten an, kostenlos und mietfrei, nur den Kuhstall wollte sie behalten.

Unfallpatienten haben wir in diesen monatlichen Sprechstunden selten, denn Unfälle passieren natürlich in aller Regel dann, wenn der Doktor *nicht* da ist. Aber an einem Abend war ich gerade von Amp Pipal angekommen, als ich zu einem Mann gerufen wurde, der am Nachmittag von einem Baum gestürzt war und sich dabei den Rücken gebrochen und das Rückenmark verletzt hatte. Sein Haus lag nicht sehr weit – nur eine Dreiviertelstunde, im Dunkeln natürlich.

Der Patient war von der Taille abwärts gelähmt und hatte so gut wie keine Aussicht, wieder gesund zu werden. Ich riet der Familie, ihn nicht nach Amp Pipal zu bringen; wir hatten mehrere ähnliche Patienten monatelang im Krankenhaus gehabt, und sie waren alle gestorben, sobald sie wieder zu Hause waren. Es ist einfach nicht möglich, in einem nepalischen Dorf einen beidseitig Gelähmten richtig zu pflegen. Was man auch tut, es kommt zu schlimmsten Komplikationen – Wundliegen, Lungenentzündung, Niereninfektionen –, und alle Mühe ist umsonst gewesen. Diesmal schienen die Verwandten des Patienten dankbar zu sein, zu wissen, woran sie waren; sie sahen keinen Sinn darin, große Mengen Zeit und Geld zu investieren, nur um den Tod ein paar Wochen hinauszuschieben. Wir sagten ihnen, wie sie den Patienten pflegen sollten, zeigten ihnen, wie man einen Katheter einführt und wie man das Wundliegen hinauszögern kann, und dann beteten wir mit dem Mann und gingen.

Einige Wochen danach hörten wir, daß die Verwandten ihn doch noch ins Krankenhaus gebracht hatten, und zwar gleich nach Kathmandu. Da die Familie eine der reichsten in Lapsibot war, konnte sie sich diese Ausgabe leisten. Aber es war alles umsonst. Nach mehreren Monaten im Krankenhaus und noch mehr Monaten zu Hause starb der Patient. Alle Mühen und Behandlungen hatten sein Leiden nur verlängert.

Unsere Mahlzeiten nahmen wir auf unseren Dorfeinsätzen auf die einheimische Art ein, daß heißt, wir aßen mit den Fingern von Blechtellern, und als Tisch diente uns der Lehmfußboden unseres Quartiers, der nach alter Sitte täglich mit einer neuen Schicht aus rotem Lehm und Büffeldung belegt und mit den Händen »saubergewischt« wurde. Mit den gleichen Händen putzt man sich die Nase, striegelt die Tiere und wischt das Geschirr ab. Sogar Valerie Collett, die Leiterin unserer Gesundheitsarbeit, hatte sich so gründlich an die einheimischen Gepflogenheiten angepaßt, daß ich sie einmal dabei erwischte, wie sie die frisch ausgewischten Tassen mit dem Rand nach unten auf den besagten Lehmfußboden stellte, damit sie innen nicht so schnell dreckig wurden. Es geschah nicht oft, daß wir mit intaktem Verdauungsapparat von unseren Dorfeinsätzen zurückkamen.

Natürlich benutzt man die Hände auch zum Essenkochen. Unser Koch hieß Dal Bahadur, war gleichzeitig unser wichtigster Träger und hatte nach sechs Jahren Zusammenarbeit mit unserem Gesundheitsteam Hygienekenntnisse erworben, die man gut und gerne in einem halben Fingerhut unterbringen konnte. Die Mahlzeiten bestanden aus Reis mit einer Beimischung aus Linsen, Fett, Kartoffeln und Hühnerknochen, das ganze großzügig gewürzt mit Mengen von Pfeffer, die eigentlich sämtlichen Bakterien auf dem Teller den Garaus hätten machen müssen, aber in Wirklichkeit nur die Zunge und die Gedärme verbrannten.

Nach der Abendmahlzeit ging es zu Bett. Viel Schlaf bekamen wir nie, dafür sorgten sowohl die verschiedenen Insekten in unserer Schlafstube als auch die Katze der Hauswirtin, die einen guten Teil der Nacht damit verbrachte, auf der Suche nach Essensresten unsere Töpfe und Teller umzustoßen. Und wer trotz allem einschlief, der wurde pünktlich um vier Uhr wieder geweckt, wenn unsere Wirtin im Kuhstall unter uns ihren Reis drosch. Wir waren jedesmal froh, wieder zurück nach Amp Pipal und seinem langweiligen Krankenhausrhythmus zu kommen.

Manchmal kehrten wir nicht sofort nach Amp Pipal zurück, sondern zogen zunächst noch eine Tagereise weiter nach Norden, nach Barpak. Barpak war eine andere Welt; war man dort, dann fand man Lapsibot ganz manierlich und Amp Pipal schon fast weltstädtisch.

Barpak ist für uns immer ein ganz besonderer Ort gewesen. Es ist das größte und bedeutendste Dorf im Norden unseres Distrikts. Viele unserer Patienten in Amp Pipal kommen aus Barpak, und es gibt dort eine kleine christliche Gemeinde, die trotz aller Widerwärtigkeiten mutig ihren Weg geht.

Barpak liegt ziemlich isoliert von seinen Nachbardörfern rund 2000 Meter hoch an einem steilen Berghang, 1000 Meter über einem engen Flußtal. Es ist eine rauhe Gegend, wie sie für den Norden Nepals typisch ist. Die Religion der Bewohner ist überwiegend durch den Lamaismus aus Tibet und den Buddhismus geprägt; vom Hinduismus, der aus dem Süden stammt, ist nur wenig zu spüren. Die häufigen Stürme, die von den hohen Himalajagipfeln herabtoben, fordern immer wieder ihren Tribut von den Bauern von Barpak; ein heftiger Hagelsturm kann in fünf Minuten eine ganze Ernte vernichten. Die Menschen in Barpak sind zäh und hart im Nehmen, wie die meisten Bergstämme im Norden. Man sagt, daß von den 5000 Dorfbewohnern 700 Gurkha-Soldaten sind oder waren, also Mitglieder eines der tapfersten Regimente unserer Zeit.

Man sollte eigentlich meinen, daß in einem Dorf mit so vielen Ex-Soldaten des alten britischen Weltreiches etwas von der modernen Zivilisation hängengeblieben ist. Aber wer die Straßen und Häuser Barpaks betritt, der muß seine Uhr tausend Jahre zurückstellen. Die einzigen Anzeichen dafür, daß man sich im 20. Jahrhundert befindet, sind Zigarettenschachteln, Ledergürtel mit der Aufschrift »Geheimagent 007« und die eine oder andere Petroleumlampe. In den meisten nepalischen Städten fließen die Abwässer in offenen Rinnsteinen durch die Straßen; in Barpak gibt es keine Rinnsteine. Mit etwas schwarzem Humor könnte der Besucher den ganzen Ort als riesigen Abort für Ziegen, Schweine, Hühner, Kühe und natürlich Menschen bezeichnen, und seine Nase würde ihm recht geben.

Barpak ist ein dichtes Gewirr mittelalterlich aussehender Steinhütten, hier und da kurz unterbrochen durch eine enge, stickige, schmutzige Gasse. In den Häusern ist es so gut wie dunkel, bis auf das Licht von der Feuerstelle, deren Rauch und Qualm alles, einschließlich der Menschen selbst, mit einer dicken Rußschicht bedeckt. Der Qualm brennt einem in den Augen, bis man gar nichts mehr sehen kann – was bei den Mahlzeiten ein Vorteil ist, denn man ißt mit besserem Appetit, wenn man nicht sieht, was alles auf dem Teller ist.

Auch Barpak ist der Bevölkerungsexplosion nicht entgangen. Im Gegenteil: Hier spürt man ihre furchtbaren Folgen noch stärker als im übrigen Nepal. In einem weiten Umkreis gibt es absolut kein Land mehr, das man noch überbauen oder landwirtschaftlich nutzen könnte. Die Feldterrassen haben auch die steilsten Hänge erreicht; noch mehr anlegen kann man nicht. Die Menschen in und um Barpak haben nur noch nach einer Rekordernte genug zu essen, und die Hungersnöte werden immer häufiger und schlimmer. Ganze Familien machen sich auf den Weg in den Süden, um nicht verhungern zu müssen; doch wenn sie fort sind, können sie nicht ihre Felder bestellen, was wiederum die nächste Ernte gefährdet – ein Teufelskreis. Um Feuerholz zu holen, müssen die Männer von Barpak inzwischen eine ganze Tagesreise weit gehen, denn der Wald verschwindet mit atemberaubender Geschwindigkeit; gewöhnlich bleiben sie gleich wochenlang weg, um genügend Holz für den Rest des Jahres zusammenzubekommen.

Auch die nächste Weide für die Tiere ist manchmal schon eine Tagesreise weit entfernt, was bedeutet, daß diese Bauern ein Drittel bis die Hälfte ihres Lebens im Feld und auf der Weide mit ihren Tieren verbringen. Nicht mehr genug Futter. Nicht mehr genug Brennholz. Nicht mehr genug zu essen. Die Hälfte der Bevölkerung Kinder, die in ein paar Jahren Eltern sein werden. Wo soll das enden? Wohin sollen die Menschen von Barpak noch gehen? Nach Amp Pipal? Aber dort gibt es auch kein Land mehr. Nach Indien? Nach Bangladesch?

Ein guter Teil der stumpfen Gleichgültigkeit, die man unter den Bewohnern von Barpak antrifft, geht auf das Konto ihres selbstgebrauten Alkohols. Aber die Menschen brauchen nun einmal etwas, das ihnen am Morgen auf die Beine hilft und am Abend etwas Wärme in den halbleeren Magen bringt. Ein anderes Problem ist, daß Barpak aus unerfindlichen Gründen in zwei *Panchayats* aufgeteilt ist, jeder mit seinem eigenen *Pradhan Panch*, und daß diese beiden Bürgermeister wenig Neigung zeigen, am gleichen Strang zu ziehen und zusammenzuarbeiten. Bei einem meiner letzten Besuche in Barpak empfing mich der jüngere der beiden. Er sah malerisch aus in seiner schicken Tweedweste, dem rot-weiß-blau gestreiften Schlafanzug und der dunklen Sonnenbrille. Er lud mich für den Abend zu sich nach Hause ein und bewirtete mich mit einem so gewaltigen Reisteller, daß ich kaum ein Drittel davon schaffte. Kaum war ich mit dem Drittel fertig, da erschien ein riesiger, fetter Hund an meiner Seite und fraß den ganzen Rest ratzekahl auf. Und das war mitten in einer Hungersnot ...

Die Leute von Barpak führen keine Freudentänze auf, wenn wir kommen; der Empfang ist bestenfalls kühl zu nennen. »Fremde« sind in diesem entlegenen Fleckchen Erde immer verdächtig. Ich bin immer wieder überrascht und schockiert, daß dieses so von Leid, Krankheit und Hunger geschüttelte Dorf uns Ärzte und Schwestern nicht mit offenen Armen begrüßt. Aber wir nähren ja nur zu häufig die schöne Illusion, daß die Menschen selbstverständlich dankbar dafür sind, daß es uns gibt. Und dann kommen wir in Barpak an, und die Menschen sind überhaupt nicht dankbar, sondern gleichgültig, ja argwöhnisch. In ihren Augen sind wir nur darauf aus, ihnen etwas zu verkaufen. Es tut weh, solche Patienten zu haben. Aber der Schmerz ist gesund, denn er erinnert uns daran, daß unser Hauptmotiv nicht die Not und die Dankestränen der Menschen sein sollte, sondern die Liebe Gottes. Der Arzt ist ja kein rettender Gott und die Schwester kein Engel vom Himmel. Sicher, wir vergessen das nur zu leicht. Und dann wird es Zeit, wieder einmal nach Barpak zu gehen.

Mädchen zählen nicht

Eines der größten Probleme, mit denen der Missionsarzt in einem Land wie Nepal unweigerlich konfrontiert wird, ist die galoppierende Überbevölkerung mit all ihren furchtbaren Folgeerscheinungen wie Bodenerosion, Waldsterben, Unterernährung, Hunger und Verelendung. Wenn nach drei Jahrzehnten rascher Wirtschaftsentwicklung und massiver Hilfe aus dem Ausland die Lebensqualität des Durchschnittsnepalen immer noch nicht wesentlich gestiegen ist und die Nahrungsmittelproduktion pro Kopf in den letzten Jahren sogar wieder zurückgeht, dann liegt das nicht zuletzt daran, daß sich in den gleichen dreißig Jahren die Bevölkerung Nepals verdoppelt hat.

Hinter der romantischen Fassade Nepals bahnt sich unerbittlich eine menschliche und ökologische Katastrophe ihren Weg. Je mehr Menschen es gibt, um so mehr Ackerland und Feuerholz wird benötigt, um so rascher schreitet die Zerstörung der einst so großen Bergwälder voran. Aber mit jedem Baum, der gefällt wird, wird die Bodenerosion an den steilen Hängen immer schlimmer; mit jedem Monsunregen werden Tonnen fruchtbarer Erde von den Feldterrassen in die Flüsse gespült, um schließlich auf Nimmerwiedersehen im Indischen Ozean zu verschwinden. Weniger Wald bedeutet aber auch weniger Verdunstung, mithin weniger Regen und auf die Dauer weniger Trinkwasser. Der Teufelskreis will kein Ende nehmen. Und das natürlich nicht nur in Nepal, sondern in immer mehr Gebieten der Welt.

Wie soll der christliche Arzt oder Entwicklungshelfer auf diese Not reagieren? Soll er noch mehr Technologie, noch mehr Kunstdünger, noch mehr Pestizide fordern? Das sind Sackgassen, wie man inzwischen weiß. Oder einfach noch mehr Wald fällen, noch mehr Buschland umpflügen lassen? Das wäre vollends der ökologische Selbstmord. Oder soll er vielleicht gar nichts tun, womöglich gar die Katastrophen der Dritten Welt als verdientes Gottesgericht bezeichnen, in das man sich nicht einmischen darf? Das wäre religiöser Zynismus – und ein dummer Zynismus dazu, denn ähnliche Umweltkatastrophen haben, wenn auch aus anderen Gründen, auch im gar nicht mehr so sicheren reichen Westen eingesetzt.

Gott hat nun einmal eine begrenzte Erde mit begrenztem Raum und begrenzten Ressourcen geschaffen – und er hat uns Menschen den Auftrag gegeben, diese Erde in Besitz zu nehmen und als weise Verwalter mit diesen begrenzten Schätzen zu haushalten. In einer Welt mit sechs Milliarden Menschen muß solches Haushalten anders aussehen als in einer Welt mit zwei Menschen. Unsere Jahre in Nepal haben uns gelehrt, daß es ein Gebot der Liebe Christi ist, den Menschen in diesem Land nicht nur Medizin und Hygiene zu bringen, sondern auch Hilfe zu verantwortungsbewußter Geburtenregelung und Begrenzung der Kinderzahl. Sollten wir wirklich mit frommem Achselzucken zuschauen, wie eine sechsköpfige Familie, die buchstäblich nicht mehr genug zu essen hat, zu einer sieben-, neun- oder elfköpfigen Familie wird und der Hungertod immer näher kommt? Und wie oft haben wir es schon erlebt, daß das erste Kind nach der Geburt des zweiten starb, weil die Kinder zu dicht aufeinander folgten und die Mutter nicht genügend Milch für beide hatte. Wie viele unterernährte und vor Hunger sterbende Kinder müssen wir täglich behandeln! Und welche Verzweiflung steht in dem Gesicht einer Mutter geschrieben, die mit dem siebten Kind schwanger ist und schon nicht mehr weiß, wie sie die ersten sechs durchbringen soll!

Der Hinweis des Statistikers, daß die Bevölkerungszahl sich auf die Dauer schon von selbst wieder einpendeln wird (so ähnlich wie bei weißen Mäusen, deren Futterration nicht mehr erhöht werden kann ...), ist für uns keine Lösung. Und auch nicht das Protestgeschrei manches satten westlichen Wohlstandschristen mit Eigenheim, Zentralheizung, Auto, Urlaub, Hund, vollem sozialem Netz und zwei bis vier Kindern, daß es doch unchristlich sei, einem Menschen mit Lehmhütte, drei Hühnern, einem Paar Schuhe, leerem Magen und sechs Kindern dazu zu helfen, keine weiteren Kinder in die Welt zu setzen. Und so haben wir schon früh begonnen, die nepalische Regierung bei ihrem Familienplanungsprogramm zu unterstützen und Vasektomien, also Sterilisierungsoperationen für Männer anzubieten.

Schockierte Stille bei einem Teil meiner Leser – wie damals bei einigen unserer Missionsfreunde daheim im reichen Amerika. Ja, darf man das denn – und dann noch als *christlicher* Arzt? Ist das nicht ein Eingriff in Gottes Schöpfung? Ist das nicht Verstümmelung? Ist das nicht dasselbe wie Abtreibung? Darf man denn die armen Menschen zu so etwas zwingen? Und wenn schon Familienplanung, dann könnte man den Menschen in Nepal doch wohl andere Methoden beibringen?

Nun, ein Eingriff in Gottes Schöpfung ist alles, was der Arzt tut – wie überhaupt das meiste, was der Mensch tut. Nein, eine Sterilisation ist keine Verstümmelung; sie führt weder zu Lungenkrebs noch zu Haarausfall und kann beim Mann sogar mit einiger Aussicht auf Erfolg wieder rückgängig gemacht werden. Sie ist auch nicht dasselbe wie die Abtreibung, also die Tötung eines bereits existierenden Kindes im Mutterleib. Es wird auch niemand bei uns zu einer Sterilisierung gezwungen. Ich glaube, kein Missionsarzt in der Welt würde sich dazu hergeben, bei Abtreibungen oder Zwangssterilisierungen mitzuwirken; auch die United Mission to Nepal lehnt solche Methoden ab. Und was die anderen Familienplanungsmethoden betrifft, so sind sie in den Bergdörfern Nepals auf absehbare Zeit kaum praktikabel. Gerade die »natürlichen« (und kostenlosen!) Methoden erfordern ein recht hohes Maß an Wissen und Selbstbeobachtung – und wir sind gerade erst dabei, den Menschen das richtige Händewaschen beizubringen …

In diesem und dem nächsten Kapitel möchte ich nun einige Begebenheiten aus meinem Dienst als reisender Familienplanungsspezialist weitergeben. Ich beginne mit einem sehr heißen Sommertag vor einigen Jahren, als ich auf dem Weg zu einem vom nepalischen Gesundheitsministerium geförderten »Familienplanungstag« (sprich: kostenlose Sterilisierungen) war. Das Ereignis sollte in Simjung stattfinden, das, wie man mir beruhigend versichert hatte, eine bequeme Halbtageswanderung von Amp Pipal entfernt lag. Die staatlichen Gesundheitsarbeiter waren vor ein Wochen dort gewesen, hatten offene Ohren für das Thema »Familienplanung« gefunden und waren mit einer Liste von etwa zwanzig »Interessenten« zurückgekommen, was keine schlechte Zahl war.

Gegen zehn Uhr morgens erreichte ich die Stadt Jaubari, wo ich mich mit einem staatlichen Gesundheitsarbeiter treffen sollte, der mich den Rest des Weges nach Simjung begleiten sollte. Ich hatte schon vier anstrengende Wegstunden hinter mir und erwartete nichts anderes, als daß wir jetzt in einer Stunde in Simjung sein würden. Die Operationen sollten um zwölf Uhr mittags beginnen, und am nächsten Morgen wollte ich wieder nach Amp Pipal zurückkehren.

Der Gesundheitsbeamte war frisch und guter Dinge. Er hatte die Distrikthauptstadt Gorkha am Tag zuvor verlassen, in Jaubari gut übernachtet und den ersten Teil des Morgens damit verbracht, auf mich zu warten. In bester Laune brachen wir auf. Unser Weg führte uns zunächst in ein enges Flußtal hinab, dem wir einige Kilometer folgten. Dann ging es wieder nach oben. Es dauerte nicht lange, und ich mußte feststellen, daß der Weg nach Jaubari bereits den größten Teil meiner Kraft aufgezehrt hatte. Die Sonne stach unbarmherzig aus dem Mittagshimmel herab. Immer öfter mußte ich anhalten und verschnaufen, immer öfter meine schon fast leere Feldflasche an den Mund setzen. Immer höher stieg der Pfad, die Kilometer zogen sich wie Gummi. Dreihundert Meter über der Talsohle. Sechshundert. Und immer noch ging es nach oben. Wohl zwanzigmal sagte mein Begleiter mir, daß es nur noch eine Viertelstunde dauern würde. Er versuchte mich anzutreiben, erst sanft, dann immer energischer. Er wußte: Wenn der Doktor es nicht schaffte, würden die wartenden »Interessenten« sich versetzt fühlen und ihm, dem Regierungsmann, die Schuld geben. Zweimal füllte er meine Feldflasche wieder auf – aus welcher Quelle, war mir egal, ich dachte nicht mehr an Typhus und Amöbenruhr, ich wollte nur noch meine Zunge anfeuchten.

Um drei Uhr nachmittags erreichten wir endlich Simjung. Mit letzter Kraft schleppte ich mich in das Dorf, murmelte meinem Begleiter etwas über Instrumente und Vorbereitungen zu – und wachte erst wieder auf, als der Nachmittag schon vorüber und die Dämmerung am Einbrechen war. Ich lag im Schulhaus, wo die Vasektomien stattfinden sollten, während der Gesundheitsarbeiter in das Dorf gegangen war, um die Patienten zusammenzutrommeln.

Ich war ganz allein, als ich aufwachte. Ich stolperte hinaus, rieb mir die Augen und versuchte, mich zu erinnern, wo ich war und was ich überhaupt hier wollte. Der Gesundheitsarbeiter sah mich und sprang auf.

»Was ist los?« brummte ich. Es war eine überflüssige Frage, denn ich konnte sehr wohl sehen, daß überhaupt nichts los war.

»Die Vasektomien fallen aus.«

»Fallen aus? Ja, sind die alle wieder nach Hause gegangen?«

»Nein, es ist gar niemand gekommen.« Der Familienplanungsmann sah halb verlegen, halb verärgert aus. Er gehörte nicht zu dem Team, das den Männern von Simjung die Vorteile der Sterilisierung angepriesen hatte, und fühlte sich daher unschuldig.

»Sie wollen doch nicht sagen, daß noch nicht einmal *einer* da ist?« Der Gedanke, gänzlich unverrichteter Dinge wieder in Amp Pipal erscheinen zu müssen, war mir unerträglich. Noch lächerlicher machen konnte ich mich wirklich nicht bei meinen Missionskollegen, die sowieso nicht alle erbaut waren von meiner Wander- und Schneidelust. Ich erinnerte mich an den Brief, den ich ein paar Tage zuvor von einem Freund aus der USA bekommen hatte. Er hatte Bedenken angemeldet, ob es denn richtig sei, daß ich da durch die Gegend rannte und die Leute sterilisierte, und ich war auf einmal fast geneigt, ihm recht zu geben.

Der Staatliche fuhr fort: »Sie sind alle in die Reisfelder gegangen, zum Pflanzen. Sie sagen, dieses Jahr hätten sie früher anfangen müssen als sonst, wir hätten halt eher kommen müssen.« Die Geschichte klang nicht besonders überzeugend. Wenn es ernst wurde, hatten die mutigen Patienten Dutzende von Ausreden, um sich vor der Operation zu drücken. Diesmal waren sie einfach auf ihre Felder geflüchtet.

Ich murmelte halbherzig etwas, das wie Entrüstung klingen sollte, und ging zurück in das Gebäude. Eigentlich war ich heilfroh über die Drückeberger. Jetzt stundenlang auf einer Strohmatte knien und über ein Dutzend Vasektomien vornehmen – ich hätte es nicht geschafft. Ich konnte mich noch gut an die unerträglichen Wadenkrämpfe erinnern, die ich vor zwei Wochen auf einer ähnlichen Expedition während der Operationen bekommen hatte. Und heute war es noch schlimmer; meine Beine waren steif wie Bretter.

Am Abend untersuchte ich ein paar normale Patienten, womit ich wenigsten nicht ganz umsonst gekommen war. Dann übernachtete ich im Haus einer Frau, die ich vor einigen Monaten im Krankenhaus behandelt hatte. Am Morgen schloß ich das Unternehmen würdig ab, indem ich einen viel kürzeren und ebeneren Weg zurück nach Amp Pipal entdeckte und feststellte, daß ich auf dem Hinweg glatt vier Stunden verschenkt hatte.

Dies war der einzige Familienplanungstag, an dem die Sterilisierungen ausfielen. Gewöhnlich hatte ich zwischen sechs und zwanzig Patienten; der Rekord waren 27 in vier Stunden, geschehen in Jaubari. In Jaubari waren die Operationsräumlichkeiten luxuriös ausgestattet: Es gab zwei hölzerne Tische, auf die sich die Patienten legen konnten, so daß ich im Stehen arbeiten konnte. Ich operierte am ersten Tisch, während auf dem zweiten der nächste Patient vorbereitet wurde, dann drehte ich mich einfach um und operierte den zweiten Patienten, während der dritte auf den ersten Tisch kletterte, und so weiter. Akkordarbeit sozusagen. Das Instrumentenbesteck tauchte ich zwischendurch nur kurz in die Blechschüssel mit der Desinfektionslösung – sicher kein Ersatz für eine regelrechte Reinigung, aber es hat bei unseren Familienplanungstagen trotzdem keine einzige Infektion gegeben. Gefährlicher an jenem Rekordtag in Jaubari war da schon der viel zu niedrige Deckenbalken, der der Länge nach zwischen den beiden Tischen verlief und an dem ich mir jedesmal, wenn ich mich umdrehte, den Kopf stieß.

Die nepalischen Deckenbalken sind übrigens nicht nur dem Chirurgen hinderlich. Einmal wollte ein Physiklehrer unserer Mission einer Klasse das Gesetz der Zentrifugalkraft demonstrieren und zu diesem Zweck einen mit Wasser gefüllten Eimer sehr schnell in einem senkrechten Kreis herumwirbeln. Mit Staunen sollten die Schüler sehen, wie das Wasser im Eimer blieb, selbst in dem Augenblick, wo dieser auf dem Kopf stand. Das Experiment wäre vollkommen geglückt, wenn nicht der Eimer just auf dem höchsten Punkt seiner Umlaufbahn gegen einen der besagten Deckenbalken geprallt wäre. Die Klasse war begeistert.

Unsere Beziehungen zum staatlichen Familienplanungsteam sind eigentlich immer gut gewesen. Nur einmal wurden sie getrübt. Das Team hatte gerade einen neuen Mitarbeiter bekommen, der als sogenannter »Motivator« in den Dörfern für die Familienplanung werben sollte. Als er von seinem ersten Dorf zurückkam, meldete er mir, daß fünfzehn Männer eine Vasektomie wünschten und daß ich sie in genau einer Woche operieren sollte. Aber als ich eine Woche später in das Dorf kam, mußte ich feststellen, daß die fünfzehn überhaupt nicht existierten; der Motivator hatte das Dorf gar nicht besucht. Erst am Tag zuvor war endlich jemand vom Familienplanungsteam erschienen, um ein paar Vorbereitungen zu treffen. Ich war gründlich sauer. Der Tag wurde teilweise gerettet durch zwei Männer, die gerade durch das Dorf kamen, hörten, daß ich da war, und sich kurzentschlossen an Ort und Stelle operieren ließen. Schon um drei Uhr verabschiedete ich mich wieder, so daß ich noch vor Einbruch der Dunkelheit wieder in Amp Pipal war.

Einige Zeit danach kam der Leiter des staatlichen Familienplanungsteams zu mir, um sich zu beschweren. Er sagte, er sei sehr enttäuscht darüber, daß ich den letzten Familienplanungstag »eigenmächtig abgebrochen« habe. Es seien noch elf Männer gekommen, aber ein paar Minuten vorher sei ich, wie es hieß, »beleidigt abgezogen«. Der neue Motivator habe sofort seinen Chef sowie den Distriktgesundheitsrat und andere Distriktbeamte über mein Verhalten informiert.

Ich war wie vor den Kopf geschlagen – war diese Geschichte nun wahr oder nicht? Was, wenn wirklich noch elf Patienten gekommen waren? Es dauerte Monate, bis die Angelegenheit endlich aufgeklärt war. Nachdem die Geschichte der »elf Sitzengelassenen« lang genug die Runde gemacht hatte, erreichte sie endlich auch das Dorf, in dem sie sich zugetragen haben sollte – und siehe da, sie wurde prompt als Lüge entlarvt! Der pflichtvergessene Motivator, der die Geschichte erfunden hatte, um die Schuld von sich abzuwälzen, wurde schließlich entlassen. Nicht lange danach wurde das Familienplanungsprogramm neu organisiert, und meine Dienste wurden nicht mehr benötigt. Was mir auch recht war; mein Arbeitsberg in Amp Pipal war immer höher geworden, und es wurde immer schwieriger für mich, auch nur einen Tag nicht da zu sein.

Die hauptsächlichen Komplikationen, die im Anschluß an eine Vasektomie passieren können, sind Hämatome – Blutungen oder Blutergüsse aus der Operationswunde in den Hodensack. Die Samenleiter, die ja bei der Vasektomie durchtrennt werden, sind von zahlreichen winzigen Blutgefäßen umgeben, die selbst bei aller Sorgfalt vom Messer des Chirurgen verletzt werden können. Es kann dann geschehen, daß der Patient – meist mitten in der Nacht – auf einmal Schmerzen im Hodensack verspürt und feststellen muß, daß dieser auf die Größe einer Rekordtomate angeschwollen ist. Worauf er es natürlich mit der Angst zu tun bekommt und eiligst den Doktor ruft.

Einmal verbanden wir einen unserer monatlichen Besuche in Lapsibot mit einem Familienplanungstag. Wir operierten die Patienten nach Feierabend, also nach Ende der normalen Dorfsprechstunde. Wir hatten beim Schein einer Petroleumlampe sieben Männer operiert, bis zehn Uhr, und beschlossen, für heute Schluß zu machen. Todmüde zogen wir uns in unseren sardinenbüchsengroßen Schlafsaal über dem Kuhstall zurück. Mitten in der Nacht klopfte es an die Tür, dann kletterte jemand die Leiter herauf, und eine Stimme kam aus der Dunkelheit. Es war ein Verwandter eines der Sterilisierungspatienten. »Er blutet«, sagte er, »und ist ganz geschwollen. Kann der Doktor vielleicht nach ihm sehen?«

Der Doktor? Welcher Doktor? Ach so, der meinte mich.

»Wo ist der Doktor?« sagte der Mann auf der Leiter. Einer der Schatten, die da auf dem Fußboden aufgereiht lagen, mußte es doch wohl sein.

Ich spürte einen Ellenbogen in meiner Seite. Er gehörte Valerie Collett, die neben mir lag. »Das ist für Sie, Doc«, sagte sie. Es klang mir etwas zu munter.

»Äh ... so?« murmelte ich. »Was sagt er denn, ich versteh' doch die Sprache noch nicht richtig.« Wie gut für mich, daß Valerie schon seit Jahren in Nepal war und ich erst seit acht Monaten, so daß sie die Sprache viel besser beherrschte.

»Einer Ihrer Vasektomiepatienten blutet, Sie sollen einen Hausbesuch machen.«

»Sagen Sie ihm, daß sie drauf drücken sollen«, brummte ich und drehte mich auf die andere Seite.

Ein zweiter Rippenstoß. «Aufwachen, Doc, das geht nicht, Sie müssen was tun.« Dies waren nicht nur die ersten Vasektomien, sondern die ersten Operationen überhaupt, die es jemals in diesem Teil Nepals gegeben hatte, und Valerie wollte natürlich nicht, daß ein harmloser Bluterguß unserem gerade erst begonnenen Gesundheitsprogramm sofort einen schlechten Namen gab.

Ich setzte mich auf und versuchte zu denken. Ich wußte, daß die Blutung nicht ernst sein konnte, auch wenn die Stimme auf der Leiter uns versicherte, daß der Patient »wie ein Brunnen« blutete. In der Nähe der Operationsstelle gab es keine größeren Blutgefäße, und der Einschnitt war vielleicht einen Zentimeter lang, so eine winzige Wunde braucht man noch nicht einmal zu vernähen. Der Patient brauchte nichts anderes zu tun, als fünfzehn bis zwanzig Minuten lang leicht auf die Stelle zu drücken, und die Blutung würde aufhören. Die Schwellung würde nach ein paar Tagen von allein wieder vorübergehen.

Und dann wohnte der Patient eine ganze Stunde entfernt! Sollte ich wirklich den Rest der Nacht damit verbringen, im Stockdunkeln durch die Berge zu stolpern, wenn der Patient sich genausogut selbst helfen konnte? Und meine Nepali-Kenntnisse reichten vorerst zu nicht viel mehr als: »O.k., o.k., du gesund werden, keine Angst« – was sollte der Patient da von meiner Gegenwart haben? Und wie sollte ich es schaffen, am nächsten Morgen vierzig bis fünzig Patienten zu untersuchen und dann die über 25 Kilometer zurück nach Amp Pipal zu marschieren, wenn ich nur zwei Stunden Schlaf gehabt hatte?

Valerie überwand ihre Bedenken und konnte den nächtlichen Besucher nach einigem Hin und Her davon überzeugen, daß die Blutung harmlos war, daß ein Besuch des Doktors nicht nötig war und daß der Patient, wenn er am Morgen immer noch Probleme hatte, ja selbst kommen konnte. Er kam natürlich nicht. Dafür erschien er zwei Wochen später im Krankenhaus, präsentierte seinen zur Größe einer halben Melone angeschwollenen Hodensack und wollte wissen, wie lange die harmlose Blutung noch dauern würde. Dieser eine Fall warf die Familienplanung im Gebiet um Lapsibot um fünf Jahre zurück.

Ich habe bei den Hunderten von Vasektomien, die ich im Laufe der Jahre durchführte, nur noch einmal ein ernstes Hämatom erlebt, und das passierte bei einem Mann, der Bluter war, uns aber nichts darüber gesagt hatte. Als er nach der Operation nach Hause ging, merkte er auf einmal, wie Blut aus seiner Hose tropfte. Er machte sofort kehrt, und man rief mich in die Station, um nach ihm zu sehen. Ich redete ihm beruhigend zu, zeigte ihm, wie er auf die Blutungsstelle zu drükken hatte, bat ihn, so lange liegen zu bleiben und zu drücken, bis die Blutung gestillt war, und gab der Abendschwester Anweisung, ihn anschließend gehen zu lassen. Damit ging ich, und der Patient – nun, der war bald eingeschlafen und blutete munter weiter. Nach ein paar Stunden erst bemerkte man das Unglück und holte mich. Ich bat den diensthabenden Hilfspfleger (es war ein Pfleger und keine Schwester, was um so besser war), selbst auf den Hodensack des Patienten zu drücken, bis die Blutung unter Kontrolle war. Das dauerte bis zum Morgen und wurde nicht einfacher dadurch, daß der Pfleger als einziger Nachtdienst hatte und ja noch andere Patienten versorgen mußte. Jedesmal wenn er aufstand, fing die Blutung prompt wieder an, und der erschrockene Patient schrie: »Ich verblute, ich verblute!« und rief ihn zurück. Am Morgen konnte er endlich die Klinik blaß und unsicheren Schrittes verlassen. Als Bezahlung für das Nachtquartier hatte er eineinhalb Liter Blut dagelassen, die Operation selbst war, wie bei Sterilisierungen üblich, kostenlos gewesen.

Es ist keine Frage, daß Hämatome der Vasektomie in den Köpfen vieler Nepalen einen schlechten Ruf gegeben haben. Einmal machten wir eine längere Reise in einen Nachbardistrikt, in dem über 150.000 Menschen ohne jede medizinische Versorgung lebten, um eine Reihe von Familienplanungstagen abzuhalten. Wir hatten mit einer regen Beteiligung gerechnet, aber ein Jahr zuvor hatte ein anderer Arzt den Distrikt besucht und eine blutige Spur von Hämatomen hinterlassen. Natürlich hatte nicht jeder Patient Nachblutungen bekommen, aber bekanntlich erinnert man sich nie an die neun erfolgreichen Fälle, sondern immer an die eine Panne. Wir konnten damals nur halb so viele Männer operieren, wie wir gedacht hatten. Wenn es um ihre Männlichkeit geht, können Männer nun einmal kein Blut sehen.

Aber Angst vor Nachblutungen ist nicht das einzige, was viele nepalischen Männer vor einer Sterilisierung zurückschrecken läßt. In ihren Köpfen spuken noch viele andere Schreckgespenster: daß sie nach einer Vasektomie keine Kraft mehr haben, nichts mehr essen können, keine Lasten tragen oder nicht mehr laufen können, die Zähne verlieren und so weiter und so fort. Das Haupthindernis jedoch ist der Glaube des Hindus, daß er nicht erlöst werden kann, wenn er keinen Sohn hat. Nur dann nämlich, wenn einmal ein Sohn von ihm seinen Leichnam verbrennt und die richtigen Trauerzeremonien durchführt, wird seine Seele Ruhe finden. Und so versucht jeder Mann, mindestens zwei Söhne zu bekommen (zur Sicherheit, falls ein Sohn vor dem Vater stirbt), was natürlich im Durchschnitt bedeutet, daß er auch mindestens zwei Töchter zeugt. Kaum jemand entschließt sich zu einer Sterilisierung, solange er nicht seine zwei Söhne bekommen hat *und* diese die ersten fünf Kindesjahre, also die Zeit der hohen Kindersterblichkeit, überlebt haben – und in der Zwischenzeit hat er natürlich noch ein paar Kinder dazubekommen! Diese Vorstellung, daß man um jeden Preis einen Sohn bekommen muß, ist nach wie vor der Hauptgrund für die hohe Geburtenrate in Nepal (zur Zeit 2,7 Prozent Bevölkerungswachstum pro Jahr!). Die Leidtragenden sind nicht nur die Familien allgemein, sondern insbesondere auch die nepalischen Frauen, die ja all diese Kinder zur Welt bringen und aufziehen müssen. Und schafft eine Frau es nicht, den erwünschten Sohn zu »produzieren«, wird sie selbstverständlich durch eine andere Frau ersetzt.

Kein Wunder also, daß die meisten Männer, die sich sterilisieren lassen, bereits ihre sieben oder acht Kinder haben, was natürlich bedeutet, daß diese Operationen bisher kaum mehr als ein Tropfen auf den überhitzten Stein der Bevölkerungsexplosion gewesen sind. Erst wenn Männer mit nur drei oder vier Kindern sich zu einer Vasektomie entschließen, wird das Bevölkerungswachstum sich verlangsamen können. Das gleiche gilt für die Sterilisierung der Frau. Was die nichtoperativen Familienplanungsmethoden betrifft, so haben sie sich in den nepalischen Bergen nicht sehr bewährt; sie haben ihren Hauptnutzen bei Familien mit kleiner Kinderzahl.

Aber was, wenn jemand sich relativ früh sterilisieren läßt, und dann sterben die Kinder? Bei der hohen Kindersterblichkeit in Nepal wird das noch lange ein ernstes Problem sein. Einmal kam ein Mann, den ich zwei Jahre zuvor sterilisiert hatte, mit der Nachricht zu mir, daß seine beiden Söhne, die sechs bzw. acht Jahre alt waren, gerade an Masern gestorben waren; ob ich wohl seine Samenleiter wieder zusammenfügen könnte, damit er neue Söhne zeugen konnte? Ich sagte ihm, daß ich das durchaus konnte, daß aber die Erfolgsaussichten nur 50 Prozent waren. Nun, eineinhalb Jahre später kam er stolz mit einem kleinen Sohn und seiner schwangeren Frau zurück.

Doch, eine Vasektomie kann wieder rückgängig gemacht werden. Sechsmal habe ich dies getan, und vier Patienten haben anschließend wieder Kinder bekommen. Eltern, die weniger als drei Kinder haben oder deren Kinder alle noch in dem kritischen Alter unter fünf Jahren sind, empfehlen wir eine Sterilisierung im allgemeinen nicht. Bedenkt man, daß von den über zweitausend Vasektomiepatienten, die es im Laufe von zehn Jahren in unserem Gebiet gegeben hat, nur sechs um eine Rückgängigmachung baten, so scheinen unsere Kriterien zur Auswahl der Sterilisierungskandidaten sehr realistisch zu sein. Und auch wenn das Wort »Sterilisierung« bei manchen Leuten immer noch starke Abneigung hervorruft – ich glaube, daß wir mit der Einführung der Vasektomie vielleicht einen der wichtigsten Beiträge zum Wohl der Menschen in Nepal geleistet haben.

Bahn frei für den Bürgermeister!

Von den verschiedenen Familenplanungstagen, bei denen ich in Nepal mitgewirkt habe, war der beste – oder der schlimmste, oder jedenfalls der unvergeßlichste – gleich der allererste.

Meine Einführung in die Familienplanungsszene kam kurz nach unserer Ankunft in Amp Pipal. Eines Tages besuchte mich ein fescher junger Mann, der in einer olivgrünen Sportjacke, engen schwarzen Hosen, rosa Hemd, schwarzer Seidenkrawatte mit goldenem Adler, dicker Hornbrille und gutgepflegtem schwarzen Spitzbart dahersspaziert kam; sein einziges Zugeständnis an die nepalischen Bergpfade waren bequeme Freizeitschuhe. Er stellte sich formvollendet vor: Madhukar, staatlicher Familienplanungsinspektor. Er war vor kurzem (sehr lange konnte es in der Tat nicht her sein) von Kathmandu in unseren Distrikt versetzt worden und wollte mich um Hilfe bei der Förderung der Familienplanung durch Vasektomien im ganzen Distrikt bitten. Ich legte ihm dar, wie wenig Zeit mir meine Arbeit im Krankenhaus ließ, und wir einigten uns schließlich auf eine begrenzte Mitarbeit: Während der Trockenzeit würde ich ein- oder zweimal pro Monat in den umliegenden Dörfern einen Familienplanungstag durchführen.

Mein erster Einsatz allerdings sollte von der standesgemäßeren Sorte sein: gleich drei Tage lang (die beiden Tagesmärsche für die An- und Abreise nicht mitgerechnet) und in einem großen Marktflekken am Ufer eines größeren Flusses, ganz im Osten unseres Distrikts. Der Ort hatte ein Jahr zuvor eine Flutkatastrophe erlebt: Etwas oberhalb der Stadt hatte ein riesiger Erdrutsch den Fluß drei Tage lang aufgestaut; als das Wasser schließlich durch die Erdmassen brach, hatte es die Flußbrücke, einen Teil des Flußufers und viele der Gebäude auf der Flußseite der Hauptstraße mit sich gerissen.

Als Valerie Collett und ich nach unserem anstrengenden Tagesmarsch den Rand der Stadt erreichten, hörten wir eine gewaltige Explosion. Es war keine Bombe, sondern eine Sprengung am Flußufer, mitten in der Stadt, um Platz für die Fundamente der neuen Brücke zu schaffen. Die Explosion hatte auf mehreren Metern die ganze Hauptstraße, die parallel zum Fluß verlief, weggerissen, bis zu den Grundmauern eines großen vierstöckigen Hauses, das jetzt nackt und hoch über dem Fluß thronte und ganz so aussah, als wolle es jeden Augenblick in das schäumende Wasser stürzen. In den Grundmauern klafften schon die ersten Risse.

Unser Magen fühlte sich etwas flau an, als wir vorsichtig über die Holzplanken gingen, die man über den gähnenden Abgrund gelegt hatte. »In das Haus möchte ich nicht für geschenkt«, murmelte ich Valerie zu, und sie pflichtete mir bei. Um so prickelnder war es, als man uns kurz darauf informierte, daß die Stadtväter dieses Gebäude als Tatort für unsere Operationen reserviert hatten, und zwar selbstverständlich den obersten Stock, mit herrlichem Blick über den Fluß tief unten. Wir hofften inbrünstig, daß das Haus noch in dieser Nacht einstürzen möge, damit wir nicht mehr das Vergnügen hätten, am nächsten Tag in ihm arbeiten zu dürfen; aber diesen Gefallen tat es uns nicht.

Wir wurden von dem Familienplanungsinspektor Madhukar empfangen, der eine Stunde vor uns eingetroffen war. Wieder trug er seine unverwechselbare grüne Jacke, rosa Hemd und schwarze Seidenkrawatte. Er sah so aus dem Ei gepellt aus, als sei er gerade dem Schaufenster eines Textilgeschäftes entstiegen – und dabei hatte er einen Tagesmarsch von Gorkha hinter sich! Diese Nepalen mußten immun gegen den Dreck und den Schweiß ihrer Wege sein. Ich selbst war fix und fertig, zumal der Morgen mich noch mit einem bösen Durchfall überrascht hatte, und nach einem leidlichen Abendessen war ich reif für mein Gästebett.

Aber wir wollten gerade unser Nachtquartier beziehen, da kam ein ganzer Trupp Besucher an. Es waren die Verwandten einer Frau mit Geburtsstillstand, bei der also mitten in der Geburt die Wehen aufgehört hatten und das Kind nicht herauskommen wollte. Sie hatten gehört, daß ein Arzt in der Stadt war, und waren nun gekommen, um ihn um Geburtshilfe zu bitten. Die Patientin wohnte über zwei Stunden entfernt. Es schien, daß bereits jemand aus dem Familienplanungsteam bei der Frau gewesen war. Der Arm des Kindes, das bereits tot war, hatte herausgeschaut, und der eifrige Helfer hatte das Kind an ihm herausziehen wollen; als das nicht gelang, hatte er die Nerven und den Verstand verloren und den Arm an der Schulter abgetrennt.

Es war klar, daß der Fall hoffnungslos war und daß es niemandem nutzen würde, wenn wir unsere Nachtruhe opferten und im Stockdunkeln zum Haus der Patientin und wieder zurück marschierten. Aber ebenso klar war, daß wir – der ausländische christliche Arzt und die ausländische christliche Krankenschwester – jetzt auf einmal im hellen Rampenlicht dieser Stadt standen, die vor uns möglicherweise noch nie einen Christen gesehen hatte. Nach langem Hin und Her baten wir unsere Besucher, die Patientin zu uns zu bringen. Sie sagten, das sei nicht möglich, wir müßten schon zu ihr kommen. Warum das? wollten wir wissen. Hätten sie nicht ihre Verwandte gleich mitbringen können? Sie wußten doch wohl, daß es um Leben und Tod ging. Wie konnten sie ihre Verwandte stundenlang hilflos zu Hause liegen lassen und jetzt von uns erwarten, daß wir uns die Nacht um die Ohren schlugen, wo es doch wahrscheinlich sowieso zu spät war? Madhukar, der natürlich nicht wollte, daß der Doktor seinen Dienst am nächsten Tag übermüdet beginnen mußte, ergriff dieses Argument beim Schopf und redete den Verwandten so heftig ins Gewissen, daß sie schließlich nachgaben. Und so machten sie sich gegen Mitternacht auf den Weg, um die Patientin zu holen, während wir uns auf ein paar Stunden Schlaf in das Haus eines kommunistischen Agitators zurückzogen, wo wir uns zu Füßen eines wandhohen Fotos von Mao Tse-tung niederlegten.

Um halb fünf morgens wurden wir abrupt geweckt: Unsere Patientin war da. Es war eine junge Frau, kaum 18 Jahre alt, und man hatte sie auf einen wackligen Tisch in einem leeren Keller eines alten Schulgebäudes gelegt. In diesem trostlosen Raum mit seinen schmutzverkrusteten, termitendurchlöcherten und spinnwebenverschleierten Wänden und Balken standen wir beim trüben Schein einer Petroleumlampe und versuchten, das Kind herauszuziehen, während rund um uns herum die Verwandten und Freunde der Frau – zwanzig Personen mochten es sein – geisterhaft im Schatten standen und mit stummem, unerbittlichem Interesse zuschauten. Keine Narkose, keine Instrumente, bis auf ein paar Handschuhe, und die junge Frau außer sich vor Schmerzen. Wir kamen bald zu dem Ergebnis, daß die Gebärmutter geplatzt war, wahrscheinlich schon seit einem Tag, und daß es keine Hoffnung mehr gab.

Der Sprecher der Gruppe war ein verhutzelter kleiner Mann. Wir sagten ihm, daß die Patientin nur eine sehr kleine Überlebenschance hatte, und dann auch nur, wenn sie sie sofort ins Krankenhaus nach Amp Pipal brachten. Der Mann erklärte den Verwandten, was wir gesagt hatten, worauf er über eine halbe Stunde lang, immer wieder mit beruhigenden Worten einspringend, einen temperamentvollen Familienrat leiten mußte. Sie kamen schließlich zu dem Ergebnis, daß es sich nicht lohnte, für einen so kleinen Hoffnungsschimmer den langen Weg nach Amp Pipal anzutreten; es wäre zu teuer und würde die ganze Familie belasten. Ich konnte ihr Dilemma gut verstehen, der Weg nach Amp Pipal war eine große Strapaze. Aber was tun mit der vor Schmerzen schreienden Frau? Sie beschlossen, es mit einem der einheimischen »Dorfärzte« zu versuchen; er sollte das Kind zerschneiden und stückchenweise herausholen. Wir sagten ihnen, daß dies das Leiden der Frau nur verschlimmern und ihren Tod beschleunigen würde, aber wir wurden überstimmt. Dann gingen sie, die ganze lange Prozession, und wir wandten uns, müde und hilflos, unserem Tagespensum zu.

Das staatliche Familienplanungsteam hatte unseren Vasektomie-Einstand mustergültig vorbereitet. Man hatte einen schweren metallenen »Operationstisch« und einen richtigen, petroleumbeheizten Autoklav (Hochdrucksterilisator) zum Sterilisieren der Instrumente von der Distrikthauptstadt herbeitragen lassen. Beides waren Dinge, die wir in Amp Pipal nicht hatten und die auch nicht unbedingt nötig waren; bei unseren späteren Familienplanungstagen kamen wir bestens mit Strohmatten und einer Desinfektionslösung in Blechbüchsen aus. Die Familienplanungsleute hatten auch einen ganzen Stapel Gummihandschuhe dabei und waren ganz enttäuscht, als ich sagte, daß ich sie nicht brauchen konnte; Handschuhe waren bei einer Vasektomie nur hinderlich.

Es konnte losgehen. Aber die mutigen Freiwilligen wurden sichtlich weniger mutig, als sie den ominösen Tisch, den Doktor und das sonstige Zubehör erblickten. Sie hatten nicht weniger Respekt vor den tatsächlichen, möglichen und eingebildeten Folgen der Vasektomie als die übrigen Männer in Nepal, und dies war auch noch der allererste Familienplanungstag in ihrer kleinen Stadt. Wir waren daher sehr erleichtert, als kein Geringerer als der neue *Pradhan Panch*, der erst am Tag zuvor in sein Amt gewählt worden war, nach vorne trat, um sich als erster der Prozedur zu unterziehen. Ein besseres Zugpferd konnten wir uns nicht wünschen.

Nun, ich war noch etwas ein Neuling im Vasektomie-Gewerbe, und das übrige Familienplanungsteam auch. Selbstverständlich auch der wackere Bürgermeister. Leider war er nicht immun gegen Schmerzen, dafür scheinbar um so mehr gegen Novocain, unser örtliches Betäubungsmittel. Und er hatte die kleinsten Samenleiter der Welt. Volle 45 Minuten dauerte das Unternehmen. Da lag der Bürgermeister auf dem Operationstisch, dort standen die übrigen fünfzehn Kandidaten dicht gedrängt an der Tür und schauten zu, und jedesmal, wenn der Bürgermeister aufstöhnte und seinen nahen Tod ankündigte, begannen die Fünfzehn zu murmeln und zu kichern, und die jungen

Männer vom Familienplanungsteam stimmten ein nonchalantes Gelächter an und flüsterten mir anschließend zu: »Um Himmels willen, geben Sie ihm mehr Novocain, sonst laufen die anderen noch weg!«

Je lauter der *Pradhan Panch* stöhnte, um so lauter lachten die Familienplanungsmannen. Sie klatschten buchstäblich in die Hände und brüllten vor Vergnügen. Ob es psychologische Schmerzbetäubung durch Ablenkung sein sollte? Sehr wirksam schien die Methode nicht zu sein.

Mein seelischer Zustand war nicht viel besser als der des Patienten. Und dabei war ich so stolz darauf gewesen, daß man mich, einen voll ausgebildeten amerikanischen Chirurgen, als Mitarbeiter in diesem Familienplanungsprogramm hinzugezogen hatte, damit auch ganz bestimmt alles glatt lief und die Vasektomie keinen schlechten Ruf bekam ...

Die Leiden des Bürgermeisters endeten nicht mit der Operation. Er kauerte sich neben dem Operationstisch auf den Boden, den Kopf zwischen den Knien, am ganzen Körper zitternd, schwindelig und abwechseln heiß und kalt, und sagte, daß er nicht mehr die Kraft habe, den Raum zu verlassen. Und so blieb er den ganzen Rest des Tages dort sitzen, ein stöhnendes Häufchen Elend, während die anderen sich ohne großes Aufheben operieren ließen und anschließend ihren *Pradhan Panch* so gründlich auslachten, neckten und foppten, daß er sich sicher überlegte, ob es nicht besser gewesen wäre, tatsächlich während der Operation zu sterben. Daß die anderen Operationen alle so rasch und problemlos vonstatten gingen, gab seinen Ängsten nur neue Nahrung; denn wenn er solche Qualen zu leiden gehabt hatte und die anderen nicht, dann mußte er ja krank sein... Ich werde nie begreifen, warum die anderen Patienten nicht beim ersten Schmerzensschrei ihres Bürgermeisters fortrannten. Nur einer überlegte es sich anders; er sagte, seine Frau erwarte gerade sowieso ein Kind, da brauche er die Operation jetzt nicht.

Als wir unseren Rückweg nach Amp Pipal antraten, hatten wir 26 Vasektomien durchgeführt. Es war der Beginn einer harmonischen Zusammenarbeit mit den staatlichen Familienplanern, die mich bald durch den ganzen Distrikt führte, in Gegenden, die ich sonst wohl nie kennengelernt hätte. Aber ich werde nie diese erste Familienplanungsreise vergessen und wie sie mir so eindrücklich zeigte, daß es keine Erfolgsgarantie ist, wenn man ein »ausgebildeter amerikanischer Chirurg« ist. Denn es kommt nicht in erster Linie auf unsere Ausbildung an; es kommt auf Gott an.

Einige Zeit nach unserem Familienplanungsdebut hielten wir einen Familienplanungstag in einem entlegenen Gurung-Dorf sechs anstrengende Wegstunden nördlich von Amp Pipal ab. Es war einer jener Orte, die am Ende der Welt zu liegen scheinen, und die Bewohner, für die Operationen etwas gänzlich Unbekanntes und entsprechend Schreckenumwobenes waren, hatten sich auf die alkoholische Art auf unseren Besuch vorbereitet. Der interessierte Leser möge sich bitte die folgende Szene vorstellen: ein betrunkener und um sich schlagender Gurung-Mann auf der Operationsmatte, vier ebenfalls betrunkene Nachbarn, die ihn festhalten, rund herum die schmutzige, heruntergekommene Hütte, durch deren Ritzen ein eisiger Bergwind pfeift, und auf den Zuschauerplätzen in der Tür zwölf kichernde Gurung-Mädchen. Im Wilden Westen konnte es nicht romantischer sein.

Der dreizehnte Kandidat war etwas stärker als seine Vorgänger, und es gelang ihm, während der Operation seinen Ellbogen freizukämpfen und in die einzige Petroleumlampe des Dorfes zu stoßen, womit die Operationen beendet waren. Zum Glück waren die beiden Patienten, die noch warteten, so betrunken, daß ihnen das nichts ausmachte.

Es war wie im Film, dieser Familienplanungstag, und die Filmmusik besorgte ich. Ich plagte mich seit einiger Zeit mit der Amöbenruhr, einer besonders schwierigen Art von Durchfall, und hatte gerade einen Tag zuvor einen kleineren Anfall bekommen. Ich besaß ein Medikament dagegen: ein neues Anti-Amöben-Mittel, das ich vor einigen Monaten in die Hände bekommen und bis zur Erschöpfung an mir selbst getestet hatte. Das Mittel griff die Amöben an, indem es sie zuerst erstickte und anschließend mit vielen Atmosphären Überdruck aus dem Darmkanal hinausblies; möglich wurde dieser durchschlagende Effekt dadurch, daß jede der harmlosen kleinen Pillen sich in den Eingeweiden des Patienten in etliche Liter hochexplosives Gas verwandelte.

Als ich nun kurz vor diesem Familienplanungstag wieder meine Ruhr bekam, beschloß ich sofort, das Ungemach diesmal im Keim zu ersticken, und nahm zur Heilung, Vorbeugung und Nachbeugung am Abend vor der Reise gleich drei der rettenden Tabletten auf einmal – eine ganze Tagesdosis, was, wie ich mir ausrechnete, die Reise in das Gurung-Dorf per Rückstoßeffekt um eine halbe Stunde verkürzen mußte. Und am Morgen nahm ich als Reiseproviantergänzung gleich noch einmal zwei Pillen; vielleicht bildete ich mir ein, daß ich jetzt gar nicht mehr zu laufen bräuchte, sondern wie ein Ballon über die Berge schweben könnte.

Doch die Pillen hielten sich nicht an meinen Zeitplan. Die sechs Stunden Wanderung verliefen vollkommen friedlich. Aber kaum war ich angekommen und hatte mich auf die Strohmatte gekniet, um den ersten meiner betrunkenen Patienten zu operieren, da fingen die Pillen zu wirken an. Es war wie ein Silvesterfeuerwerk, nur länger und lauter. Die versammelten Gäste in der Operationshütte schauten argwöhnisch hierhin und dorthin, tauschten die Nachbarn, kniffen die Nasen zusammen und schoben sich näher an die Wandritzen, durch die der frische Wind kam. Zum Glück war so gut wie jeder so betrunken, daß er den Feuerwerker nicht zu identifizieren vermochte, und der Wind, der durch die Hütte heulte, war allen mehr als willkommen.

Der letzte Akt im Drama dieses Tages kam, als ich in ein anderes Haus gerufen wurde, um die Nichte eines der Dorfoberen zu untersuchen. Während ich in der Tür stand und wartete, rief er seiner Frau drinnen zu, sie solle mir einen Imbiß zubereiten; ich dachte an etwas Harmloses, zum Beispiel eine Tasse Tee. Als ich das Kind, das schlimme Amöbenruhr hatte und mehr tot als lebendig war, fertig untersucht hatte, setzte man mir den Imbiß vor. Es waren einige kleine gekochte Kartoffeln mit etwas, das wie Soße aussah. Als ich näher hinschaute, entpuppte sich die Soße als Dreck. Mein Appetit war schlagartig verschwunden. Aber höflich wie ich war, machte ich wakker ein dankbares Gesicht und begann die Kartoffeln zu essen. Als ich bei der dritten war und gerade überlegte, ob ich sie kauen oder nicht besser ganz hinunterschlucken sollte, kam meine kleine Patientin wieder aus dem Haus gekrabbelt, in jeder Hand eine gekochte Kartoffel wie meine, die sie auf dem Weg fleißig in Dreck, Spucke, Hühnerkot und anderen Zutaten vom Fußboden wälzte. Sie hockte sich mir gegenüber, und ich mußte zuschauen, wie sie einen großen Bissen von einer ihrer Kartoffeln nahm. Ich schluckte hastig den Rest meiner Kartoffeln hinunter und wünschte meinen Gaspillen viel Glück bei dem ungleichen Kampf, der ihnen jetzt bevorstand.

Auch wir Ärzte und Schwestern kämpfen einen ungleichen Kampf in Nepal. Hunger, Krankheit, Elend, ökologische Lawinen – was können wir dagegen ausrichten mit ein paar Operationen, ein bißchen Medizin, ein bißchen Hilfe zu Hygiene und Familienplanung? Ist es nicht schon zu spät? Doch, menschlich gesprochen ist es schon längst zu spät. Und wir hätten schon längst resigniert den Kampf aufgegeben – wenn nicht die Liebe Gottes zu diesen Menschen unsere Triebfeder wäre und wenn wir nicht wüßten, daß bei ihm alles, was wir tun, auch das scheinbar Aussichtsloseste, seinen Sinn und seinen Wert hat.

Wenn Christsein etwas kostet

Das Begräbnis

In den Bergen des Königreichs Nepal gibt es kein Telefon. Die Missionare in Amp Pipal bastelten sich also ihr eigenes Telefonsystem – ein bizarres Wunder moderner Technologie, bestehend aus einem Dutzend batteriebetriebener Sprechkästen mit Handkurbel, die einen einzigen großen Gemeinschaftsanschluß bilden, der die Häuser der Missionare miteinander und mit dem Krankenhaus verbindet. Das einzige andere Telefon im gesamten Distrikt ist im Polizeipräsidium in Gorkha, 25 Kilometer Fußweg östlich von uns, und bietet den Luxus der direkten Durchwahl nach zwei Nummern: der Polizeizentrale in Kathmandu (110 Kilometer weiter östlich) und dem Gebietspolizeipräsidium in Pokhara, das 70 km westlich von Gorkha liegt und das Verwaltungszentrum für die elf Distrikte der Verwaltungszone »Zentralnepal« ist.

Unsere zwölf Telefone klingeln immer gleichzeitig. Um trotzdem feststellen zu können, wer da gerade angerufen wird und abnehmen soll, haben wir ein einfaches Nummernsystem eingeführt, das nach dem Morse-Prinzip funktioniert: Will der Anrufer mit dem Teilnehmer A sprechen, läßt er es einmal lang und einmal kurz klingen, Teilnehmer B hat einmal lang und zweimal kurz, Teilnehmer C einmal kurz, und so weiter. Ganz perfekt ist das System natürlich nicht. Wenn die Batterie wieder einmal erschöpft ist, geht man besser gleich vor die Tür und schreit seinem Nachbarn den Anruf zu. Ein weiteres Problem sind die Störungen durch den Stromgenerator des Krankenhauses, dessen Leitungen an vielen Stellen sinnigerweise direkt neben der Telefonleitung verlaufen; wenn der Generator läuft, dann klingt es im Telefon ungefähr so wie neben einem Preßlufthammer. Aber im ganzen betrachtet hat das Telefonnetz Amp Pipal doch mehr Probleme beseitigt als geschaffen, und mit der Zeit gewöhnt man sich an seine Eigenarten.

Am Morgen des 17. Mai 1981, ein paar Minuten vor acht, klingelte es energisch in den Amp Pipal-Telefonen. Einmal lang, einmal kurz – Dr. Helens »Nummer«.

Die Stimme am anderen Ende der Leitung klang dringend: »Kommen Sie schnell! Es geht ihr sehr schlecht.« Es war die Hilfsschwester aus dem Krankenhaus. Es ist nicht immer einfach, die Anrufe unserer unerfahrenen Krankenhausmitarbeiter richtig zu deuten. Was heißt schon »sehr schlecht«? So manches Mal sind wir schon in die Klinik gerannt, nur um feststellen zu müssen, daß es dem Patienten glänzend ging, dafür aber seine Verwandten gerade den Aufstand probten. Andererseits kommt es auch vor, daß der Patient bereits tot ist. An diesem Maimorgen konnte es kaum das zweite Extrem sein; die Patientin war eine 38 Jahre alte Frau, die am Tag zuvor mit einer nicht besonders schlimmen Krankheit eingeliefert worden war. Es gab eigentlich keinen Grund, weshalb es ihr so plötzlich »sehr schlecht« gehen sollte. Aber was den Worten an Überzeugungskraft fehlen mochte, das machte die Stimme der Schwester wett, und Helen rief uns nur noch kurz an, daß sie uns vielleicht brauchen würde, bevor sie ins Krankenhaus eilte.

Auch Cynthia und ich machten uns sofort auf den kurzen Weg. Es war keine gewöhnliche Patientin, die uns so zur Eile antrieb; es war Moti Maya – eine liebe Mitchristin, Mitglied der Leitung unserer kleinen Kirche in Amp Pipal und eine der ersten Gläubigen, die hier getauft worden waren. Sie war auch eine der wenigen Christinnen aus unserer Gegend, die eine Arbeitsstelle außerhalb der Mission bekommen hatten: Sie war die staatliche Familienplanerin für unser Gebiet.

Moti Maya hatte viel Leiden durchmachen müssen für ihren christlichen Glauben. Jahrelang hatten ihre hinduistischen Nachbarn sie verhöhnt und verspottet. Ihr Ehemann hatte sie wiederholt geschlagen und sie schließlich mit ihren beiden kleinen Söhnen sitzengelassen und eine andere Frau genommen. Doch selbst das reichte ihm noch nicht, und er hatte versucht, sie als »Abtrünnige«, die ihre Religion gewechselt hatte, ins Gefängnis zu bringen. Nach einem langen und schwierigen Gerichtsprozeß, zu dem sie Dutzende von Malen den sechsstündigen Fußmarsch in die Distrikthauptstadt antreten mußte, gelang es Moti Maya endlich, die Klage ihres Mannes abzuwehren und sogar – wegen Grausamkeit und Vernachlässigung – eine Scheidung zu erreichen, was in der hinduistischen Männergesellschaft eine kleine Sensation war.

Die letzten acht Jahre ihres Lebens waren relativ friedlich verlaufen. Ihre beiden Söhne hatten das Missionsjungeninternat in Pokhara besucht. Sie hatte erleben dürfen, wie beide bewußte Christen wurden, sich taufen ließen und in ihrem Glauben wuchsen. Amrit, der Ältere, ließ sich zur Zeit in Kathmandu zum staatlichen Gesundheitsassistenten ausbilden, und Jiwan, der Jüngere, hatte gerade als Klassenbester das Internat abgeschlossen und war gleich als Lehrer dort geblieben. Und Moti Maya selbst hatte vor kurzem in ihr großes neues Haus einziehen können, das sie von den Ersparnissen vieler Jahre gebaut hatte. Einen Teil der Baukosten mußte sie noch abbezahlen, aber grundsätzlich sah ihre Zukunft zum ersten Mal in ihrem Leben hell und sorgenfrei aus. Moti Maya war ein lebendiges Beispiel dafür, daß Gott zu seinen Verheißungen steht.

Eine der engsten Freundinnen von Moti Maya war Dr. Helen. Das kam nicht von ungefähr, denn Helen hatte sie vor sechzehn Jahren zu Jesus Christus geführt. Damals war der kleine Jiwan schwerkrank gewesen. Er war dem Tode nahe, aber als Helen für ihn betete, wurde er wieder gesund – und Moti Maya begann, an den Gott, der so Gebete erhören konnte, zu glauben. Natürlich hatte Helen Moti Maya dann auch in den langen Jahren der Verfolgung und des Leidens mit Rat und Tat zur Seite gestanden, und es war nur natürlich, daß sie jetzt ihre Ärztin war.

Als Cynthia und ich das Krankenzimmer betraten, lag Moti Maya auf dem Fußboden. Dr. Helen kniete neben ihr und horchte ihr Herz ab, mehrere nepalische Schwestern standen und knieten hilflos um sie herum. Der Wiederbelebungskasten war schon da, und man hatte eine Infusion begonnen.

Helen blickte kurz zu uns hoch. »Ich kann nichts hören«, sagte sie, »das Herz schlägt nicht.« Ihre Stimme klang unsicher, fast so, als traue sie ihrem Stethoskop nicht. Sie beugte sich wieder über die Patientin und horchte angestrengt; fast schien es, als wolle sie das Herz mit purer Willenskraft wieder zum Schlagen bringen.

Inzwischen hatte ich bereits mit den bei Herzstillstand üblichen Routinehandgriffen begonnen. Ich nahm einen Endotrachealschlauch aus dem Wiederbelebungskasten, führte ihn rasch in Moti Mayas Luftröhre ein und begann in ihn hineinzublasen. Während ich sie so beatmete, begann Helen ihr Herz zu massieren, während Cynthia den Schwestern mit den Medikamenten half.

Mehrere Minuten vergingen. Ich fragte, wie lange Moti Maya schon bewußtlos gewesen war, bevor Helen kam; es waren nur ein paar Augenblicke gewesen. Schweigend arbeiteten wir weiter. Dann und wann horchte Helen oder Cynthia das Herz ab, um zu sehen, ob es wieder schlug, aber jedesmal setzten sie die Herzmassage fort. Weiter, weiter. Von Zeit zu Zeit, wenn das Beatmen oder die Herzmassage zu anstrengend wurden, lösten wir einander ab. Eine halbe Stunde verging. Wir konnten nicht glauben, nein, wir *wollten* nicht glauben, daß Moti Maya tot war!

Schließlich schlug ich vor, aufzuhören. »Nein, nein, das geht nicht«, erwiderte Helen durch ihre zusammengebissenen Zähne und drückte mit verdoppelter Kraft auf Moti Mayas Brustkorb.

Aber die bittere Wahrheit ließ sich nicht mehr leugnen. Schon lange, bevor die Ärzte es einsehen wollten, hatten die Schwestern im Raum begiffen, was geschehen war, und die Christinnen unter ihnen und die anderen, die Moti Maya gut gekannt hatten, begannen laut zu weinen. Endlich gab es auch Helen auf und begrub bitterlich schluchzend ihr Gesicht in Moti Mayas Hals. Cynthia betete lang und heftig, und wir anderen knieten stumm dabei und konnten es nicht fassen, warum Gott das getan hatte – warum er das reifste und furchtloseste Glied unserer winzigen nepalischen Gemeinde so plötzlich von uns genommen hatte.

Wir haben die Todesursache nie ermitteln können. Wir spekulierten hin und her, aber keine Theorie war haltbar. Moti Mayas Tod ist uns bis heute ein Rätsel.

Eine Stunde später, in der Tee- und Andachtspause, die immer um zehn Uhr morgens stattfand, hielten wir schon einen improvisierten Gedächtnisgottesdienst für Moti Maya. Sämtliche Mitarbeiter des Krankenhauses waren da, dazu viele Leute von draußen, sogar der *Pradhan Panch* von Amp Pipal. Zwei unserer nepalischen Christen beschrieben in bewegenden Worten Moti Mayas festen Glauben und die Hoffnung des Christen auf Auferstehung und Erlösung. Es war ein unverhüllt evangelistischer Gottesdienst, der viele tief beeindruckte, aber auch einige gegen uns aufbrachte; sie protestierten später gegen diesen »Mißbrauch des Krankenhauses zu religiösen Propagandazwecken«.

Noch während des Gottesdienstes machten sich zwei Glieder der Gemeinde, unser Anästhesist Prakash und unser Einkäufer Megh Nath, auf den Weg zu Moti Mayas Söhnen, um ihnen die traurige Nachricht zu überbringen. Prakash ging nach Pokhara, wo Jiwan Lehrer war, Megh Nath nach Kathmandu, wo Amrit in der Ausbildung zum Gesundheitsassistenten war. Am Nachmittag des folgenden Tages, der ein Mittwoch war, sollte die Beerdigung stattfinden; sicher waren bis dahin beide Söhne in Amp Pipal eingetroffen.

Megh Nath sollte in Kathmandu auch gleich Jacob Singh, den Pastor der größten christlichen Gemeinde der Hauptstadt, aufsuchen, und ihn bitten, mitzukommen und den Beerdigungsgottesdienst zu halten. Wir konnten uns keinen geeigneteren Pastor dafür vorstellen als Jacob Singh, denn er hatte Moti Maya damals vor sechzehn Jahren getauft, und jetzt wohnte Amrit für die Dauer seines Studiums bei ihm. Allerdings hatten wir wenig Hoffnung, daß es diesem vielbeschäftigten Mann möglich sein würde, so kurzfristig alles liegen und stehen zu lassen und nach Amp Pipal zu kommen.

Während Prakash und Megh Nath unterwegs waren, lag Moti Maya in einem neuen Sperrholzsarg im Andachtsraum des Krankenhauses aufgebahrt. Vor einigen Monaten hatte sie einigen ihrer Freundinnen ausdrücklich gesagt, daß sie, wenn sie einmal tot war, nicht in unserem »Leichenhaus« liegen wollte, der rattensicheren Hütte, in der wir sonst die Leichname verstorbener Patienten aufbewahrten, bis ihre Verwandten kamen und sie holten. Unsere Gemeindeglieder, Einheimische wie Missionare, hielten abwechselnd Wache bei dem Sarg und sangen und beteten.

Spät am Abend kam Prakash mit Jiwan aus Pokhara zurück. Mit ihnen kam Attun, ein älterer nepalischer Christ, der Jiwan während seiner Schuljahre soviel wie ein Vater gewesen war.

Der Mittwoch begann mit langen Beratungen und Diskussionen. Wann und wo sollte der Beerdigungsgottesdienst stattfinden, wie sollte er verlaufen, wo sollte der Leichnam beigesetzt werden? Wir baten den *Pradhan Panch* um Erlaubnis, Moti Maya auf ihrem eigenen Grund und Boden begraben zu dürfen, wie sie es gewünscht hatte, aber die Wortführer der Hindus erhoben dagegen so lautstark Protest, daß der *Pradhan Panch* sich genötigt sah, unsere Bitte zurückzuweisen. Daß diese Frau auch noch im Tode der Religion ihrer Vorfahren abtrünnig werden und sich nicht nach hinduistischem Ritus verbrennen lassen wollte, das konnte nicht jeder in Amp Pipal verwinden. Wir beschlossen schließlich, Moti Maya draußen im Wald auf dem Hang des Liglig beizusetzen, dort, wo wir auch die Leichen anderer Patienten begruben, sofern ihre Verwandten sie nicht abgeholt hatten.

Den ganzen Morgen kamen Christen aus den Nachbardörfern an, die bei der Beisetzung zugegen sein wollten. Aus der Distrikthauptstadt Gorkha kam Moti Mayas älterer Bruder, der zwar Hindu war, aber seine Schwester und ihre beiden Söhne immer gern gehabt hatte. Der *Pradhan Panch* von Amp Pipal eilte geschäftig umher, ängstlich bemüht, die Wogen zwischen Hindus und Christen zu glätten. Sein Sohn, Bishnu, einer von Amrits besten Freunden, war auch da; er stand fest auf der Seite der Christen. Noch viele andere Leute aus dem Dorf kamen – die einen, um ihren Unmut über die Christen zu zeigen, die anderen, weil sie sich die Abwechslung und Unterhaltung, die diese Affäre versprach, nicht entgehen lassen wollten.

Schließlich erschien auch Moti Mayas Ex-Ehemann, aus Thadipokhari. Er war gekommen, um zu verlangen, daß man ihm Moti Mayas Leichnam aushändigte; praktisch bedeutete das auch einen Anspruch auf ihr Haus. Moti Mayas Freunde, die sehr wohl wußten, wie schlecht er sie behandelt hatte, ließen ihn abblitzen. Aber er war nicht bereit, seine Beute so leicht fahrenzulassen, und hatte sich vorsichtshalber der Unterstützung mehrerer hinduistischer und kommunistischer Oberschüler versichert, die jeden Augenblick auftauchen konnten. Sein Plan war, daß diese Jugendlichen den Gottesdienst »sprengen«, die Christen gewaltsam auseinandertreiben und den Leichnam mitnehmen sollten. Und um auch ja nichts zu vergessen, hatte er gleich noch einen Polizisten mitgebracht, der sich als »Zeuge« für ihn und seine Helfershelfer betätigen sollte. Man kann sich leicht vorstellen, daß die Christen von Amp Pipal zu schwitzen begannen, als sie von diesen Plänen hörten. Wollte man es ihnen noch nicht einmal gönnen, in Frieden ihre Toten zu begraben?

Es blieb nichts anderes übrig, als auf Amrit zu warten. Ob mit oder ohne Pastor Jacob – hoffentlich kam er bald! Um halb fünf nachmittags ging ein Raunen durch die Menge. Amrit und Megh Nath waren auf dem Pfad aus dem Tal aufgetaucht, und sie waren nicht allein. Mit ihnen kamen Pastor Jacob und noch mehrere andere Christen aus Kathmandu.

Ihre Ankuft entschied den Nervenkrieg zwischen Christen und militanten Hindus. Die Christen von Amp Pipal bekamen wieder Mut; sie waren also doch nicht allein, sogar in Kathmandu dachte man an sie! Der Ex-Ehemann sah angesichts dieser unerwarteten Verstärkung für die Gegenpartei seine Felle davonschwimmen und zog sich mitsamt seinem Polizisten unauffällig zurück. Die versammelten Störer wurden mit einem Mal kleinlaut, strichen ihre Segel und hielten den Mund oder begannen in kleinen Gruppen abzuziehen.

Um fünf Uhr versammelten sich an die zweihundert Menschen vor dem Krankenhaus, um den Gottesdienst zu beginnen – Christen, Freunde von Moti Maya, Krankenhausmitarbeiter, Patienten. Pastor Jacob hielt eine tief bewegende, evangelistische Predigt. Amrit stand den ganzen Gottesdienst hindurch still an seiner Seite. Als Pastor Jacob fertig war, sagte Jiwan, der von Natur aus sehr freimütig war, noch ein paar Worte; es klang fast so, als habe jemand anderes gerade seine Mutter verloren und er wolle ihm Trost zusprechen.

Dann war der Gottesdienst vorüber, und im Licht der untergehenden Sonne begab sich die ganze große Trauergemeinde auf den Liglig, um Moti Maya zu begraben. An der Spitze des Zuges gingen zwölf junge Männer, die den Sarg trugen, unter ihnen der Sohn des *Pradhan Panch* und mehrere andere Nichtchristen – etwas Unerhörtes in diesem hinduistischen Dorf.

Etwa auf halbem Weg kamen wir an einem Trupp finster dreinblikkender Jugendlicher vorbei – die Agitatoren, die Moti Mayas Ex-Mann bestellt hatte. Sie waren doch noch gekommen, hatten aber feststellen müssen, daß kaum jemand bereit war, sich ihnen anzuschließen. Sie waren fünfundzwanzig, wir siebzig. Sie ließen uns stumm vorbei, dann zerstreuten sie sich, trotteten nach Hause und wurden nicht mehr gesehen.

Es war schon dunkel, als beim Schein einer Petroleumlaterne der Sarg in den Boden gesenkt wurde, keine zweihundert Meter von der Stelle, wo Pastor Jacob Moti Maya vor sechzehn Jahren getauft hatte. Pastor Jacob hielt noch eine kurze Andacht, die mit Singen und Beten endete. Dann gingen wir, geleitet vom milchigen Licht des fast vollen Mondes, das fleckig durch die Baumwipfel kam, zurück zum Krankenhaus und in unsere Häuser. Gestern war Moti Maya abberufen worden. Morgen konnte es einer von uns sein. Niemand wußte, wann sein Stunde schlagen würde.

Die Verhaftung

Zwei Tage nach dem Begräbnis von Moti Maya erschienen zwei Polizisten aus Thadipokhari in Amp Pipal. Sie brachten einen Brief mit, in dem Amrit, Jiwan und ich aufgefordert wurden, uns unverzüglich mit ihnen zur Polizeistation Thadipokhari zu begeben; man wolle uns dort »einige Fragen stellen«. Sie gaben uns keinen Grund für diese Vorladung an, aber sie mußte wohl mit dem Begräbnis zusammenhängen. Allerdings war mir schleierhaft, warum sie auch mich verhören wollten, denn ich hatte mit den Beerdigungsvorbereitungen persönlich überhaupt nichts zu tun gehabt. Wir besprachen uns hastig mit einigen Gemeindegliedern, und dann, um ein Uhr nachmittags, gingen wir mit den Polizisten nach Thadipokhari. Wir hofften, bis zum Abend wieder zurück sein zu können. Wir hatten noch einen dritten Begleiter – Bishnu, der Sohn des Bürgermeisters von Amp Pipal. Er ging mit, weil Amrit sein Freund war, und fast hatte ich den Eindruck, daß inzwischen auch Jesus sein Freund war.

Wir erreichten Thadipokhari nach dem üblichen zweistündigen Bergabmarsch und wurden in die Polizeistation geführt. Von den leitenden Beamten der Station war niemand da; der Inspektor und der Unterinspektor waren beide verreist, und der Stellvertretende Unterinspektor war gerade dienstlich unterwegs. Aber einige der einfachen Beamten waren da, und sie begannen ohne Umschweife, Amrit und Jiwan in rüdem Ton die heftigsten Vorwürfe zu machen. Was bildeten sie sich eigentlich ein, ihre Religion, ihr Land und die Ehre ihres Vaters derart mit Füßen zu treten? Ein besonders unfreundlich aussehender Polizist verkündete mit säuerlich-ominöser Stimme, daß unser Fall der ernsteste seit langem sei. Mehrere Kollegen pflichteten ihm bei, und uns war bald klar, daß dies kein bloßes Verhör, sondern eine Verhaftung war. Worauf die Anklage lautete, wußten wir noch nicht.

Während wir auf den Stellvertretenden Unterinspektor warteten, ging die Tür auf, und ein gutes Dutzend Männer, teils Polizisten, teils Dorfbewohner, kam in den Raum. Sie setzten sich und starrten uns stumm und kalt an, wie Zoobesucher, die gerade eine besonders häßliche Schlangenart studieren. Eine Viertelstunde ging das so, dann drehte sich einer der Neuankömmlinge zu seinem Nachbarn, wies mit dem Finger auf Amrit und Jiwan und sagte so leise, daß man es kaum hören konnte: »Das da sind meine Söhne.« Es war Moti Mayas Ex-Ehemann. (Ich hatte ihn in Amp Pipal nicht persönlich gesehen.)

Der sonst so ruhige Amrit sprang hoch, als habe ihn ein elektrischer Schlag getroffen, und begann eine vernichtende Anklage gegen diesen Mann, der so frech behauptete, sein Vater zu sein. Zwanzig Minuten lang redete und redete er. Er schloß mit den Worten: »Du hast kein Recht, uns deine Söhne zu nennen, und wir werden dich nie als Vater anerkennen! Du hast unsere Mutter geschlagen, du hast uns wie Hunde behandelt, du hat uns Dreck zu essen gegeben und sechzehn Jahre lang hast du uns noch nicht einmal angeguckt – und jetzt willst du auf einmal so tun, als seien wir deine Söhne? Niemals! Wir sind nicht deine Söhne!«

Der Vater, ein nervöser, heruntergekommen und verlebt aussehender Mann, der die ganze Zeit seinen flackernden Blick von einem zum anderen seiner Nachbarn wandern ließ, als wolle er sich ihrer Zustimmung versichern, stieß höhnisch grinsend hervor: »So? Dann seid ihr wohl wie die Birnen vom Baum gefallen, wie?«

Aber da stand Jiwan auf, groß und athletisch wie ein Preisboxer, und das Grinsen des Vaters verschwand. Mit mühsam beherrschtem Zorn und beißendem Sarkasmus ging Jiwan vor den Ohren der erstaunten Zuhörer mit seinem ehemaligen Vater ins Gericht, daß der zum Schluß wie ein Häufchen Elend da saß und nur noch auf den Boden starren konnte. Es war eine harte Rede, und ein spitzfindiger Pharisäer hätte sofort bemängelt, daß sie sich kaum mit dem Gebot, Vater und Mutter zu ehren, vertrug. Aber hatte dieser Mann überhaupt ein Recht, sich Vater zu nennen?

Während ich noch darüber nachdachte, kam ein Beamter herein und meldete, daß der Stellvertretende Unterinspektor soeben eingetroffen sei; ich solle sofort in sein Büro kommen.

Der Stellvertretende Unterinspektor war ein junger Mann von höchstens 25 Jahren, mit Stoppelbart und einem unsicheren Blick in den Augen. Er war nicht in Uniform, sondern bequem in Zivil. Er schaute mich nie direkt an, wenn er sprach, sondern ließ seinen Blick ständig durch die Gegend schweifen, so daß ich nie genau wußte, wann ich meine Antwort beginnen konnte. Er stellte mir ein paar Fragen über meine Religion, wollte wissen, ob wir im Krankenhaus predigten, und fragte mich schließlich, warum ich nicht Moti Mayas Leichnam ihrem Mann übergeben hatte. Ich wollte gerade meine Antwort beginnen, als ich bemerkte, daß auch der Ex-Ehemann in das

Büro gekommen war. Aha, das also war des Pudels Kern! Ich richtete kühl meinen Blick auf den Ex-Ehemann und antwortete: »Ich sehe diesen Mann hier heute zum ersten Mal. Ich habe ihn nie vorher gesehen. Ich hatte mit dem Begräbnis nichts zu tun, aber ich kann Ihnen folgendes sagen: Dieser Mann hier hat kein Recht auf Moti Mayas Leichnam oder auf sonst etwas, was mit ihr zusammenhängt. Er ist nach einem ordentlichen Gerichtsverfahren schuldig von ihr geschieden worden und versucht jetzt aus bloßer Rache und Neid, uns Unannehmlichkeiten zu machen.«

Der Stellvertretende Unterinspektor machte ein Gesicht, als habe er in eine saure Zitrone gebissen, murmelte einem seiner Untergebenen etwas zu und winkte mich hinaus. In der Tür begegnete ich Amrit, der als nächster hineingerufen wurde; wir zwinkerten einander zu.

Während die Beamten Amrit verhörten, gab ich Jiwan kurz Nachhilfeunterricht in der Kunst des taktvollen Umgangs mit Polizeibeamten, damit er sich nicht durch zu scharfe Antworten unnötig den Zorn der Gesetzeshüter zuzog. Er versprach mir, sich alle Mühe zu geben, höflich zu sein.

Bald war auch er an der Reihe. Als er zehn Minuten später wieder aus dem Büro kam, sagte man uns, daß wir bald mit einer »Entscheidung« rechnen könnten. Während wir auf die »Entscheidung« warteten, tauschten wir uns über unsere Verhöre aus, aber soviel wir auch verglichen und überlegten, wir wußten immer noch nicht, was man uns denn nun vorwarf. Nach einer halben Stunde kam der Polizist mit dem unfreundlichen Gesicht aus dem Büro des Stellvertretenden Unterinspektors und teilte uns mit, daß man uns gleich am nächsten Morgen ins Distriktpräsidium in Gorkha bringen würde. »Der Fall ist zu ernst, um ihn hier bei uns zu bearbeiten«, sagte er und versuchte seine Stimme noch grimmiger zu machen. »Wir müssen Sie ans Distriktspräsidium überweisen.«

Das war ja eine schöne Bescherung! Gorkha – das bedeutete einen Fußmarsch von sechs bis sieben Stunden. Außendem war der nächste Tag ein Samstag, also der nepalische Ruhetag, und vor Sonntagmorgen um zehn, wenn die Büros wieder öffneten, würden wir im Polizeipräsidium nichts ausrichten können. Wir verlangten energisch, den schriftlichen Überführungsbefehl einsehen zu können, und sagten laut, was wir im stillen schon längst dachten – daß man uns illegal und widerrechtlich hier festhielt. Aber der Stellvertretende Unterinspektor war schon wieder außer Haus, und seine Untergebenen sagten, daß sie da leider nichts für uns tun könnten. Hier gab der Klügere wohl besser nach; noch mehr kritische Äußerungen über die Polizei konnten unsere Aussichten im Augenblick kaum verbessern. Und so fügten wir uns regsigniert in unser Schicksal und beschlossen, erst einmal abzuwarten.

Am späten Nachmittag schickten wir Bishnu zurück nach Amp Pipal, um der Gemeinde über unsere Lage zu berichten. Er sollte Prakash und Megh Nath bitten, früh am nächsten Morgen nach Gorkha zu gehen, so daß sie ungefähr zur gleichen Zeit dort ankamen wie wir; außerdem sollte Attun, Jiwans »Pflegevater« aus Pokhara, sofort nach Pokhara zurückkehren und mit Amrits und Jiwans Großonkel reden, der der Polizeioberinspektor des dortigen Distrikts war. Amrit gab Bishnu einen kurzen Brief mit, in welchem er darstellte, in was für eine mißliche Lage sein Bruder und er geraten waren, und den Großonkel um Hilfe bat. Viel Hoffnung machten wir uns nicht. Das Verhältnis des Großonkels zu den beiden Jungen war nie sehr eng gewesen. Vor Jahren war er einmal der Inspektor der Polizeistation Thadipokahari gewesen, in der wir gerade festsaßen, aber dann war er nach Pokhara versetzt worden, und die Verbindung zu seiner Nichte und ihren beiden Söhnen war nach und nach abgerissen. Es schien recht unwahrscheinlich, daß er den Ausgang des Verfahrens gegen seine Großneffen beeinflussen konnte oder auch nur wollte.

Bishnu ging. Der Abend rückte rasch näher, und Jiwan begann, an seinen leeren Magen zu denken. Er fragte einen der Beamten, was es zum Abendessen gab. Das sei unsere Sache, schnappte der Beamte. Jiwan schnappte zurück, daß die Polizeistation verpflichtet war, uns zu verköstigen, was auch stimmte. Als die Beamten merkten, daß der reiche amerikanische Doktor keine Anstalten machte, sich als edler Spender zu betätigen, erklärten sie sich widerwillig bereit, uns etwas zu essen zu besorgen.

Während wir auf unser Essen warteten, gingen wir hinaus und setzten uns auf die Wiese, die zu dem Gelände der Station gehörte. Jiwan hatte seine Bibel mitgebracht, und wir baten Amrit, uns aus dem vierten Kapitel der Apostelgeschichte vorzulesen. Als er den dritten Vers las: »Darum nahmen sie die beiden fest und sperrten sie über Nacht ins Gefängnis; es war nämlich schon Abend«, schlug sich Jiwan auf die Schenkel und rief aus: »Mensch, genau wie bei uns!« Wir sangen einige nepalische Kirchenlieder, und dann beteten wir. Über dem Liglig ging der volle Mond auf, sein weißes Licht überstrahlte das verlöschende Rosa des Sonnenuntergangs. Eine tiefe Freude durchströmte uns. Der nächste Tag mochte bringen, was er wollte, wir hatten keine

Angst mehr. Die beiden jungen Männer schienen fast begeistert von der Aussicht, für ihren Glauben ins Gefängnis gehen zu müssen; sie waren fest entschlossen, bis vor den Obersten Gerichtshof zu gehen, um das Evangelium auch dort bekannt zu machen.

Um neun Uhr kam endlich das Abendessen. Der matschige, kalte Reis, in welchem das einzige Herzhafte die Sand- und Kieskörner waren, wollte schlecht zu dem Mondschein und den Bibelversen passen, aber wir brachten ihn hinunter. Dann wies man uns unser Nachtquartier an – Etagenbetten in dem großen Gemeinschaftsraum, der als Polizeikaserne diente. Gefängniszellen gab es in Thadipokhari nicht.

Amrit und Jiwan waren im Nu eingeschlafen. Ich nicht, denn in den Nachbarbetten begann alsbald ein temperamentvolles, von lauten Flüchen, Triumphschreien und Johlen untermaltes Kartenspiel. Einige der Spieler saßen auf meinem Bett. Eine große Flasche, die von Zeit zu Zeit herumging, sorgte dafür, daß die Stimmung nicht nachließ. Gegen halb zwölf kam der stockbetrunkene Stellvertretende Unterinspektor herein und schloß sich der fröhlichen Runde an. Man war hocherfreut über sein Erscheinen, brachte er doch eine zweite Flasche mit. Mit frischer Kraft spielte man noch zweieinhalb Stunden lang weiter. Daß man sich den größten Teil der Zeit darüber stritt, wer gerade wie hoch gewonnen oder verloren hatte, störte die allgemeine Harmonie nur unwesentlich.

Als die Spieler endlich still geworden waren, erwachten die Flöhe in meiner Bettdecke zu munterem Leben. Es war fürwahr eine abwechslungsreiche Nacht.

Um fünf Uhr morgens schallten die fröhlichen Weckrufe der wenigen zeitig zu Bett Gegangenen durch den Raum. Frisch auf in den neuen Tag! Als die Jungen und ich wieder auf die Wiese gingen, um unsere Morgenandacht zu halten, war ihr erster Gedanke, Gott für die erfrischende Nachtruhe zu danken; sie hatten die ganze Zeit wie die Murmeltiere geschlafen. Wir lasen ein Stück aus dem Johannesevangelium, Kapitel 14. Unsere Andacht wurde abrupt beendet durch zwei der Dauerspieler der letzten Nacht, die mit rotgeränderten Augen, aber vorschriftsmäßig in Uniform erschienen und uns befahlen, uns sofort fertigzumachen, da wir jetzt nach Gorkha aufbrechen würden. Wir verlangten noch einmal, die amtliche Order über unsere Überstellung nach Gorkha einsehen zu dürfen, aber die lag inzwischen in einem ebenfalls amtlichen, vorschriftsmäßig versiegelten Umschlag, der nur vom Stellvertretenden Unterinspektor geöffnet werden konnte, und da der Stellvertretende Unterinspektor bis auf weiteres amtlich im Bett lag und nicht zu sprechen war, ließen wir die Sache auf sich beruhen. Die beiden Polizisten, die uns nach Gorkha bringen mußten, vergeudeten einen guten Teil ihrer wertvollen Energie damit, über Vorgesetzte im allgemeinen und Schlafmützen im besonderen zu schimpfen. Sie zeigten entschieden weniger Lust, nach Gorkha zu laufen, als wir.

Wir marschierten los. Amrit fragte, ob wir kurz bei einem Freund von ihm, der ebenfalls Christ war und am Ortsrand von Thadipokhari wohnte, vorbeischauen dürften. Da der Abstecher nur fünf Minuten lang war, hatten die Polizisten nichts dagegen, und wir konnten ein paar Worte mit dem Freund wechseln. Wir waren gerade wieder aufgebrochen und gingen über einen kleinen Verbindungsweg zurück zu dem Hauptpfad nach Gorkha, als uns auf einmal Attun entgegenkam, der auf dem Weg nach Pokhara war, zu Amrits und Jiwans Großonkel. Bevor er aufbrach, hatte er Gott gebeten, ihn doch noch einmal die beiden Jungen treffen zu lassen, bevor er nach Pokhara zurückging. Als er in die Nähe von Thadipokhari kam, hatte er sich gründlich verlaufen und war ganz vom Weg nach Pokhara abgekommen. Zwanzig Minuten hatte er dadurch verloren – aber wenn es eine Minute weniger gewesen wäre, hätten wir ihn nie getroffen, denn der Pfad, auf dem wir uns begegneten, war keine hundert Meter lang.

Attun schien nicht überrascht, uns in diesem Hinterhofweg, den keiner von uns kannte, zu treffen. Er hatte gebetet, und Gott hatte ihn erhört; so einfach war das. Er bat den einen Polizisten, doch bitte sein Kofferradio leiser zu drehen, wir wollten mit unserem Gott reden. Der Polizist stellte es ab, trat näher und spitzte die Ohren. Als wir fertig gebetet hatten, sagte er in skeptischem Ton: »Euer Gott hat aber überhaupt nichts gesagt, ich habe nichts gehört.« »Das können Sie auch nicht«, versetzte Attun, »Sie bringen ja gerade seine Kinder ins Gefängnis, da will er nicht mit Ihnen reden.«

Der zweite Polizist, sehr zum Ärger seines Kollegen mit dem Radio, fand diese Erklärung völlig einleuchtend. Er war sichtlich beeindruckt davon, daß unser Gott uns so zielsicher Attun über den Weg geführt hatte. Amrit und Jiwan sahen es als klares Zeichen dafür, daß Gott bei ihnen war und sich um jede Kleinigkeit ihrer unfreiwilligen Reise kümmerte.

Das verblüffende Treffen mit Attun hatte die beiden Polizisten richtig neugierig auf unsere Religion gemacht. Amrit und Jiwan ließen sich diese Chance nicht entgehen. Sie nahmen sich jeder »seinen« Polizisten vor und begannen, ihnen den christlichen Glauben zu erklären. Der Beamte mit dem Radio zeigte sich wenig zugänglich, aber der andere sagte immer wieder: »Wenn ich bloß nicht meine Stelle verlieren würde, ich würde sofort Christ werden!«

Die Nachricht von dem Begräbnis und von unserer Verhaftung hatte bereits weite Kreise gezogen. In jedem kleinen Dorf an unserem Weg kamen die Leute aus ihren Häusern, um unseren kleinen Zug zu bestaunen und eifrig tuschelnd und gestikulierend über unser Schicksal zu spekulieren. Wie lange würden wir im Gefängnis bleiben? Würde das Krankenhaus jetzt geschlossen werden? Würde es noch mehr Verhaftungen geben, würde man jetzt endlich Schluß machen mit diesen Christen? Wir mußen an unsere nepalischen Glaubensbrüder und -schwestern in Amp Pipal denken, denen diese Wünsche und Spekulationen nur zu gut bekannt waren. Würden sie die nächsten sein?

Am späten Vormittag erreichten wir den Daraundi, der hier von einer hohen, schmalen Fußgängerbrücke überquert wurde. Da der Rest des Weges nach Gorkha immer bergauf führte, beschlossen die Polizisten, in Chepetar, auf der anderen Seite des Flusses, erst einmal eine ausgiebige Pause zu machen und zu Mittag zu essen. Das gefiel uns gar nicht, denn wir wußten, daß Megh Nath und Prakash auf einem etwas kürzeren, direkteren Weg nach Gorkha unterwegs waren. Jetzt würden sie womöglich vor uns dort eintreffen, uns nirgends finden können und unverrichteter Dinge nach Amp Pipal zurückkehren.

Aber die Polizisten ließen nicht mit sich reden. Sie wollten ihr Mittagessen, und wir mußten es ihnen wohl oder übel gleichtun. Und so ließen wir uns in einer Ecke eines Teeladens nieder, warteten wie auf glühenden Kohlen auf unser Essen und zählten die Minuten, die Megh Nath und Prakash noch von Gorkha trennten. Wirklich zu dumm!

Während wir warteten, stieß die dreijährige Tochter der Teestubenbesitzerin einen Korb mit frischem Büffeldung um, der direkt vor dem Eingang in die winzige offene »Küche« stand. Ihr zweijähriger Bruder schleppte den Dreck prompt in die Küche hinein und begann, zwischen den Töpfen, Pfannen und Gemüsekörben, die über den schmutzigen Fußboden verstreut lagen, zu spielen. Die üblichen Fliegenschwärme, die in ganzen Wellen über die Teller und Gläser herfielen, vervollständigten das idyllische Bild.

Als unser Essen kam, hatte ich keinen Appetit mehr. Aber die Jungen und die Polizisten langten kräftig zu. Sie schoben den Reis, die scharf gewürzten Linsen und das andere Gemüse auf ihren Tellern zu einem großen Berg zusammen und schaufelten diesen mit der Hand so geschickt in den Mund, daß an Hemd und Kinn nicht einmal ein Reiskorn hängeblieb. Und als sie fertig waren und wir gerade wieder aufbrechen wollten, wer kam da durch die Tür spaziert? Megh Nath und Prakash! Sie hatten einen Umweg gemacht, weil sie dachten, daß sie uns sicher in Chepetar treffen würden. Wir setzten uns wieder und ließen gleich noch eine Runde Erfrischungen kommen. Eine halbe Stunde später brachen wir endgültig nach Gorkha auf. Für die restlichen drei Stunden ihrer Dienstwanderung wurden die Polizisten gleich jeder von zwei Missionaren betreut. Besser konnte es ihnen wirklich nicht gehen ...

Nur eine Unterschrift

Wir erreichten Gorkha um halb vier nachmittags. Ich sagte unseren Polizisten, daß ich den Distriktvorsteher und den Distriktpolizeiinspektor sprechen wollte, und zwar sofort, auch wenn heute Samstag war und ich sie womöglich zu Hause aufsuchen mußte. Ich dachte nicht daran, einen ganzen Tag zu vergeuden, bloß weil heute die Büros geschlossen hatten. Was sollten meine Patienten in Amp Pipal ohne mich machen? Aber die Polizisten zeigten wenig Neigung, meinen Wunsch zu erfüllen. Den Distriktvorsteher und den Distriktpolizeiinspektor an ihrem freien Tag belästigen? Nein, nein, das ging nicht. Und sie waren ja nur einfache Beamte von einer Dorfpolizeistation und hatten strikte Anweisung, uns im Distriktpolizeipräsidium abzuliefern. Megh Nath und Prakash rieten sie, sich besser unsichtbar zu machen, damit nicht auch sie im Gefängnis landeten. Unsere Freunde gingen zum Schein darauf ein, blieben jedoch in Wirklichkeit unauffällig in der Nähe des Präsidiums; man wußte ja nicht, ob wir sie nicht noch brauchen würden.

Nachdem wir uns von Megh Nath und Prakash verabschiedet hatten, folgten wir unseren Bewachern in das große vierstöckige Gebäude, das das Gefängnis, das Distriktpräsidium und das Büro des Distriktvorstehers beherbergte. Wir betraten es durch einen Nebeneingang und erwarteten nichts anderes, als daß man uns in einen kleinen Raum mit ein paar Etagenbetten stecken und anweisen würde, hier zu warten, bis am nächsten Tag die Dienststellen wieder öffneten. Aber wir waren kaum durch die Tür gegangen, als ein dienstbeflissen aussehender Mann, der mich offenbar kannte (ich mußte wohl einmal einen seiner Verwandten operiert haben), auf uns zukam und den Jungen und mir bedeutete, ihm zu folgen. Er führte uns schnurstracks in ein großes, mit eleganten Polstermöbeln ausgestattetes Büro. An einer Wand thronte ein imposanter, mit Akten und Blättern übersäter Schreibtisch, auf dem ein kleiner Kalender die Besucher informierte, daß heute der 8. *Chait* des Jahres 2037 (also der 21. März 1981) war. Zwei große, gerahmte Fotografien des im besten Hofstaat gekleideten Königs und seiner Gemahlin blickten uns würdevoll von einer der anderen Wände an.

Am anderen Ende des Büros saßen zwei Männer. Der eine war kein anderer als der Distriktvorsteher persönlich, den ich vor acht Monaten in Amp Pipal kennengelernt hatte. Ich hatte keine Möglichkeit, Amrit und Jiwan ein Zeichen zu geben, daß dies der Distriktvorsteher war; sie hielten ihn wahrscheinlich für irgendeinen kleineren Beamten, der am Samstagnachmittag in diesem Büro zu tun hatte, und viel anders sah der Distriktvorsteher mit seiner kleinen, schmächtigen, etwas gebückten Figur auch nicht aus. Wir tauschten die üblichen Höflichkeiten aus; seine Stimme war leise, sanft und bescheiden. Nein, kein Fremder konnte auf den Gedanken kommen, daß dies der höchste Beamte im ganzen Distrikt war!

Der andere Mann in dem Büro mochte höchstens 30 Jahre alt sein; wahrscheinlich war er ein Sekretär oder Assistent des Distriktvorstehers. Er war ein etwas rundlicher, netter Kerl mit großen runden Augen und einem offenen, ehrlichen Gesicht, das immer wieder von einem gutmütigen Lächeln überzogen wurde. Einer unserer Polizisten händigte diesem jungen Mann den versiegelten Brief des Stellvertretenden Unterinspektors der Polizeistation Thadipokhari aus. Dann ging er zur Tür hinaus und ließ uns mit dem Distriktvorsteher und seinem netten Assistenten allein. Der junge Mann öffnete den Umschlag, las den Brief und gab ihn an den Distriktvorsteher weiter. Dann las ihn auch der Distriktvorsteher, und sein Gesicht wurde ernst. Als er fertig gelesen hatte, drehte er sich zu mir, als sei ich der Vormund der beiden jungen Männer, und sagte in besorgtem Ton: »*Dharmik pariwartan* [Religionswechsel].«

Das also war die Anklage gegen Amrit und Jiwan! Als geborene Nepalen waren sie vor dem Gesetz Hindus. Aber jetzt bekannten sie sich zum Christentum, also mußten sie zu irgendeinem Zeitpunkt ihres Lebens ihre vom Staat verordnete Religion verlassen und eine andere Religion angenommen haben – und das war ihr »Verbrechen«.

Der Distriktvorsteher war ganz offensichtlich nicht darauf aus, den Fall mit der ganzen Schärfe des Gesetzes zu verfolgen, was eine Gefängnisstrafe von einem Jahr bedeutet hätte. Er sprach freundlich und wohlwollend mit Amrit und Jiwan, wie ein lieber Onkel. Mußte es sein, daß sie sich (und natürlich auch ihm und den anderen Beamten, die den Fall in die Hände nehmen mußten) solche unnötigen Schwierigkeiten bereiteten? Wäre es nicht besser, sie waren vernünftig und schworen ihrem christlichen Glauben ab? War er denn wirklich so wichtig? »Was habt ihr denn an unserer hinduistischen Religion auszusetzen«, fragte er, »daß ihr euch einer ausländischen Religion anschließen müßt?«

Wir hatten ausgemacht, daß Amrit unser Sprecher sein sollte. Jiwan hatte kräftig schlucken müssen, um das zu akzeptieren, obwohl er natürlich wußte, daß jede neue hitzige Bemerkung, jedes unüberlegte Wort uns nur noch tiefer in die Patsche drücken konnte. Ich selbst hatte mir vorgenommen, so wenig wie möglich zu sagen, damit es nicht so aussah, als seien die jungen Männer auf meine Unterstützung und Deckung angewiesen. Dies war ihr Verfahren und ihre Verhandlung, und es war wichtig, daß sie auf eigenen Beinen standen.

Es war also Amrit, der die Fragen des Distriktvorstehers beantwortete. Er sagte: »Ich möchte nicht den Hinduismus kritisieren, aber ich bin Jesus Christus begegnet und habe durch ihn ewiges Leben und die Vergebung meiner Sünden bekommen. Christus hat mir auch einen solchen inneren Frieden gegeben, daß ich selbst hier, in diesem Polizeipräsidium, keine Angst habe. Ich weiß, daß Gott mit mir ist.« Amrit sprach ganz ungezwungen und natürlich, vielleicht war es doch ein Vorteil, daß er immer noch nicht wußte, wer ihm da gegenübersaß. Er fügte noch hinzu, daß er durch seine Mutter eigentlich schon von Kindheit auf in der christlichen Religion erzogen worden war, so daß gar nicht die Rede davon sein konnte, daß er sich bewußt vom Hinduismus losgesagt habe.

Der Distriktvorsteher schwieg einen Augenblick. Dann sagte er in ernstem, aber freundlichem Ton: »Ich verstehe nicht, was ihr so Besonderes an dieser Religion findet. Im Grunde sind doch alle Religionen gleich. Sie weisen alle auf den gleichen einen Gott hin. Sie sind verschiedene Wege zum gleichen Ziel. Der einzige Unterschied zwischen Christentum und Hinduismus ist doch, daß der christliche Weg leicht ist, während der hinduistische schwierig ist und sehr viel Fleiß und Anstrengung erfordert.« Womit der Distriktvorsteher durchaus nicht unrecht hatte; jawohl, dies war in der Tat einer der Hauptunterschiede zwischen den beiden Religionen.

Gerne würde ich dem Leser Amrits Antwort auf diese Bemerkung des Distriktvorstehers mitteilen, aber als er gerade wieder den Mund öffnen wollte, ging die Tür des Büros auf, und ein großer, hagerer, makellos gekleideter Herr trat ein. Daß er ziemlich außer Atem war, tat seiner Würde keinen Abbruch. Er warf den Jungen einen vielsagenden Blick zu, schritt zügig durch den Raum und ließ sich, seine langen Gliedmaßen sorgfältig sortierend, auf der Couch neben dem Distriktvorsteher nieder. Einige Augenblicke lang drehte er langsam seinen Kopf auf dem viel zu langen Hals, um uns der Reihe nach zu begutachten. Seine Kleidung war die traditionell nepalische: Als Hose trug er das oben weite und unterhalb des Knies hautenge *Suruwal*; darüber kam ein Unterhemd, dann ein *Daura*, ein dickes, eng am Hals anliegendes Oberhemd, das unten bis halb über die Schenkel reichte, eine noch dickere Weste und schließlich eine schwere Tweedsportjakke. Alles in allem kein schlechter Anzug für einen Januarspaziergang im schottischen Hochland, nur daß es in diesem Büro bestimmt dreißig Grad wärmer war.

Der Distriktvorsteher reichte dem großen Herrn den Brief aus Thadipokhari. Der las ihn sorgfältig durch, wobei er von Zeit zu Zeit den Blick über seine Hornbrille hob und uns scharf ansah. Als er den Brief wieder hingelegt hatte, stand er auf und begann ohne jede Überleitung eine glühende Rede über die Tugenden Nepals, seiner Verfassung und seiner Religion. Er beklagte heftig die Sittenlosigkeit der jungen Leute von heute, die die alten Traditionen verließen und gegen ihre Eltern rebellierten. Er erklärte, wie jeder, der in Nepal geboren war, notwendig ein Hindu sein mußte und daß ein Nepale unmöglich ein Christ sein konnte, die Verfassung ließ es nicht zu. Er endete mit den Worten: »Sehen Sie sich diese beiden prächtigen Jungen an! Ist es recht, daß sie hier sind? Ist es nötig, daß sie hier sind? Warum sollten sie für etwas ins Gefängnis gehen, das überhaupt nicht möglich ist?« Und als er keine Antwort auf diese Frage bekam, beendete er seine Rede, setzte sich wieder und blickte stumm um den ganzen Raum herum.

Ich fragte den Herrn, wer er sei. Er antwortete, daß er der Staatsanwalt für den Distrikt Gorkha und mit unserem Fall beauftragt war. Dann stellte er uns offiziell den Distriktvorsteher vor und erklärte, daß dieser der höchste Mann im ganzen Gebiet war. Schließlich wies er auf den netten Assistenten mit den rosigen Wangen und dem gutmütigen Lächeln und sagte: »Und dies hier ist der Distriktpolizeiinspektor. Er ist für die Einreichung des Strafantrags verantwortlich und wird diese beiden jungen Männer bis zu ihrem Prozeß in Gewahrsam halten.«

Amrit und Jiwan stand der Mund offen vor Staunen. Es war schon schwierig genug, zu den üblichen Dienstzeiten auch nur *einen* dieser drei hohen Männer sprechen zu können – und hier saßen alle drei zusammen vor uns, an einem hellen freien Samstagnachmittag, und wir hatten keine zehn Sekunden warten müssen. Keiner von ihnen konnte gewußt haben, daß wir kamen; es gab keine Telefonverbindung zwischen Thadipokhari und Gorkha. Wir haben nie erfahren, warum diese drei hohen Beamten an diesem Samstagnachmittag alle in dem Distriktregierungsgebäude waren. Aber eines war uns klar: Das war kein gewöhnlicher Zufall; diese meisterhafte Terminplanung kam von Gott. Wie Amrit es später ausdrückte: »Von diesem Augenblick an wußten wir ohne jeden Zweifel, daß Gott die Lage in seiner Hand hatte, was immer auch geschehen würde.«

Jetzt war der Distriktpolizeiinspektor an der Reihe. Er erklärte uns die einschlägigen Paragraphen der nepalischen Verfassung und ließ uns sogar den Text einsehen. Es hieß dort klar und unmißverständlich, daß niemand, der in Nepal geboren war, seine Religion wechseln konnte; ein solcher Religionswechsel war ein Verbrechen gegen den Staat, das mit einem Jahr Gefängnis geahndet wurde. Wenn nach diesem Jahr der Betreffende immer noch an seiner neuen Religion festhielt, konnte er zu einem weiteren Jahr Gefängnis verurteilt werden – und so weiter und so fort; im äußersten Fall blieb er buchstäblich bis zu seinem Tod im Gefängnis. Der Inspektor appellierte an die Jungen, doch Vernunft anzunehmen und nicht länger so starrköpfig an ihrer christlichen Religion festzuhalten – zumindest nicht offen. Es würde ihm außerordentlich leid tun, zwei so nette junge Männer ins Gefängnis stecken zu müssen. So wie er mit ihnen redete, hätten sie fast seine Brüder sein können.

Inzwischen hatte Amrit in dem Verfassungstext geblättert. Jetzt meldete er sich plötzlich zu Wort: Dies war ja die *alte* Verfassung, nicht die neue, revidierte, die vor vier Monaten in Kraft getreten war und die im ganzen Land als ein Dokument des Fortschritts und der Freiheit und als Ende der alten Zöpfe und Zwänge begrüßt worden war!

Dem Staatsanwalt war diese Entdeckung sichtlich peinlich. Nervös rutschte er auf seiner Couch hin und her. Man suchte ein Exemplar der neuen Verfassung. Im Büro war keines zu finden. Auch nicht im Rest des Gebäudes. Der Distriktvorsteher murmelte etwas darüber, daß die Religionsparagraphen sich sowieso nicht geändert hatten. Man beschloß schließlich, am nächsten Morgen weiterzusuchen und bis dahin mit der alten Verfassung vorliebzunehmen.

Ich fragte, wie man jemandem, den seine Mutter schon von Kind auf als Christ erzogen hatte, vorwerfen konnte, seine Religion gewechselt zu haben. Der Inspektor hatte die Antwort parat: »Die Mutter kann unmöglich ein Christ gewesen sein, also sind die Kinder auch nicht als Christen geboren worden. Vor dem Gesetz gibt es keine christlichen Nepalen, Punkt.«

Jetzt konnte Jiwan nicht mehr an sich halten. Er wollte wissen, warum dann in der Volkszählung von 1980, deren Ergebnisse in der Zeitung *Gorkhapatra* veröffentlicht worden waren, der Anteil der Christen an der Bevölkerung mit 0,04 Prozent angegeben worden sei. Wie war das möglich, wenn es doch überhaupt keine nepalischen Christen gab?

Der Inspektor und der Staatsanwalt, die die Zahlen offensichtlich kannten, beeilten sich, die 0,04 Prozent zu erklären. Aber ihre Erklärungen wollten nicht übereinstimmen. Der Distriktvorsteher schnitt schließlich die Diskussion mit einer ungeduldigen Handbewegung ab und sagte: »Sie haben beide nicht recht. Diese Christen sind gar keine Nepalen; es handelt sich um Ausländer, die nachträglich die nepalische Staatsbürgerschaft angenommen haben.«

Das war nun allerdings die Antwort, die am wenigsten stimmen konnte. Ausländische Christen (meist Inder), die die nepalische Staatsbürgerschaft angenommen hatten, gab es im ganzen Land höchstens fünfzig – und die 0,04 Prozent der Volkszählung standen immerhin für 6000 Personen! Ich warf Jiwan einen warnenden Blick zu, damit er nicht dem Distriktvorsteher ins Gesicht sagte, wie lächerlich seine Erklärung war.

Inzwischen hatte der Staatsanwalt sich wieder erholt und begann einen zweiten Vortrag darüber, wie weise die Verfassung war und wie böse derjenige, der ihren Pfad verließ und sich einer anderen Religion anschloß. Je länger er redete, um so aufgeregter wurde er. »Dem Hinduismus absagen«, beschloß er sein Plädoyer, »heißt sein Vaterland verleugnen und die Ehre seiner Vorväter mit Füßen treten. Welch Übel, welche Schande, welch – ja, es ist ein Anschlag auf Nepal, ein Anschlag auf unsere Kultur!«

Amrit wartete einen Augenblick, bis der Staatsanwalt sich wieder beruhigt hatte, und versicherte dann den drei hohen Herren, daß er sein Land liebte und nichts weniger im Sinn hatte als Anschläge auf seine Kultur zu verüben. Aber er habe, so weit er sich zurückerinnern könne, keine andere Religion als die christliche gekannt. Seine Mutter habe ihn christlich erzogen und auf christliche Schulen geschickt; er habe kaum jemals Gelegenheit gehabt, die Lehren des Hinduismus kennenzulernen. Wenn er jetzt auf einmal nachträglich ein Hindu würde, ja, *das* wäre wirklich ein Religionswechsel, das wäre wirklich ein Vergehen gegen die Verfassung. »Wie sollte ich etwas anderes sein als ein Christ? Was hätte ich denn anderes tun können? Was soll ich denn falsch gemacht haben?«

»Sie reden immer nur von Ihrer Mutter«, sagte der Inspektor. »Haben Sie denn keinen Vater? Sie haben sich gegen Ihren Vater vergangen!«

Amrit zog rasch das amtliche Dokument hervor, das vor Jahren in eben diesem Gebäude geschrieben, unterschrieben und gestempelt worden war und das seiner Mutter wegen Grausamkeit und Vernachlässigung durch ihren Mann die Scheidung zusprach. Dann erzählte er sehr lebendig, was seine Mutter von seinem Vater alles hatte erdulden müssen. Er erklärte, wie er seinen Vater nie gekannt hatte, bis vor einem Jahr, als er ihm zum ersten Mal in seinem Leben vorgestellt wurde.

Der Inspektor nickte verständnisvoll und sagte: »Nun schaut mal her, ich glaube, ich kann euch gut verstehen. Und wir wollen euch nicht ins Gefängnis stecken. Vergessen wir mal euren Vater. Aber wir haben nun einmal unsere Verfassung. Wenn ihr darauf besteht, euch als Christen zu bezeichnen, dann müssen wir uns an die entsprechenden Gesetze halten. Ich mache euch einen Vorschlag. Wir setzen eine kurze Erklärung auf, daß ihr keine Christen seid und euch verpflichtet, nicht die christliche Religion zu verbreiten. Ihr unterschreibt diese Erklärung, und die ganze Sache ist vergessen. Wie wäre es damit?«

Amrit antwortete: »Es tut mir leid, aber so etwas kann ich nicht tun. Das wäre ja eine Lüge. Es wäre eine Sünde gegen Gott. Ich würde damit meiner verstorbenen Mutter Schande bereiten und alle ihre Gebete für mich zunichte machen.«

Jiwan sagte einfach: »Ein solches Papier werde ich nicht unterschreiben.«

Der Inspektor schüttelte ratlos seinen Kopf. »Wißt ihr, was ihr da sagt? Es geht ja nicht nur um das eine Jahr im Gefängnis, euer ganzes Leben wird ruiniert sein, ihr werdet keine Arbeit mehr bekommen, niemand wird mehr etwas mit euch zu tun haben wollen! Ihr habt jetzt schon keine Mutter und keinen Vater mehr. Wenn ihr so starrköpfig seid, ist eure ganze Zukunft zerstört, eure Ausbildung, alles. Ist eure Religion das wirklich wert?«

Der Distriktvorsteher und der Staatsanwalt stimmten in diesen Appell ein. Wußten die beiden jungen Männer, was sie da im Begriff standen wegzuwerfen? Und es brauchte doch nur eine kleine Unterschrift, und die Sache wäre erledigt, und das Verfahren würde eingestellt. Sie wurden nicht müde, zu beteuern, wie schrecklich ihnen der Gedanke war, zwei so goldige, liebenswürdige, prächtige Jungen ins Gefängnis stecken zu müssen.

Jiwan, der alles andere als goldig aussah, fragte: »Wenn es Ihnen so unangenehm ist, uns ins Gefängnis zu stecken, warum haben Sie dann überhaupt dieses Verfahren gegen uns angefangen?«

Gespannte Stille. Ich räusperte mich und fragte, wer denn die Anklage eingereicht habe. Der Inspektor sagte, das sei die Polizei gewesen. »Es ist ein Polizeifall. Durch die Beerdigung der Mutter gab es erhebliche Unruhe in der Bevölkerung. Wir erhielten viele Beschwerden, und da mußten wir die Sache untersuchen. Das ist in so einem Fall unsere Pflicht, ob wir nun den Fall persönlich mögen oder nicht.«

Die Antwort klang vernünftig, und ich bohrte nicht weiter. Jiwan jedoch war mit ihr nicht zufrieden. Er wollte wissen, warum die Christen im Distrikt Gorkha solchen Repressalien ausgesetzt waren, wenn sie sich doch in Kathmandu ganz frei zu Hunderten in ihren Gemeinden treffen, ihren Glauben offen bekennen, öffentliche Versammlungen abhalten, eine Bibelschule eröffnen und eine christliche Druckerei betreiben konnten. »Und vor kurzem hieß es sogar in Radio Nepal, daß Jesus Christus das Licht der Welt ist.«

Der Inspektor entgegnete gereizt, daß wir hier im Distrikt Gorkha waren und nicht in Kathmandu und daß er das Wort »Kathmandu« nicht mehr hören wolle.

»Wie«, schoß Jiwan zurück, »haben wir auf einmal zwei Gesetze und zwei Verfassungen, eine für Kathmandu und eine für Gorkha?«

Amrit und ich warfen ihm einen warnenden Blick zu, und er sprach nicht weiter. Immerhin, sein Argument saß.

Der Distriktvorsteher, immer noch geduldig und väterlich, machte einen letzten Versuch, den jungen Männern eine schriftliche Erklärung, daß sie keine Christen seien, schmackhaft zu machen. Er fühlte sich in seiner Rolle als Hüter der Religionsgesetze sichtlich unwohl. Vielleicht hatte er Angst vor den Wellen, die ein öffentlicher Prozeß gegen die Jungen schlagen würde; nicht jeder in Nepal war dem Staat und seinen Vertretern wohlgesonnen. Aber Amrit und Jiwan wiederholten höflich, aber bestimmt, daß sie eine solche Erklärung nicht unterschreiben konnten. Der Distriktvorsteher stand auf, verabschiedete sich und sagte beim Hinausgehen zum Staatsanwalt: »Versuchen Sie es noch einmal. Diese blöde Verfassung! Wir können sie nicht bestrafen, und wir können sie nicht laufen lassen. Warum haben die bloß den Paragraphen so abgefaßt?«

Der Staatsanwalt versuchte sein Allerbestes. Er drehte seinen Kopf hin und her, als wolle er ihn aufziehen, sah nacheinander jeden von uns ernst und feierlich an und begann eine weitere lange Rede, die die vorherige an Leidenschaft und Energie noch übertraf. Er wurde nicht müde, uns vor Augen zu führen, wie schade, wie nutzlos, wie unnötig, wie tragisch es war, daß diese Jungen sich in solche Schwierigkeiten brachten. »Was habt ihr denn davon? Wenn auf der Straße ein Betonklotz liegt, rennt man doch auch nicht mit dem Kopf hindurch, sondern geht außen herum. Man muß realistisch sein. Es ist gut, wenn man Prinzipien hat, aber sie müssen an der richtigen Stelle sein. Prinzipien gehören ins Herz, aber nicht unbedingt ins Tun.«

Der Staatsanwalt würzte seine Argumente mit vielen interessanten hinduistischen Gleichnissen und Sprichwörtern. Er redete und redete, appellierte, drohte, bat und beschwor. Es war wie in einer Wageroper: ein Höhepunkt nach dem anderen und immer noch kein Ende. Er stand auf, fuchtelte beschwörend mit den Armen, setzte sich wieder, und eine Minute später begann er die nächste Arie. Als er endlich fertig war, sank er auf die Couch zurück und fragte: »Also, seid ihr bereit, eine Erklärung zu unterschreiben?«

Amrit sah ihn an und sagte ruhig und höflich: »Wir können nicht unterschreiben. Eine solche Unterschrift wäre eine Lüge. Wir können nicht gegen unser Gewissen gehen.«

Der Staatsanwalt wurde wütend. Er sprang wie von der Tarantel gestochen hoch und sagte: »Seid ihr solche Heilige, daß ihr nicht lügen könnt? Seid ihr so groß und so gut? Haltet ihr euch für Götter? Ich bin wohl nur ein Staubkorn, wie? Ich lüge, wo es mir paßt, und habe keine Prinzipien, was? Der Hinduismus ist wohl nicht genug für euch Neunmalheilige!«

Er hielt unvermittelt inne und sah mich an, als habe er mich ganz vergessen gehabt. Er wurde wieder ruhiger und begann seine Hände zu ringen und laut darüber zu klagen, in was für eine scheußliche Lage ihn diese störrischen Jungen brachten und wie unfair und unvernünftig sie sich benahmen. Dann hatte er eine neue Idee. Er sagte zu mir: »Können Sie ihnen nicht ein paar Worte sagen? Auf Sie werden sie hören. Und Sie wollen doch auch nicht, daß sie ins Gefängnis kommen. Ich bitte Sie, tun Sie etwas, irgend etwas, daß die Jungen Vernunft annehmen. Helfen Sie uns!«

Aber nach solcher Hilfe war mir nicht zumute. Ich sagte: »Ich glaube nicht, daß wir sie dazu überreden können, zu unterschreiben. Jesus Christus hat gesagt: ›Wer mich vor den Menschen bekennt, den will ich auch bekennen vor meinem himmlischen Vater; wer mich aber verleugnet vor den Menschen, den werde ich auch verleugnen vor meinem himmlischen Vater.‹ Diese jungen Männer gehen eher ins Gefängnis, als daß sie ihren Herrn verleugnen.«

Der Staatsanwalt sah den Inspektor an. Sein Gesicht verzog sich zu einer hilflosen Grimasse. »Dieser Doktor ruiniert alles. Warum ist er bloß hier?« Ja, warum? Eigentlich wurde ich ja gar nicht gebraucht!

Jetzt sprach der Polizeiinspektor wieder. Er gestand uns zu, daß das Christentum eine hervorragende Religion war, und beschrieb, wie er als junger Mann bei einigen christlichen Gottesdiensten in Kathmandu dabei gewesen war und wie ihn das, was er dort hörte, tief beeindruckt hatte. Er konnte gut verstehen, daß es einen zu dieser Religion hinzog, er kannte das Gefühl selbst. Er beklagte die starren Religionsparagraphen der Verfassung, die weder den Jungen noch ihm ein Schlupfloch offen ließen. Aber andererseits mußte man doch auch einsehen, daß das Christentum eine westliche Religion war, eine fremde Religion, und daß die Menschen in Nepal die Pflicht hatten, ihre eigene nationale Religion zu praktizieren, und wenn es nur äußerlich war. So war es bei ihm gewesen, und er sah nicht, warum das Amrit und Jiwan nicht auch möglich sein sollte.

Amrit erwiderte, daß das Christentum keine westliche Religion war, sondern aus Asien stammte. Er wiederholte, daß sein Bruder und er keineswegs zu einer anderen Religion übergewechselt waren, sie hatten doch von Kind auf nichts anderes als das Christentum gekannt. Er erzählte noch einmal, wie er immer nur in Missionsschulen gegangen war, so daß der Einfluß des Christentums auf ihn immer stärker geworden war. »Was soll ich machen?« fragte er. »Für mich ist der Hinduismus die fremde Religion.«

Das Stichwort »Missionsschulen« goß neues Wasser auf die Mühlen des Staatsanwalts, und ungeachtet meiner Anwesenheit begann er eine heftige Tirade gegen die United Mission to Nepal, für die ich arbeitete. »Haben Sie das gehört?« fragte er mich und streckte mir gereizt seinen langen Finger entgegen. »Haben Sie das gehört? Da sehen Sie, was Sie anrichten! Ihre Mission ist doch auf nichts anderes aus, als uns unsere Kultur und unsere Religion wegzunehmen. Da kommen sie scheinheilig daher und wollen ›den Menschen dienen‹, aber in Wirklichkeit dienen sie nur sich selbst! Sie sagen, daß sie nur ein paar Schulen und Krankenhäuser bauen wollen, und dann fangen sie an, heimlich Proselyten zu machen. Es war ein furchtbarer Fehler, sie überhaupt ins Land zu lassen. Nichts als Ärger haben sie uns gebracht, die Missionen, man sieht ja bald nichts mehr als Christen!«

Das war schon nicht mehr heftig, das war gehässig. Nichts gegen

Diplomatie, aber das konnte ich nicht auf mir und der United Mission sitzen lassen. Und ich holte tief Luft und stellte klar, daß die Mission doch auf Einladung der nepalischen Regierung ins Land gekommen war. »Wir haben nie ein Geheimnis daraus gemacht, daß wir Christen sind«, sagte ich. »In unserer Satzung heißt es ausdrücklich, daß das Ziel unserer Arbeit ist, dem nepalischen Volk im Namen und im Geist Jesu Christi zu dienen und in Wort und Tat ihn zu bezeugen. Wir haben der Regierung von Anfang an klar gesagt, daß es dort, wo eine christliche Mission arbeitet, unweigerlich zu Bekehrungen kommen wird. Das ist unvermeidlich.« Ich fuhr fort, daß es ja gar nicht die Missionare oder die Missionen waren, die Menschen zu Christen machten und die nepalische Religion »wegnahmen«, sondern der Geist Gottes, und wer konnte sich dem Geist Gottes widersetzen? »Die einzige Erklärung, zu der wir uns verpflichtet haben«, sagte ich, »ist, daß wir nicht öffentlich predigen und niemanden durch Geschenke oder andere materielle Anreize zu einem Religionswechsel verführen. Ansonsten gehört es zur Ausübung unserer Religion, daß wir persönlich bezeugen, was wir glauben, was Gott für uns getan hat, wer Jesus ist und warum wir ihm dienen. Wir haben von ihm ewiges Leben und die Vergebung unserer Sünden bekommen, und jeder, der sein Vertrauen auf Jesus setzt, wird das gleiche bekommen. Wenn ich nun ein so kostbares Geschenk bekommen habe, wie kann ich es für mich behalten? Wenn ich weiß, daß auch Sie Frieden mit Gott und ewiges Leben im Himmel bekommen können, wie sollte ich Ihnen das vorenthalten?«

Es folgte eine lange Pause. Dann sagte Amrit: »Verstehen Sie, wir kennen Jesus Christus persönlich, im Geist. Er ist wirklich, er ist lebendig. Er ist für uns nicht ein Prinzip oder eine Idee oder Philosophie. Er ist eine Person, er ist Gottes Sohn, er lebt, und er lebt auch in uns.«

»Quatsch!« rief der Staatsanwalt aus. »Was soll dieses Gerede über Geister? Wer ist denn Jesus? Geister gibt's wie Sand am Meer. Wo ist euer Jesus denn? Meint ihr, wir würden uns mit Geistern nicht auskennen? Nun mal raus damit, wo ist euer Jesus?«

»Er ist hier in diesem Zimmer«, sagte ich.

Der Staatsanwalt warf mir einen ungläubigen Blick zu, sagte aber nichts. Dann, vielleicht eine Minute später, drehte er sich zum Inspektor und brummte: »Ich hab's ja gewußt, daß dieser Doktor nur Probleme machen wird.«

Wieder Schweigen. Es wurde von Jiwan gebrochen, der mich fragte: »Doktor, wenn Sie sich verpflichtet haben, nicht zu predigen, warum sind Sie dann nach Nepal gekommen?«

Der Staatsanwalt und der Inspektor sahen mich erwartungsvoll an. Offenbar hatten sie sich diese Frage schon lange gestellt und waren gespannt auf die Antwort.

Die Antwort kam, wie das meiste, was Amrit, Jiwan und ich in den letzten 24 Stunden gesagt hatten, wie von selbst über meine Lippen. Ich berichtete, was Jesus Christus in meinem Leben getan und wie er mich zum Missionsarzt nach Nepal gerufen hatte. Dann erklärte ich die beiden größten Gottesgebote – daß wir Gott von ganzem Herzen und mit unserem ganzen Leben lieben sollen und unseren Nächsten wie uns selbst. Ich sagte, daß die Menschen in Nepal unsere Nächsten waren, daß Gottes Liebe der Antrieb für unsere Arbeit in Nepal war und daß die Menschen, die diese Liebe sahen, natürlich neugierig auf unseren Gott wurden. Da war es gar nicht nötig, daß wir öffentlich predigten. Alle Mitglieder der United Mission waren aus eben diesem Grunde nach Nepal gekommen: um Gottes Liebe zu demonstrieren.

Amrit sagte: »Wir haben die Lehren des Christentums am Leben dieser Christen ablesen können. Es war gar nicht nötig, daß sie uns ein Wort sagten.«

»Das stimmt«, pflichtete Jiwan bei. »Unsere Taten sind wichtiger als unsere Worte. Was wir innerlich sind, muß sich nach außen hin zeigen. Die Christen tun viel Gutes. Krankenhäuser und Medizin sind etwas Gutes. Die Menschen lieben und ihnen helfen, ist etwas Gutes. Wie können denn Leute, die so viel Gutes tun, schädlich für unser Land sein? Wie kann denn ihre Religion schlecht sein, wenn sie sie dazu bringt, all dieses Gute zu tun?«

Der Polizeiinspektor beeilte sich, zu versichern, daß sie nichts gegen das Christentum oder die Christen hatten und daß es einzig und allein an der Verfassung lag, daß dieses unglückselige Strafverfahren in Gang gekommen war.

Der Staatsanwalt verzog sein Gesicht. Die Antwort des Inspektors wie überhaupt die ganze Wendung, die dieses Gespräch genommen hatte, schien ihn durchaus nicht zu befriedigen. Und er erhob sich wieder und begann einen letzten Sturmangriff auf die unvernünftigen jungen Männer. Es war ein packendes Plädoyer, ein Meisterwerk der Rhetorik; der Staatsanwalt hatte seinen Beruf nicht verfehlt. In den düstersten Farben malte er den Jungen vor Augen, was sie im Gefängnis – und dann noch in einem nepalischen Gefängnis! – erwartete. Wollten sie sich das wirklich antun? Und dann erst *nach* dem Gefängnisaufenthalt – keine goldene Zukunft mehr, keine offenen Türen für zwei so intelligente, gutausgebildete junge Männer, nein, zerstörte Träume, Elend, Verzweiflung, das ganze Leben ein Scherbenhaufen. Jeder würde sie verachten, selbst ihre besten Freunde würden nichts mehr mit ihnen zu tun haben wollen. Sie wären für den Rest ihres Lebens Ausgestoßene, arbeits-, ehr- und mittellos. Selbst jetzt waren sie ja schon Waisen, sie wußten doch, wie das war; aber nach dem Gefängnis... Und was würden sie tun, wenn sie nach dem Jahr Gefängnis vor der Wahl standen, ihrem Christus abzusagen oder noch ein Jahr dazuzubekommen? Wollten sie am Ende den ganzen Rest ihres Lebens hinter Gittern verbringen?

Mit grimmigem Triumphlächeln beendete der Staatsanwalt seine Rede und richtete sich wieder auf seiner Couch ein. Dann schielte er die Jungen durch seine dicken Brillengläser an und sagte in scharfem Ton: »Dies ist eure letzte Chance, dem sicheren Ruin zu entgehen. Was ist eure Antwort? Seid ihr bereit, eine Erklärung zu unterschreiben, oder nicht?«

Mehrere Minuten vergingen. Niemand sagte etwas. Amrit und Jiwan starrten vor sich hin auf den Fußboden. Der Inspektor und der Staatsanwalt saßen reglos da, die Augen auf die Jungen geheftet, und warteten.

Schließlich sah Amrit auf und sagte: »Was meinen Sie, Doktor?«

»Jetzt laßt ihn doch in Ruhe!« schnappte der Staatsanwalt. »Das ist eure Angelegenheit, nicht seine. Entscheidet euch!«

Amrit sah mich unverwandt an, als warte er auf eine Antwort oder ein Signal. Ich sagte: »Es ist am besten, wenn ich euch nichts vorschreibe. Der Heilige Geist wird euch zeigen, was ihr tun sollt. Hört auf ihn.«

Jiwan hatte seinen Kopf nach vorne geneigt. Sicher betete er. Auch ich betete. Dann, nach ein paar Minuten (oder waren es Ewigkeiten?) hörte ich, wie Amrit mit leiser, aber fester Stimme sagte: »Wir werden nicht unterschreiben. Wir gehen ins Gefängnis.«

Der Inspektor und der Staatsanwalt hielten einen kurzen Kriegsrat. Der Staatsanwalt fand, daß die Lage aussichtslos war, solange der Doktor im Zimmer war; wenn man ihn bloß loswerden konnte, hatte man vielleicht doch noch eine Chance, die beiden Brüder zum Unterschreiben zu bewegen. Dann fragte er: »Warum hat man den Doktor überhaupt hierher geholt? Liegt gegen ihn auch etwas vor?«

Der Inspektor befahl einem Assistenten, die Anklageerhebung gegen mich zu holen, die offenbar in einem separaten Brief eingetroffen war. Der Assistent brachte sie, und man reichte sie dem Staatsanwalt. Der las das Schreiben durch, und sein Gesichtsausdruck veränderte sich. »Das ist ja schrecklich!« rief er aus, »diese Anklage entbehrt ja jeder Grundlage!«

»Was wirft man mir denn vor?« fragte ich interessiert.

»Erstens, daß Sie sich geweigert haben, den Leichnam Moti Mayas ihrem ehemaligen Ehemann zu übergeben, und zweitens, daß Sie einen christlichen Trauergottesdienst im Krankenhaus organisiert haben.«

Diese Vorwürfe stimmten in der Tat nicht. Ich erklärte, daß ich gar nicht im Krankenhaus gewesen war, als der Ex-Ehemann kam, und daß ich auch nicht an der Vorbereitung des Gottesdienstes beteiligt gewesen war.

»Genau«, sagte der Staatsanwalt. »Das ist eine äußerst peinliche Angelegenheit.« Und mit einem vorwurfsvollen Blick zum Inspektor gewandt, fuhr er fort: »Stellen Sie sich das vor, den Doktor aus dem Krankenhaus zu holen und nach Thadipokhari zu schleppen und dann hierher! Wir haben ihn verfolgt. Das ist einfach furchtbar!« Er drehte sich zurück zu mir und sagte (und es klang echt): »Das tut uns sehr, sehr leid, wirklich. Bitte vergeben Sie uns! Das war ein furchtbarer Fehler. Aber in Thadipokhari war momentan niemand, der in der Lage war, verantwortlich Entscheidungen zu treffen. Wenn einer dagewesen wäre, wäre das hier nie passiert.«

Der Staatsanwalt ließ seinen Schreiber kommen, einen jungen Mann, der offenbar noch nicht sehr lange im Amt war. Der Schreiber setzte sich umständlich hin, und der Staatsanwalt fing an, eine lange, blumige Erklärung über meine Rolle in der Affäre Moti Maya zu diktieren. Der Schreiber hatte Schwierigkeiten beim Buchstabieren meines Namens und erhebliche Schwierigkeiten beim Buchstabieren meiner Adresse – Loudonville, New York. Er mußte mehrere frische Bogen Papier anfangen, bis der Staatsanwalt endlich zum eigentlichen Text seiner Erklärung kommen konnte. Er benutzte zahlreiche komplizierte und schwerverständliche juristische Fachausdrücke, über die der junge Schreiber mehr als einmal stolperte, so daß der Staatsanwalt schließlich gereizt fragte, ob er denn noch um Mitternacht hier sitzen und diktieren solle. Auch der Doktor zeigte sich schwer von Begriff und fragte immer wieder, was dieser Ausdruck bedeutete und ob jener Satz wirklich den Tatsachen entsprach; aber da ich das fertige Schriftstück unterschreiben sollte, wollte ich natürlich wissen, was darin stand. Endlich waren wir fertig, und ich setzte zur großen Erleichterung der Staatsgewalt meinen Namen an die drei oder vier dazu vorgesehenen Stellen, womit unsere fünfstündige Sitzung und meine Rolle in der Angelegenheit beendet waren.

Als wir alle aufstanden, um zu gehen, wiederholte der Staatsanwalt noch einmal seine Entschuldigungen und dankte mir herzlich dafür, daß ich so großzügig über den bedauerlichen Irrtum hinweggesehen hatte. Ich versicherte ihm, daß es mir ein Vergnügen gewesen sei, zur Aufklärung dieses Falles beizutragen.

Wir wollten gerade zur Tür hinaus, da kamen Megh Nath und Prakash herein, die draußen gewartet hatten. Einen Augenblick hatte ich Angst, sie würden etwas Unvorsichtiges sagen und sich gleich auch in den Religionsparagraphen der Verfassung verheddern. Aber kaum waren sie im Raum, als alle Zurückhaltung und Scheu wie weggeblasen war, und ehe wir selbst recht begriffen, wie uns geschah, sagten wir den hohen Herren: »Und jetzt wollen wir zu unserem Gott beten.« Ich weiß nicht mehr genau, wer was betete, aber wir baten Gott, seine Hand auf diesen Ort zu legen und seine Macht zu offenbaren, der Gerechtigkeit zum Sieg zu verhelfen und seinen Namen und dem seiner Kinder Ehre in diesem Distrikt widerfahren zu lassen. Wir riefen Gottes Allmacht über alle Behörden, Ämter und Verantwortlichen im Distrikt Gorkha an und befahlen Amrit und Jiwan in die Hand des gerechten Richters im Himmel, der den Unschuldigen beistehen und seine Feinde erzittern lassen würde. Und dann marschierten wir vor den konsternierten Augen der sprachlosen Beamten so fest und fröhlich aus dem Büro hinaus, als ob unser Gebet schon erhört sei. Amrit und Jiwan gingen, begleitet von zwei Polizisten, in ein Hotel, während Megh Nath, Prakash und ich uns zum Haus des Bruders Moti Mayas begaben, um dort die Nacht zu verbringen.

Kurz bevor wir uns trennten, verabredeten wir noch folgenden Plan für den nächsten Tag: Ich würde gleich bei Tagesanbruch zurück nach Amp Pipal gehen, wo inzwischen vielleicht schon etliche chirurgische Notfälle auf mich warteten. Megh Nath sollte, sobald das Urteil des Gerichts bekannt war, sofort nach Kathmandu gehen und die für die Betreuung inhaftierter Christen zuständigen Mitarbeiter der Nepal Christian Fellowship (der Dachorganisation der Christen in Nepal) informieren. Und gleichzeitig sollte Prakash nach Amp Pipal zurückkehren und uns über alles berichten. Außerdem galt es, gleich am nächsten Morgen ein Exemplar der revidierten Verfassung aufzutreiben, um zu sehen, ob inzwischen nicht doch ein Loch in den Maschen der Religionsgesetze war, das den Jungen die Gefängnisstrafe ersparen konnte.

Für den Rest des Abends waren wir Ehrengäste im Haus von Moti Mayas Bruder, der ein ehemaliger Gurkha-Soldat war. Das Abendessen war so großzügig und liebevoll gewürzt, daß meine Zunge noch am nächsten Morgen brannte. Noch vor Sonnenaufgang brach ich nach Amp Pipal auf, wo ich am Mittag eintraf. Im Krankenhaus herrschte der übliche Sonntags- (also Alltags-) Betrieb. Patienten, die eine Notoperation brauchten, hatte es keine gegeben.

Ich war vielleicht eine Stunde wieder da, als man mir meldete, daß eine Abordnung von Männern aus dem Dorf, verstärkt durch eine größere Abordnung von Oberschülern, sich angemeldet habe, die mit mir über die religiösen Aktivitäten in unserem Krankenhaus, insbesondere in Verbindung mit Moti Mayas Beerdigung, sprechen wolle. Es hatte sich rasch herumgesprochen, daß ich wieder zurück war, und da die Polizei offenbar das Verfahren gegen mich eingestellt hatte, hatte man im Dorf beschlossen, die Sache in die eigenen Hände zu nehmen und unseren »christlichen Umtrieben« einen Riegel vorzuschieben.

Das Gespräch war sehr ernst, aber durchaus freundschaftlich und fand im Andachtsraum des Krankenhauses statt, inmitten von Stapeln von Traktaten, Liederbüchern und anderer christlicher Literatur, die auf Tischen und Regalen verstreut lagen. Die Abordnung bestand aus dem Direktor der Oberschule Amp Pipal, mehreren anderen Lehrern und einer Reihe anderer führender Bürger. Wir luden auch den Leiter der Schülervereinigung zu unserer Sitzung ein, worauf seine kampfbereiten Anhänger um einiges ruhiger wurden und sich bereit erklärten, vor dem Krankenhaus auf das Ergebnis der Verhandlungen zu warten.

Die Abordnung war besorgt darüber, daß immer mehr junge Leute Christen wurden, daß Familien auseinanderbrachen, Söhne sich weigerten, die hinduistischen Totenrituale für ihre Väter durchzuführen, und daß allgemein der alte Glaube und die alten Werte von dieser neuen Religion verdrängt wurden. Was die Männer am meisten beunruhigte, waren die vielen Nepalen, die ihrer Ansicht nach nur vorgaben, Christen zu sein, um sich einen guten Arbeitsplatz bei der Mission zu sichern. Dagegen zeigten sie große Hochachtung vor Amrit und Jiwan, die durch ihre Bereitschaft, für ihren Glauben ins Gefängnis zu gehen, bewiesen hatten, daß sie echte Christen waren.

Die Männer wollten wissen, wie viele unserer Krankenhausangestellten durch finanzielle oder sonstige materielle Versprechungen zu einem Übertritt zum Christentum verführt worden waren. Ich sagte ihnen, daß es dergleichen bei uns nie gegeben hatte und daß wir noch mehr Wert als sie darauf legten, daß es keine Scheinchristen gab. »Wenn jemand neu in unsere Gottesdienste oder Bibelstunden kommt«, sagte ich, »prüfen wir als erstes, ob es ihm wirklich um Gott geht oder ob er nur billig an einen Arbeitsplatz kommen will. Wer gleich nach dem ersten Besuch um eine Arbeitsstelle bittet, kriegt garantiert keine.«

Diese Auskunft schien meine Gesprächspartner etwas zu beruhigen, aber sie ließen nicht locker und forderten mich auf, ihnen die Namen der Christen unter den Krankenhausmitarbeitern zu nennen. »Ich werde Ihnen keine Namen nennen«, sagte ich, »Sie wissen selbst, wer die Christen sind. Sie haben nichts zu verbergen. Unsere Versammlungen sind nicht geheim, Besucher sind jederzeit willkommen. Kommen Sie selbst und hören Sie zu und schauen Sie sich mit eigenen Augen an, wer da ist. Was die falschen Christen betrifft, von denen Sie sprechen, so kenne ich sie nicht, und wenn ich sie kennen würde, würde ich nichts mit ihnen zu tun haben wollen.«

Als nächstes wollten sie wissen, ob wir im Krankenhaus predigten. Nein, sagte ich, Predigten gab es keine, außer vielleicht ein- oder zweimal im Jahr, zu besonderen Gelegenheiten. »Aber wir halten in diesem Raum hier täglich Andachten ab«, fuhr ich fort, »denn nur dadurch, daß wir zu dem lebendigen Gott beten, kann dieses Hospital überhaupt bestehen und werden hier so viele Patienten gesund.«

Sie fragten mich, ob wir mit den Patienten über das Christentum sprachen. Ja, sagte ich, das war in vielen Fällen sozusagen ein Teil der Therapie. Wenn wir wußten, wo die Quelle inneren Friedens und innerer Gesundheit lag, waren wir dann nicht verpflichtet, das unseren Patienten weiterzugeben? Diese Antwort befriedigte meine Gesprächspartner nicht ganz, da sie fanden, daß der Hinduismus doch die gleichen Vorteile biete; aber sie ließen die Sache auf sich beruhen.

Was sie im wesentlichen wollten, war einfach dies: weiter unsere Dienste und das Gute, das wir taten, aber *ohne* unsere Religion. Ich sagte ihnen, daß das nicht möglich war, daß unsere Dienste ja das Ergebnis unserer Religion waren und daß man die beiden nicht voneinander trennen konnte. Dies war nun einmal ein christliches Krankenhaus unter christlicher Leitung, und es war unvermeidlich, daß viele der Patienten, die dorthin gingen, von Jesus Christus hörten und sich für ihn zu interessieren begannen. Wenn das Dorf das nicht wollte, dann war es vielleicht am besten, wir packten unsere Koffer und gingen wieder.

Nein, nein, das wollten sie nun auf gar keinen Fall! Sie wollten, daß wir blieben. Sie wollten nur, daß wir das Hospital nicht dazu mißbrauchten, vor unfreiwilligem Publikum Predigten zu halten und die Patienten, die in unseren Händen waren, religiös zu manipulieren. Ich versicherte ihnen, daß das bei uns nicht üblich und auch gar nicht erwünscht war.

Das Gespräch endete damit, daß der Schuldirektor mir dafür dankte, daß ich so viel Verständnis für ihr Anliegen gezeigt habe, und feststellte, daß die meisten Punkte zufriedenstellend geklärt worden seien. Als der Leiter der Schülervereinigung nach draußen zu seinen ungeduldig wartenden Kameraden kam, sagte er ihnen einfach: »Der Doktor hat alle Fragen beantwortet, und niemand hatte etwas daran auszusetzen. Die Sache ist erledigt.« Worauf die Schüler nicht mehr wußten, wogegen sie demonstrieren sollten, und sich langsam zerstreuten. Heute ist der Leiter der Schülervereinigung übrigens selbst ein Christ.

Erst jetzt hatte ich Zeit, unseren Gemeindegliedern zu berichten, wie unser Tag in Gorkha verlaufen war. Da Helen und Cynthia noch in der Ambulanz beschäftigt waren, ging ich zuerst zu Chandra Bahadur, dem gelähmten jungen Mann, der der Leiter unseres Gemeinderats war. Ich erzählte ihm haarklein, wie das Gespräch mit dem Distriktvorsteher, dem Polizeiinspektor und dem Staatsanwalt verlaufen war, und endete mit der Bemerkung, daß die Chancen sehr schlecht standen für Amrit und Jiwan und daß sie wohl kaum an einer Gefängnisstrafe vorbeikommen würden. Chandra sah mich an, als habe er meine Worte überhaupt nicht registriert, und sagte: »Sie werden heute abend wieder hier sein. Ich weiß es. Ich bin gewiß, daß sie heute zurückkommen.«

»Wer wird kommen?«

»Alle.«

»Auch Amrit und Jiwan? Meinst du, sie werden dieses Papier doch unterschreiben?«

»Nein, das glaube ich nicht. Aber sie werden heute abend zurück sein. Warte es nur ab.«

Ich zuckte die Schultern und sagte etwas von der Art, daß Gott so oder so geehrt würde, ob sie nun freikamen oder nicht. Aber Chandra schüttelte den Kopf und sagte: »Nein, Gott wird mehr geehrt, wenn sie freigelassen werden.«

Nach dem Abendessen rief ich Helen an, um ihr von unseren Abenteuern zu berichten. Ich war gerade dabei, ihr zu sagen, daß die beiden Brüder sehr wahrscheinlich ein Jahr im Gefängnis verbringen müßten, als jemand eines der zehn anderen Amp Pipalschen Gemeinschaftstelefone zu bedienen begann und mitten in unser Gespräch hineinplatzte. Helen sagte dem Anrufer, er solle doch Geduld haben und später noch einmal anrufen, aber er ließ sich nicht abschütteln. Es war Else, unsere Lehrerin aus Deutschland, die oben auf dem Berg in der Nähe der Oberschule wohnte. Sie sagte: »Sie sind gerade alle zurückgekommen und werden in zwanzig Minuten unten am Krankenhaus sein.«

»Wer ist zurückgekommen?« fragten Helen und ich gleichzeitig.

»Alle vier. Amrit, Jiwan, Megh Nath und Prakash.«

»Ja, sind sie etwa frei?«

»Ja, natürlich. Prakash läßt seiner Frau ausrichten, sie soll ihnen ein Abendessen machen.««

War das eine Neuigkeit! Das mußte gefeiert werden, mit einem Lob- und Dankgottesdienst in Prakashs Haus, noch gleich heute abend! Und wir begannen auf der Stelle, alle Gemeindeglieder zusammenzutrommeln. Ich konnte die frohe Nachricht Chandra Bahadur bringen, der in seinem kleinen Zimmer im Krankenhaus war, das ihm als Wohnung diente. Er war seit Wochen krank: tuberkulöse Augenentzündung, amöbische Hepatitis und hartnäckige Harnweginfektionen; und dabei hatte er doch schon genug an seiner Lähmung von der Taille abwärts zu tragen. Die Nebenwirkungen der Medikamente hatte ihm sehr zugesetzt; ihm war fast immer übel und er wurde immer dünner. In den letzten Wochen hatte ich ihn kaum einmal lächeln sehen. Aber als ich ihm sagte, daß er recht gehabt hatte und daß alle vier Jungen wieder da waren, da war er fast außer sich vor Freude. Wir ließen ihn sofort zu Prakashs Haus tragen, wo es bald noch fröhlicher zuging.

Wir sangen, wir beteten, wir dankten und lobten Gott. Zwischendurch erzählten Amrit und Jiwan, wie es ihnen ergangen war. Nachdem sie die Nacht hinter sich gebracht hatten, hatten der Inspektor und der Staatsanwalt wieder angefangen, sie zu bearbeiten. Wollten sie es sich vielleicht nicht doch noch überlegen und eine Erklärung unterschreiben, daß sie keine Christen waren? Die beiden Beamten schienen geradezu verzweifelt nach einem Weg zu suchen, an dem Prozeß und der Gefängnisstrafe und all den Unannehmlichkeiten, die damit zusammenhingen, vorbeizukommen. Sie hatten auch ein Exemplar der neuen Verfassung gefunden, aber die Religionsparagraphen waren unverändert.

Zwei oder drei Stunden später beteuerte Amrit zum zehnten oder fünfzehnten Male, daß er doch gar nicht seine Religion gewechselt habe. Und dann fügte er auf einmal hinzu: »Und *das* würde ich Ihnen sogar unterschreiben!«

»Wirklich?« fragte der Staatsanwalt.

»Klar«, entgegnete Amrit.

»Und ich auch«, sagte Jiwan.

»Ha!« rief der Staatsanwalt aus. »Das ist die Lösung!«

»Wovon reden Sie?« fragte der Inspektor.

»Das ist die Lösung!« wiederholte der Staatsanwalt und sprang auf. »Mehr brauchen wir doch nicht! Wenn sie ihre Religion nicht gewechselt haben, dann haben sie, juristisch gesprochen, auch nicht die Verfassung verletzt. Wir brauchen doch nicht zu erwähnen, was ihre Religion ist. Das Gesetz erkennt sowieso nur Hindus als Nepalen an. Es gibt keine christlichen Nepalen. Also: Die beiden brauchen bloß eine Erklärung zu unterschreiben, daß sie nicht ihre Religion gewechselt haben, und alle sind zufrieden: die Verfassung ist zufrieden, wir sind zufrieden, und sie sind zufrieden.«

Der Inspektor stimmte dem Staatsanwalt sofort zu und rief den Schreiber. Diesmal war seine Aufgabe wesentlich einfacher. Die Erklärung bestand aus einem Satz: »Wir haben nicht unsere Religion gewechselt.« Amrit und Jiwan unterschrieben beide und waren frei.

Aber noch nicht ganz. Dem Inspektor war die Sache noch nicht ganz geheuer. Es war ja möglich, daß später jemand versuchen würde, ihm aus diesem Fall einen Strick zu drehen, und ihm vorwarf, übermäßig milde gewesen zu sein oder sogar die Gesetze umgangen zu haben. Dagegen muße er sich absichern. Und er erklärte: »Wir brauchen aber noch je einen *Jamanat* [Bürgen] für die beiden, jemanden, der die Verantwortung für ihr Verhalten übernimmt und nötigenfalls an ihrer Stelle ins Gefängnis geht, falls es erneut zu einer Anklage gegen sie kommt und sie inzwischen untergetaucht sind.«

Jiwan wußte sofort Rat. »Wir haben zwei Freunde, die das gern tun würde. Sie warten draußen.«

»Dann rufen Sie sie herein«, sagte der Inspektor.

Megh Nath und Prakash hatten den ganzen Morgen draußen vor dem Büro gewartet, aber als Jiwan sie hereinrufen wollte, waren sie nirgends zu sehen. Der Inspektor beriet sich einige Minuten mit dem Staatsanwalt, dann sagte er: »Nun ja, es geht auch so. Unbedingt nötig wäre es wohl sowieso nicht. Also, ihr seid frei. Paßt nur auf, daß ihr nicht predigt und uns alle wieder in Schwierigkeiten bringt!«

Die Jungen nickten, sagten »Auf Wiedersehen!« und gingen aus dem Büro – direkt in die Arme von Megh Nath und Prakash, die gerade wiedergekommen waren. Minuten später waren sie auf dem Weg nach Amp Pipal. Nur bei dem Onkel der Jungen, in dessen Haus Meth Nath, Prakash und ich übernachtet hatten, schauten sie noch kurz vorbei, um ihm die frohe Nachricht mitzuteilen.

Die Freilassung von Amrit und Jiwan schlug wie eine Bombe in Amp Pipal und Umgebung ein. Die Kritiker der Christen verstummten, und die Christen bekamen neuen Mut. Mehrere junge Männer, die sich vorher schon heimlich für das Evangelium interessiert hatten, fingen an, ganz offen zu unseren Versammlungen zu kommen.

Chandra hatte recht gehabt. Mehrere Tage später sagte er mir: »Ich habe es dir doch gesagt, daß Gott mehr geehrt wird, wenn Amrit und Jiwan freikommen.«

Eine Woche danach bekam Amrit einen Brief von Attun in Pokhara. Attun berichtete, wie er nach dem plötzlichen Treffen mit uns am Samstagmorgen in Thadipokhari nach Pokhara weitermarschiert war, wo er am Abend ankam. Am Sonntag war er ins dortige Polizeipräsidium gegangen und hatte den Polizeiinspektor, Amrits und Jiwans Großonkel, in seinem Büro angetroffen. Er berichtete ihm den plötzlichen Tod seiner Nichte und die Verhaftung ihrer beiden Söhne. Der Großonkel, dem diese Nachricht sehr naheging, konnte um zwei Uhr nachmittags den Polizeiinspektor in Gorkha anrufen, der ihm sagte, daß Amrit und Jiwan soeben freigelassen worden waren. Der Großonkel gab diese Nachricht an Attun weiter, und der informierte sofort die vielen Mitglieder der Gemeinde in Pokhara, die seit seiner Ankunft am letzten Abend für die beiden jungen Männer gebetet hatten. Als Amrit den Brief fertig gelesen hatte, schüttelte er verwundert seinen Kopf und sagte: »Also haben die Christen in Pokhara schon ein paar Stunden vor denen in Amp Pipal erfahren, was mit uns geschehen war. Das Telefon ist doch eine tolle Erfindung!«

Kein Preis zu hoch

Wenn ich über die Geschichte mit Amrit und Jiwan nachdenke, muß ich darüber staunen, welche Hingabe an Christus diese beiden jungen Männer hatten, welche Opferbereitschaft sie zeigten. Es gibt kommunistische Jugendliche, die ihr Leben riskieren in der trügerischen Hoffnung, eine bessere Welt zu bauen. Es gibt radikale junge Moslems, die ihr Leben hingeben, um als Märtyrer ein besseres Leben im Himmel zu bekommen. Aber Amrit und Jiwan waren bereit, sich aus Liebe zu einer Person zu opfern – aus Liebe zu Jesus Christus.

Die Frage: »Was hätte ich getan, wenn ich an ihrer Stelle gewesen wäre?« ist müßig. Wir können sie nicht beantworten. Sicher, Gottes Gnade hätte auch uns getragen; aber hätten wir uns tragen lassen?

Aber auch wenn wir nicht in der gleichen Situation, in der gleichen Welt leben wie Amrit und Jiwan – sie sind doch eine Herausforderung und ein Beispiel für uns. Viele längst verstorbene Glaubenshelden der Vergangenheit können uns heute noch begeistern. Aber noch stärker wirkt – so habe ich es jedenfalls erfahren – das Beispiel unserer Zeitgenossen, besonders wenn sie jünger sind als wir selbst. Amrit und Jiwan kannten Jesus wie einen guten Freund; das war förmlich zu spüren. Kannte ich ihn genauso gut? Liebte ich ihn genauso tief?

Immer wieder sagen uns Freunde: »Was habt ihr doch für ein großes Opfer gebracht, daß ihr nach Nepal gegangen seid!« Und aus ihrer Perspektive sieht es ja auch so aus; wir haben ja etliche Dinge aufgegeben, die ihnen sehr wertvoll sind. Aber für uns war es eigentlich gar kein Opfer. Es ist kein Opfer, Dinge aufzugeben, die einem im Grunde nicht wertvoll sind. Wir haben in Nepal ein Geschenk und einen Segen nach dem anderen bekommen. Es gab Schwierigkeiten und Niederlagen, sicher, aber im ganzen haben wir unendlich mehr bekommen als wir aufgegeben haben. Für Christus leiden – das kennen wir nicht, dazu haben wir sozusagen nie die Gelegenheit gehabt.

Amrit und Jiwan bekamen diese Gelegenheit. Sie durften Gott beweisen, wie sehr sie ihn liebten. Sie sind Nachfahren jener ersten Christen, die sich freuten, weil Gott sie für wert gehalten hatte, für ihn zu leiden, wie es im fünften Kapitel der Apostelgeschichte in Vers 41 heißt. Wir sind Gott dankbar für das Beispiel Amrits und Jiwans, und es ist unser Gebet, daß, wenn bei uns der Tag kommt, wo wir zum Opfer für Jesus Christus gerufen werden, wir bereit sein werden, in ihre Fußstapfen zu treten.

Amrit und Jiwan haben vielen von uns einiges voraus. Aber im Grunde ist das, was sie erlebt haben, gar nicht so etwas Besonderes. Denn jeder Christ ist dazu berufen, seinen Herrn zu lieben und ihm sein ganzes Leben zu geben. Es gibt Tausende anderer Christen in Nepal und Hunderttausende in der ganzen Welt, die täglich ihr Leben für Jesus Christus opfern. Für sie ist das Opfer nicht die Ausnahme, sondern die Regel.

Aber wenn man dann das Opfer vollzieht, scheint es gar kein Opfer zu sein. David Livingstone, der große Missionar und Afrikaforscher, wurde einmal gefragt, wie er ein so großes Opfer bringen könne – sein ganzes Leben in den Urwäldern Afrikas zu verbringen. Er antwortete: »Opfer? Ich habe nie ein Opfer gebracht. Dem Herrn Jesus Christus zu dienen, ist kein Opfer, sondern das höchste Vorrecht, das ein Mensch erhalten kann.«

Möge das für jeden von uns wahr werden.

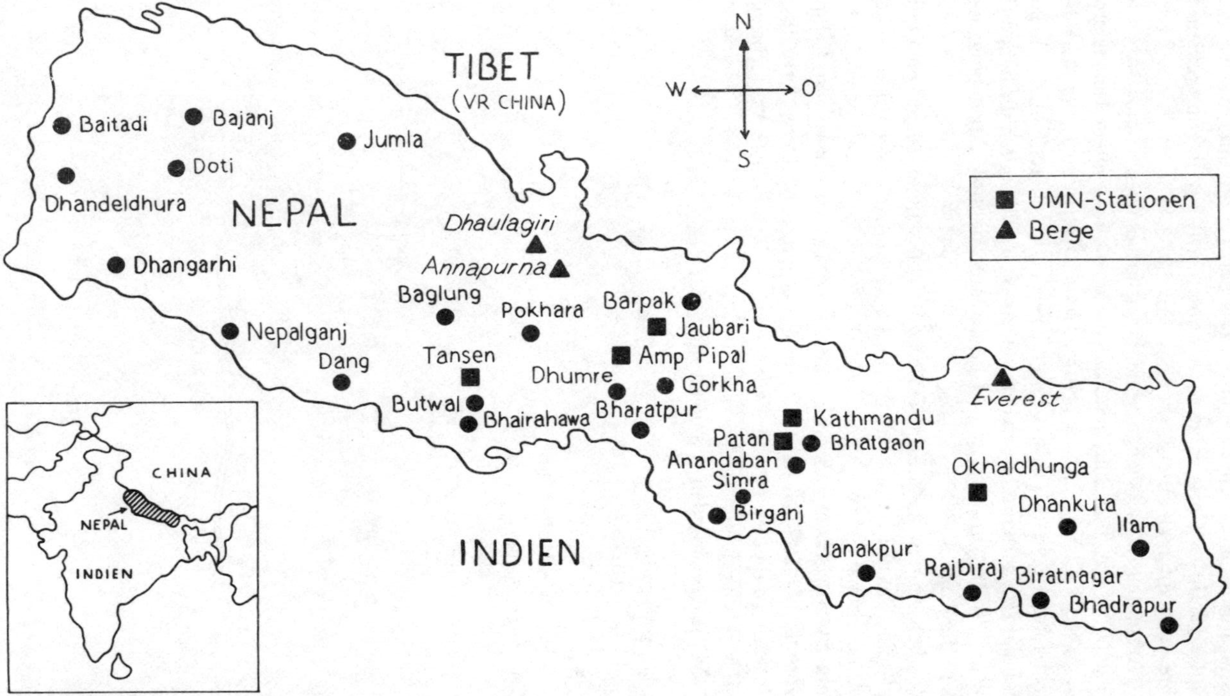
TIBET
(VR CHINA)
N
W
O
S
UMN-Stationen
Berge
NEPAL
INDIEN
Baitadi
Bajanj
Jumla
Doti
Dhandeldhura
Dhangarhi
Nepalganj
Dang
Dhaulagiri
Annapurna
Baglung
Pokhara
Tansen
Butwal
Bhairahawa
Barpak
Jaubari
Amp Pipal
Dhumre
Gorkha
Bharatpur
Kathmandu
Patan
Bhatgaon
Anandaban
Simra
Birganj
Everest
Okhaldhunga
Dhankuta
Ilam
Janakpur
Rajbiraj
Biratnagar
Bhadrapur
CHINA
NEPAL
INDIEN

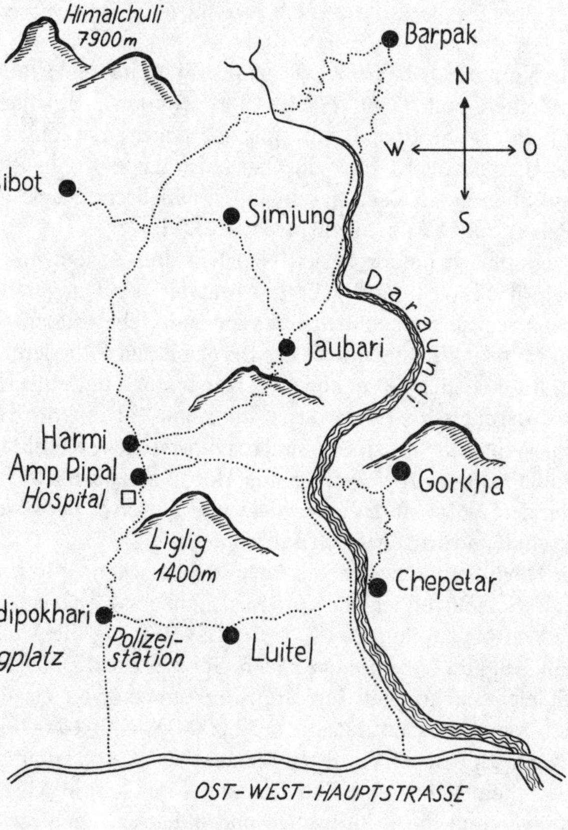

Himalchuli
7900m
Barpak
N
W
O
S
Lapsibot
Simjung
Daraundi
Jaubari
Harmi
Amp Pipal
Hospital
Gorkha
Liglig
1400m
Chepetar
Thadipokhari
Flugplatz
Polizei-
station
Luitel
OST-WEST-HAUPTSTRASSE

Anhang: Informationen über Nepal

Das Land

Das Königreich Nepal liegt auf der Südseite des Himalaja, zwischen Indien und Tibet. Fläche: 140 797 km^2, Bevölkerungszahl (1988): ca. 17 Millionen, mit einer jährlichen Zuwachsrate von ca. 2,6 %. Hauptstadt: Kathmandu. Staatsoberhaupt: König Birendra Bir Bikram Shah Dev. Währungseinheit ist nepalische Rupie (1 Rupie = 100 Paisa); ca. 11 Rupien entsprechen 1 DM.

Geographisch unterteilt sich Nepal in drei Zonen: im Süden der schmale Tieflandstreifen (Terai, Ausläufer der Ganges-Ebene) mit ehemals malariaverseuchten Sümpfen und Nebelwäldern und tropischem Monsunklima; dahinter das Bergland (auch Niederhimalaja genannt) mit bis zu 3.000 m hohen Bergzügen und tief eingeschnittenen Tälern (darunter im Osten das Kathmandu-Tal mit der Hauptstadt) und im Winter kaltem, im Sommer subtropischem Klima; im Norden schließlich der schroff ansteigende Hochhimalaja mit den höchsten Bergen der Welt (Mt. Everest: 8848 m). Nur etwa 10 % der Landesfläche sind landwirtschaftlich nutzbar.

Die Bevölkerung besteht aus über 30 ethnischen Gruppen; die herrschende Schicht bilden die Gurkhas. Landessprache ist das Nepali, das jedoch bislang nur für 58 % der Bevölkerung die Muttersprache ist; daneben gibt es zahlreiche andere Sprachen und Dialekte.

Mit einem jährlichen Pro-Kopf-Einkommen von ca. 160 Dollar (Bundesrepublik Deutschland: ca. 32.000 DM oder 16.000 Dollar) gehört Nepal zu den zehn ärmsten Ländern der Welt. Haupthandelspartner ist Indien. Neben dem Export sind u.a. der stark wachsende Fremdenverkehr und die in britischen und indischen Diensten stehenden Gurkha-Soldaten wichtige Einnahmequellen. Die Energieerzeugung geschieht vor allem durch Wasserkraftwerke. Seit den 50er Jahren unternimmt die Regierung erhebliche Anstrengungen zur wirtschaftlichen Entwicklung sowie zur Hebung des Bildungsstandes (u. a. durch allgemeine Schulpflicht vom 6. – 10. Lebensjahr). Die Analphabetenquote der Erwachsenen ist immer noch hoch (über 75 % der über 15jährigen, Stand 1985).

Geschichte und politische Verfassung

Die frühe Geschichte Nepals ist weitgehend identisch mit der des Kathmandu-Tals und durch eine Fülle kleiner und kleinster Königtümer gekennzeichnet. Jayasthitimalla (1382 – 1395) setzte den Hinduismus durch und führte strikte Kasten-Gesetze ein. Er kann als Schöpfer der nepalischen Nation gelten. Sein Reich zerfiel bald (1482) in die drei Stadtkönigtümer Kathmandu, Patan und Bhaktapur (alle im Kathmandu-Tal).

Um 1750 begann Prithvinarayana Shah, Herrscher des winzigen Königtums Gorkha in den Bergen westlich des Kathmandu-Tals, eine Serie von Eroberungen, die 1768 in der Einnahme des gesamten Kathmandu-Tals gipfelten und das heutige vereinigte Königreich Nepal begründeten. Die Gorkhas (Gurkhas) übernahmen die Kultur des Kathmandu-Tals, behielten jedoch ihre Sprache (das spätere Nepali) bei. Unter den Nachfolgern Prithvinarayanas dehnte sich das Reich bis nach Sikkim im Osten und Kashmir im Westen aus. Die Expansion nach Süden fand im Britisch-Nepalischen Krieg 1814 – 16 ihr Ende; der Frieden von Segauli legte in etwa die heutigen Grenzen Nepals fest und verpflichtete das Land, einen britischen Gesandten in Kathmandu zu stationieren. In der Folge riegelte Nepal sich von der Außenwelt ab und blieb bis weit ins 20. Jh. ein »verschlossenes Land«. Die Regierungsmacht ging 1846 in die Hände der Premierminister der Rana-Familie über.

1951 wurde das Rana-Regime gestürzt und die konstitutionelle Monarchie eingeführt (erster König: Tribuvan). Tribuvans Nachfolger Mahendra (1955 – 72) ließ 1959 Parlamentswahlen abhalten, löste das Parlament jedoch bald darauf auf, übernahm persönlich die Macht, verbot politische Parteien und führte mit der neuen Verfassung von 1962 das *Panchayat*-System ein. Ein Panchayat ist ein mehrköpfiger Rat mit bestimmten Befugnissen. Es gibt heute Panchayats auf vier Ebenen: Dorf bzw. Stadt, Distrikt, Zone (Nepal ist in 14 Verwaltungszonen eingeteilt) und schließlich den Nationalrat *(Rashtriya Panchayat).* König Birendra (seit 1972) baute durch Verfassungsänderungen 1975 und 1980 seine Macht weiter aus. 1980 führte er nach anhaltenden Unruhen eine Volksabstimmung durch, bei der die Bevölkerung mit knapper Mehrheit für die Beibehaltung des Panchayat-Systems und gegen die Einführung eines Mehrparteiensystems stimmte. Anschließend (1981) fanden die ersten Wahlen seit 1959 statt (neuer Nationalrat).

Seit 1951 ist Nepal aus seiner Isolation herausgetreten (Entwicklungshilfeverträge u. a.). Das hinduistische Kastensystem wurde 1963 offiziell abgeschafft, und auch die Polygamie ist verboten; in der Praxis besteht sie jedoch vielfach noch weiter.

Religion

Nepal ist das einzige Hindu-Königtum der Welt. Der Hinduismus ist Staatsreligion, jeder Nepale gilt von Geburt an als Hindu. Von einigem Einfluß ist auch der Buddhismus, jedoch ist es hier schwierig, Zahlenangaben zu machen, da in der Praxis Hinduismus und Buddhismus fließend ineinander übergehen. Daneben gibt es einen geringen Anteil Moslems (vor allem im Süden) sowie Animisten (in den Bergen). Christen werden in den gängigen Statistiken überhaupt nicht erwähnt; ihr Anteil dürfte erheblich unter 0,5 % liegen.

Der Religionswechsel (sprich: Übertritt vom Hinduismus zu einer anderen Religion) ist gesetzlich verboten; auch öffentliche missionarische Aktivitäten (z. B. Evangelisationen, Literaturverteilaktionen) sind verboten. Es handelt sich hierbei jedoch um sog. Anzeigedelikte; wer nicht (z. B. von besorgten Nachbarn oder Verwandten) angezeigt wird, wird auch nicht bestraft. Man findet daher in Nepal beides: Christen, die wegen ihres Glaubens Gefängnisstrafen verbüßen, aber auch Christen – zum Teil in hohen Positionen –, die ihren Glauben relativ unbehelligt leben können.

Denominationen im Sinne von separaten Kirchenorganisationen gibt es unter den nepalischen Christen nicht. Es gibt also im wesentlichen nur die Einzelgemeinde. Diese haben meist die Form von Hauskreisen; nur in den größeren Orten findet man regelrechte Kirchengebäude, die jedoch rechtlich als Privatgebäude gelten.

Die ersten bekannten Versuche, Nepal zu missionieren, wurden 1714 – 69 von europäischen Kapuzinermönchen unternommen, die bis nach Tibet vordrangen. Sie hinterließen kaum bleibende Spuren, und das Land schloß sich in der Folgezeit hermetisch gegen das Christentum ab. Trotzdem entstanden im 19. Jh. nepalische christliche Gemeinden, und zwar unter nepalischen Auswanderern, vor allem in

Darjeeling, einem britischen Bergdistrikt direkt östlich von Nepal. Ende des 19. Jhs. gründeten die Darjeeling-Christen eine Gorkha-Mission, die Nepal von der Grenze aus zu evangelisieren versuchte; ein Arbeiten im Land selbst wurde ihnen nicht erlaubt. Auch europäische Missionsgesellschaften (insgesamt 25) entdeckten die »indischen« Nepalen und begannen evangelistische und medizinische Arbeit entlang der Grenzen Nepals. Nach und nach wurde die gesamte Bibel in Nepali übersetzt (fertig 1915, Revision 1977 abgeschlossen; heute gibt es sechs Übersetzungen).

1951 öffneten sich endlich die Grenzen. 1952 konnte die INF (International Nepal Fellowship) ihr erstes Krankenhaus in Pokhara eröffnen, 1954 begann die UMN (United Mission to Nepal) ihre medizinische Arbeit in Kathmandu und Tansen. 1957 eröffneten die Adventisten ein Krankenhaus in Banepa am Ostrand des Kathmandu-Tals. Weitere Projekte folgten.

Es handelt sich hierbei jedoch nicht um Mission im direkten Sinne, die ja gesetzlich verboten ist, sondern um christliche »Entwicklungshilfe« in den verschiedensten Formen (Krankenhäuser, Lepra- und Tuberkuloseprogramme, Gesundheitserziehung, ländliche Entwicklung, Schulen u. a.). Die Missionsgesellschaften führen diese Projekte auf ausdrückliche Einladung der nepalischen Regierung und im Ramen regelrechter, jeweils zeitlich befristeter Verträge mit ihr durch. Sie verpflichten sich dabei, missionarische Aktivitäten zu unterlassen und die Projekte nach einer gewissen Zeit in die Hände des Staates zu übergeben. Die einzelnen Mitarbeiter können jedoch ihren Glauben im Alltag ausleben und durch ihre Arbeit und Liebe auf den Gott, dem sie dienen, hinweisen, getreu der Aufforderung Jesu in der Bergpredigt: »Laßt euer Licht leuchten vor den Menschen, damit sie eure guten Werke sehen und euren Vater im Himmel preisen« (Matthäus 5,16).

Die beiden größten, in Nepal tätigen missionarischen Vereinigungen aus dem evangelischen Raum sind die United Mission to Nepal (UMN) und die International Nepal Fellowship (INF). Beide sind überkonfessionell und werden finanziell und personell von verschiedenen Missionen und Gruppen unterstützt.

Die UMN wurde 1954 gegründet. Ihr Hauptquartier ist seit 1959 in Kathmandu. Der erste Vertrag mit der königlich-nepalischen Regierung wurde 1953 abgeschlossen, weitere folgten 1960, 1970, 1980 und 1985; der derzeit gültige Vertrag läuft 1990 aus. Die Missionare kommen aus über 30 Gliedmissionen und werden von diesen ausgesandt und finanziert. Unterstützt werden sie von zahlreichen nepalischen Mitarbeitern, die meist Hindus oder Buddhisten sind. Deutsche Mitarbeiter der UMN kommen aus der Gossner-Mission und der Vereinigung »Dienste in Übersee« der evangelischen Kirche sowie der Christoffel-Blindenmission.

Die INF ist aus der Nepal Evangelistic Band (Arbeit an der Südgrenze mit Indien, seit 1936) hervorgegangen und arbeitet seit 1952 in Westnepal. Hauptquartier in Pokhara. Deutsche Mitarbeiter kommen aus dem Missionshaus Bibelschule Wiedenest (Bergneustadt) sowie der Deutschen Missionsgemeinschaft und der Christoffel-Blindenmission.

Neueste Entwicklungen

In den ersten Monaten des Jahres 1990 (Februar – April) kam es nach anhaltenden neuen Unruhen zu einem politischen Umschwung in Nepal; das Panchayat-System wurde abgeschafft und ein neues Mehrparteiensystem angekündigt. Zur Zeit wird an einer neuen Verfassung gearbeitet, und Wahlen nach dem Mehrparteiensystem sind vorgesehen. Bis dahin bleibt für eine Übergangszeit das alte Panchayat-System noch in Kraft.

Für die Christen brachte der politische Umschwung bis auf weiteres ein gewisses Tauwetter. Über 60 inhaftierte Christen wurden im Rahmen einer Amnestie freigelassen, und der Dachverband der nepalischen Christen, die Nepal Christian Fellowship, konnte sein dreißigjähriges Bestehen im April 1990 offen mit einem großen Fest begehen.

Literaturhinweis

Informationen über Nepal geben u.a. folgende Bücher:

Dorothea Friederici, *Namaste Nepal* (Erlangen: Verlag der ev.-lutherischen Mission, 1982)

(20 Briefe, die in leichtverständlicher Form Einblick in Land, Leute und Christen geben)

Jonathan Lindell, *Nepal and the Gospel of God* (New Delhi: United Mission to Nepal and Masihi Sahitya Sanstha, 1979)

(Detaillierter Überblick über die Geschichte der Mission in Nepal)

Your Questions Answered about the UMN (UMN Publications Office, 1988; zu beziehen von United Mission to Nepal, P.O. Box 126, Kathmandu, Nepal; offizielle Broschüre der UMN)